# 데스크 노트

# 데스크 노트

- 보도국장이 주니어기자에게,
, 27년간의 취재·보도비법을 전수하다.

윤경민 (LG HelloVision 보도국장)

PUBLIUS
PUBLISHING
VERITAS VINCIT

# 목차

Q8 고위 공무원 취재는 어떻게 하나요?

A - ① 소그룹 모임을 자주 가져라

A - ② 봉숭아학당에 가입하라

A - ③ 돌다 보면 걸린다

Q9 예전에는 정치인 집에서 기자들이 한솥밥을 먹었다던데 왜 그랬나요?

A 아침 식사 자리에서 국정을 논했었다

Q10 청와대와 국회 취재에서는 누구를 공략해야 하나요?

A 보좌관, 비서관을 내편으로 만들어라

Q11 방송기사는 신문기사와 달리 짧게 써야 하는데, 취재를 어디서부터 어디까지 취재해야
하는지요? 예를 들어 의정부 국제 테니스장 건립 찬반 관련 취재를 할 때요.

A 꼼꼼하고 풍성할수록 좋다

---

[Chapter 2] 취재원 구축

Q12 취재원은 왜 중요한가요?

A 모든 특종은 취재원으로부터 나온다

Q13 형사와는 어떻게 친해지나요?

A 박카스 한 박스 사 들고 찾아가라

Q14 자주 전화하는 게 정말 도움이 되나요?

A 매일 전화하면 정이 생긴다

Q15 취재원 관리는 어떻게 하나요? 박원순 서울시장 사망 사실이 알려졌을 때
어떻게 확인해야 할지 답답했거든요.

A 사망 확인은 경찰과 병원에서 가능하다

Q16 취재원과 친해지는 요령 좀 알려주세요.

A - ① 자주 접촉해라

A - ② 족보를 외워라

A - ③ 취재원의 경조사를 챙겨라

**A** - ④ 도와줄 땐 화끈하게 도와줘라

**A** - ⑤ 소셜미디어 친구가 되어라

**A** - ⑥ 두 달 안에 출입처를 장악하라

**Q 17** '기자에게 가장 쓸모 없는 인맥은 기자'라는 농담이 있는데,
　　　타사 기자도 취재원에 포함되나요?

**A** 타사 기자도 좋은 취재원이다

**Q 18** 제보자 관리는 어떻게 하는 게 좋은가요?

**A** 제보자와의 신뢰관계를 구축하라

**Q 19** 취재원과의 관계적 한계는 어떻게 극복하나요?

**A** 같은 반 친구들과 모두 절친이 될 수는 없다. 소수에 집중하라

**Q 20** 취재원과 식사할 때 밥값은 누가 내야 하나요?

**A** 얻어먹지만 말고 가끔은 사라

---

## [Chapter 3] 발제　　　　　　　　　　　　　　　　　　75

**Q 21** 발제란 무엇인가요?

**A** 쓰려는 기사의 밑그림을 그리는 것이다

**Q 22** 단독 기사가 무엇인가요?

**A** 타 매체가 취재하지 못한 가치 있는 기사가 단독기사다

**Q 23** 보도자료는 어떻게 활용하나요?

**A** 베끼지 말고 조목조목 따져봐라

**Q 24** 발생 기사를 어떻게 재빨리 챙길 수 있나요?

**A** 평소에 부지런히 돌아다녀라

**Q 25** 기사를 잘 기획하는 요령이 궁금합니다.

**A** 달력을 자주 들여다봐라

**Q 26 타 매체 기사를 활용할 수도 있나요?**

**A** 물론이다. 훌륭한 참고서가 될 수 있다

**Q 27 어떤 발제가 좋은 발제인가요?**

**A** 사회에 도움이 되는 것이 좋은 발제다

---

## [Chapter 4] 인터뷰     91

**Q 28 거리에서의 일반 인터뷰가 쉽지 않은데 어떻게 해야 하나요?**

**A** 상대방에게 호감 가는 말로 환심을 사라

**Q 29 목격자 인터뷰는 어떻게 따는 게 좋은가요?**

**A** 짧게 짧게 묻고 정리해서 말해달라고 요청해라

**Q 30 인터뷰 상대가 너무 긴장할 땐 어떻게 하나요?**

**A** 질문 말고 딴 얘기를 먼저 해라

**Q 31 인터뷰 중에 상대가 울컥할 땐 어떻게 해야 하죠?**

**A** 침묵을 지켜라

**Q 32 상대가 속내를 말하지 않을 때는 어떻게 하나요?**

**A** 카메라를 치워라

**Q 33 내부 제보자 인터뷰할 때 신원은 어떻게 보호해주나요?**

**A** 블러, 음성변조는 기본이다

**Q 34 얼굴 나가기를 꺼려하는 인터뷰이도 있어요. 그럴 땐 어떻게 하나요?**

**A** 뒤통수 인터뷰 기법을 써라

**Q 35 "녹음 중"이라고 하면 태도가 돌변합니다.**
      **이때 취재원의 말을 이끌어낼 수 있는 방법은 무엇인가요?**

**A** 처음부터 녹음한다고 말하지 말아라

**Q 46 단신과 리포트는 어떻게 다른가요?**

**A** 단신은 앵커가 읽는 것이고 리포트는 기자가 만드는 것이다

**Q 47 단신기사는 어떻게 써야 하나요?**

**A** 역피라미드형으로 써라

**Q 48 뉴스 문장에서도 다양한 표현을 쓰는 게 좋은가요?**

**A** 물론이다. 같은 표현을 반복하지 마라

**Q 49 너무 딱딱하지 않게 쓰려면 어떻게 해야 하나요?**

**A** 소통공감형으로 써라

**Q 50 앵커멘트는 어떻게 쓰는 게 잘 쓰는 건가요?**

**A** 귀에 솔깃한 어휘를 골라서 써라

**Q 51 앵커멘트에 유형이 있나요?**

**A** - ① 정보 압축형

**A** - ② 녹취(인터뷰) 활용형

**A** - ③ 영상활용형

**A** - ④ 안내형

**A** - ⑤ 인터뷰 소개형

**A** - ⑥ 궁금증 유발형

**A** - ⑦ 소통공감형

**Q 52 리포트 첫 문장은 어떻게 시작하는 게 좋은가요?**

**A** 그림을 충분히 활용하라!

**Q 53 앵커멘트에 쓴 문장을 리포트 원고에 써도 되나요?**

**A** 첫 문장에는 쓰지 마라

**Q 54 방송기사 작성 시 지켜야 할 기본 원칙은 무엇인가요?**

**A** - ① 한자투를 버려라

**A** - ② 신문투(문어체)를 버려라

**A** - ③ 일본어투를 버려라

**A** - ④ 영어투를 버려라

**Q 55 장애인 비하 표현은 어떻게 조심해야 하나요?**
A '눈뜬 장님'이란 표현도 쓰지 마라

**Q 56 성별 차별, 민족 차별로 비치는 표현 어떤 걸 조심해야 하나요?**
A '여경' '여교사' '조선족'도 쓰지 마라

**Q 57 조심해야 할 존댓말이 있나요?**
A '많으시다'라는 말은 없다

**Q 58 순화해야 할 표현에는 어떤 게 있나요?**
A '강간' '자살'은 될 수 있으면 쓰지 마라

**Q 59 상투적 표현에는 뭐가 있나요?**
A '실시하다' '벌이다' '진행하다' 는 안 쓰는 게 좋다

**Q 60 숫자 표기는 정확하게 써야 하나요?**
A 복잡한 숫자는 어림수로 써라

**Q 61 숫자는 어떻게 읽어야 하나요?**
A 우리말로 읽어라

**Q 62 같은 말을 여러 번 써야 할 때는 어떻게 하는 게 좋은가요?**
A 동어 반복은 피하는 게 원칙이다

**Q 63 기사를 얼마나 구체적으로 써야 하나요?**
A 모호하면 안 된다. 궁금증이 남지 않을 정도로 써라

**Q 64 면적 표기는 어떻게 하는 게 좋은가요?**
A 머리 속에 그려지게 써라

**Q 65 방송기사 작성할 때 맞춤법이 너무 헷갈려요. 어떤 방법이 있나요?**
A 자주 틀리는 맞춤법을 철저히 암기해라

**Q 66 외래어 표기법도 너무 어려워요. 어떤 기준이 있나요?**
A 국립국어원에서 정한 표기법을 따라야 한다

**Q 67** 리포트 작성 시 문장을 나눠 내용을 끊어 쓰면 기사가 간결하지만 문장마다 주어를 써야 하는 단점이 있습니다. 이럴 때는 어떻게 쓰는 게 매끄러운 기사가 될까요?

**A** 방송 기사는 짧을수록 좋다

**Q 68** 정확한 설문조사나 통계 없이 여론이 이렇다 저렇다고 말할 수 있는 건가요? 다른 의견을 가진 침묵하는 사람도 있지 않나요?

**A** 선거 관련 여론은 철저하게 여론조사에 근거해서 써야 한다

**Q 69** 리포트 클로징 멘트의 유형은 어떤 것들이 있나요?

**A** - 1 밝혔다형

**A** - 2 예정·예고형

**A** - 3 지적형

**A** - 4 팩트서술형

**A** - 5 주목형

**A** - 6 전망형

**A** - 7 진단형

**A** - 8 인터뷰 맺음형

**Q 70** 복잡한 내용을 취재할 때 내용을 쉽게 설명하기 위해 기사를 길게 쓰면 꼭 영상이 부족해집니다. 기사 내용이 우선인가요, 확보한 영상 길이에 맞춰 쓰는 게 중요한가요?

**A** 리포트 원고는 간결하게 쓰고 짧게 압축하라!

**Q 71** 카메라 기자와 잘 소통할 수 있는 방법은 무엇인가요?

**A** 초기부터 함께 기획하라

---

## [Chapter 7] 영상 테크닉                                                    205

**Q 72** 영상 편집할 때 현장음이 많이 중요한가요?

**A** 현장음 없는 뉴스는 죽은 뉴스다

**Q 73** BGM은 어떤 효과가 있나요?

**A** 시청자의 감정·감성을 움직인다

**Q74 극적인 화면 효과를 나타내는 방법이 있나요?**
**A** 타임랩스와 슬로 비디오, 그리고 스틸을 활용해라

**Q75 카메라 장비는 어떻게 활용하나요?**
**A** 다양한 장비로 영상미를 구현하라

**Q76 초상권 침해가 우려될 때는 어떻게 하나요?**
**A** 반드시 블러 처리를 하라

**Q77 잔인한 장면은 어디까지 노출해야 하나요?**
**A** 잔인하고 혐오감 주는 화면은 사용하지 마라

**Q78 범행 도구는 노출해도 되나요?**
**A** 흉기가 노출되면 안 된다

**Q79 PIP를 어떻게 활용하나요?**
**A** 관련 그림이 풍성한 데 넣을 공간이 적을 때 효과적이다

**Q80 CG는 어떨 때 활용해야 효과적인가요?**
**A** 마땅한 그림이 없을 때, 요점 정리를 해줄 때 효과적이다

**Q81 영상편집에서 연출은 언제 어떻게 하나요?**
**A** 직접 촬영할 수 없는 장면을 만들 때 활용하라

**Q82 방송 시 발음은 어떻게 주의해야 하나요?**
**A** 부자연스럽더라도 바른 말을 지키자

**Q83 리포트 오디오 톤은 어떻게 잡아야 하나요?**
**A** 초년병 때 연습해 확실히 잡는 수밖에 없다

---

# [Chapter 8] 뉴스 프로그램 제작　　　　　　　　　231

**Q84 뉴스란 무엇인가요?**
**A** 뉴스는 프로그램이다

**Q 85 뉴스 큐시트를 짜는 요령이 있나요?**

A 톱뉴스 선택이 가장 중요하다

**Q 86 어깨걸이는 무엇인가요?**

A 기사의 제목이다

**Q 87 뉴스에서 제목은 얼마나 중요한가요?**

A 제목은 울림이다

**Q 88 뉴스에서 기사 제목의 유형화가 가능한가요?**

A - ① 워딩형

A - ② 중요 팩트 압축형

A - ③ 서술형

A - ④ 의성어 의태어 활용형

A - ⑤ 궁금증 유발형

**Q 89 방송사마다 제목 정하는 방법이 다른가요?**

A 스타일이 다르다

---

## [Chapter 9] 리스크 관리 245

**Q 90 취재원의 동의 없이 녹취한 통화를 리포트에 사용해도 되나요?**

A 원칙적으로 음성권 침해다

**Q 91 몰래 촬영은 어디까지 허용되나요?**

A 중대한 공익을 위한 것이라면 예외적으로 허용될 수도 있다

**Q 92 몰래 촬영에 관한 에피소드가 있나요?**

A 초년병 시절 겪었던 에피소드 세 가지를 소개한다

**Q 93 비판 기사를 쓰지 말아달라는 회사 이해관계자의 요청은 어떻게 해야 하나요?**
구의회 의장 야합논란을 취재 하던 중 사내 인사로부터 의회 생중계 계약 건이 있으니 감안해달라는 요청이 있어 난감했거든요.

A 회사 이익을 심각하게 침해하는 경우가 아니라면 저널리즘 원칙에 충실하라

도쿄 특파원 시절 새벽부터 늦은 저녁까지 현장을 뛰어 다니던 저자의 모습이 이 책 한 권에 어른거린다. 취재원과의 신뢰 관계를 구축하고 기사를 발굴하는 요령, 기사를 깔끔하게 쓰는 방법과 뉴스 리포트를 눈길 가게 제작하는 스킬에 이르기까지 다양한 비법을 한 권에 담아내다니 놀라울 따름이다. 언론인 준비생과 신입 기자들을 위한 최고의 교과서이자 가이드북이다.

- 황외진 MBC C&I 사장

책을 읽고 있자니 과거 사회부 사건팀에서 동고동락 하던 때가 영화처럼 스쳐 지나간다. 저자의 27년 기자 생활의 노하우가 오롯이 담겼다. 발로 뛰는 기자의 전형이면서도 참신한 아이디어까지 겸비해 수많은 특종을 쏟아낸 저자. 24시간 뉴스채널과 종합편성채널, 지역방송까지 섭렵한 만큼 그의 다양하고 풍부한 경험이 훤히 들여다보인다. 기자 세계에 입문한 초년생, 사실 내 후배 기자들에게도 꼭 추천해주고 싶은 책이다.

- 정재훈 YTN 보도국장

요령을 서술한 글이 아니라 작가 본인이 실제 취재와 제작현장에서 부딪쳤던 순간순간을 기억해낸 경험담이다. 무엇 하나 쉽게 쓴 부분이 없다. 효과적 취재방식과 특종을 하는 법, 그리고 품질 높은 리포트 제작법까지 '기자의 바이블'같은 책이다. 그리고 더 중요한 것은 취재 잘하는 기자가 아닌 '좋은' 언론인이 되는 법을 담았다.

독자들은 이 글을 읽지 말고 이글을 경험하길 바란다.

- 임도현 채널A 편집부장

# [ Chapter 1. ]
# 취재

# Q 1. 취재란 무엇인가요?
## A 취재란 궁금증에 대한 답을 구해 나가는 과정이다.

고속도로에서 10중 추돌사고가 발생했다고 치자. 궁금증을 펼쳐보자. 피해 규모는 어느 정도인지, 사망자는 있는지, 몇 명이 다쳤는지, 얼마나 다쳤는지, 가해자나 피해자 중 유명인사는 없는지, 사고는 정확히 어디서 발생했는지, 사고 원인은 무엇인지, 안개 때문인지, 빗길 때문인지, 빙판길 때문인지, '블랙 아이스'(노면 살얼음) 탓인지, 운전자의 과속 탓인지, 졸음 운전 탓인지, 음주 운전 탓인지, 끊임 없는 궁금증을 쏟아내고 그 답을 구해나가는 것이 취재이다.

취재(取材)[1]를 국어사전에서 찾아보면 다음과 같이 설명되어 있다.

'작품이나 기사에 필요한 재료나 제재(題材)를 조사하여 얻음'

쉽게 말해 무엇인가를 쓰기 위해 재료를 찾는 일이라고 보면 되겠다. 앞서 말한 궁금증을 갖고 답을 찾아가는 과정이 바로 기사의 재료를 찾는 일이다.

기자만 취재하는 것은 아니다. 소설가도 특정 주제에 대해 쓰기 위해 장기간 역사적 사실이나 사회적 현상을 취재하기도 한다. 조정래 작가는 소설 '정글만리'를 쓰기 위해 중국 취재를 16번이나 다녀왔다. 수집한 잡지와 신문 자료만도 수첩 90권이나 된다고 한다. 프로듀서도 다큐멘터리 제작을 위해 사료 또는 자료, 현장을 조사하고, 전문가들을 상대로 취재한다. 그렇지만 기본적으로 취재는 기자의 전유물처럼 받아들여진다. 매일 같이 기사를 써야 하는 중노동에 시달리기 때문이다.

---

1)  취재(取材)라는 말은 일본이 만든 말을 우리가 그대로 받아서 쓰는 말 중의 하나이다. 경찰이 피의자를 상대로 조사할 때 쓰는 취조(取調)도 마찬가지다.

# Q

## 2. 취재를 어떻게 하나요?

# A 현장을 많이 뛰어다니고 사람을 많이 만나라.

궁금증에 대한 답을 찾으려면 살인사건 현장이든 교통사고나 추락, 붕괴사고 현장이든 다니면서 발품을 많이 팔아야 한다. 화재 현장이나 쓰레기 불법 투기 현장, 시위 현장도 마찬가지다. 직접 눈으로 보고 단서를 잡아야 한다.

현장에 가봐야 목격자의 생생한 목격담도 들을 수 있다. 특별한 사안이 없을 땐 사람을 많이 만나라. 사건 기자라면 경찰서장, 형사과장, 강력반장, 교통계장, 여성청소년계장 방을 다니며 차 한 잔씩 마셔라. 만날 시간이 부족하면 전화를 자주 걸어라. 별로 할 얘기가 없어도 걸어라. 그리고 물어라. 어떤 사건을 수사하고 있는지, 기사가 될 만한 게 있는지. 관심을 끌만한 특정 사건 수사가 진행 중이라면 꼼꼼하고 끈질기게 물어야 한다. 그래야 기사가 나온다. 부지런한 기자가 기사를 발굴하고 쓸 수 있다.

필자는 일선에서 취재하던 시절 출입처 출근을 1등 아니면 2등으로 했다. 그리고는 취재원들에게 부지런히 전화를 걸어 묻고 또 물었다. 늦게 출근한 타사 기자는 필자와 먼저 통화했던 취재원에게 전화를 걸어 이렇게 묻곤 했다.

"다른 기자들은 뭐 물어봤어요?"

황당하면서 우스운 이야기다. 일찍 일어나는 새가 피곤하긴 하지만 벌레를 먼저 찾는 법이다. 가만히 앉아 있는 기자에게 기사를 가져다 줄 사람은 아무도 없다.

# Q 3. 경찰서에서는 어떻게 취재하나요?
# A 당직형사에게 물어라.

언론사에 들어가면 수습기간을 포함해 초년병 때 반드시 거쳐야 하는 것이 있었다. '사스마리'[2]가 그것이다. 더구나 '하리꼬미'[3]였다. 지금처럼 '워라밸'[4] '소확행'[5]이 중시되고, '주 52시간 근무제'가 법적으로 보장된 시대에는 상상하기 어려운 일이지만 필자가 초년병 시절, 그리고 불과 몇 년 전까지만 해도 관행처럼 이어져 내려온 기자 교육 방식이었다.

가장 큰 특징이자 인권침해 요소는 거의 잠을 잘 수 없다는 점. 거점 경찰서[6] 2진 기자실에서 끽해야 2~3시간 쪽잠을 자는 것이 전부였다. 주로 하는 일은 경찰서 4~5개를 돌아다니면서 사건 사고를 챙기는 일이다. 중간 중간에 대학병원과 같은 큰 병원 응급실도 들르고 소방서에 수시로 전화를 건다.

도대체 경찰서와 병원을 돌아다니면서 무엇을 하느냐고? 그것이 취재의 기초다. 기사 재료를 찾는 것이다. 경찰서 형사계에 들어가면 '당직사건기록부'라는 것이 있다. 그 장부에는 밤 사이 들어온 각종 사건이 제목 중심으로 기록되어 있다. 폭행사건, 변사사건, 절도사건, 강도사건, 살인사건까지. 이걸 보고 기사가 될 만한 것을 찾아서 본격적인 취재에 돌입하게 된다. 눈길 가는 사건이 있다면 당직 형사에게 물어야 한다. 절도 사건은 누가 언제 어디서 무엇

---

2) '사스마리'는 일본어 '사쓰마와리'(察回り)가 변형된 것으로, 경찰서를 돌아다닌다는 뜻이다. 일제 언론관행의 잔재이다.

3) '하리꼬미'는 일본어 '張り込み'로 '잠복'과 비슷한 말이다. 경찰서에서 먹고 자며 사건 사고를 취재하는 행위를 일컫는다.

4) Work and life balance 일과 삶의 균형

5) 작지만 확실한 행복

6) 서울의 경우 시내에 있는 경찰서를 6~7개 권역으로 나누는데 이를 '라인'이라고 불렀다. 영등포라인, 강남라인, 마포라인, 동부라인, 동대문라인, 북부라인 이런 식이다. 한 라인에 4~5개 경찰서가 있는데, 이 가운데 한 곳에 1진 기자실이 설치돼 있다. 주로 수습기자들이 사용하는 2진 기자실이 설치된 곳도 있었다. 이를 편의상 거점 경찰서라고 부르자. 1진은 해당 라인(권역)을 담당하는 선배 기자를 일컫는다. 후배 기자는 2진 기자라고 부른다.

을 왜 훔친 건지를 파악해야 한다. 제일 먼저 챙길 일은 피의자가 혹시 일반 대중이 알만한 사람인가 하는 것이다. 알만 하지는 않더라도 혹시 직업이 특이한 사람인지도 관심사다. 고관대작, 혹은 대학 교수나 의사, 변호사, 학교 선생님, 은행 지점장이 절도죄로 경찰 조사를 받고 있다면 그게 바로 기사가 되기 때문이다. 본인은 아니더라도 유명인사나 고위층 인물의 자녀, 배우자가 절도 피의자라면 그 또한 기사가 된다. 개가 사람을 물으면 별로 기사가 되지 않지만 사람이 개를 물으면 분명히 기사가 되는 것과 비슷한 이치다.[7]

또한 범행 대상이나 수법도 챙겨야 한다. 고위층 인사의 집만 골라 털어온 절도 사건이라면 기사가 된다. 실제로 1980년대 초 세상을 떠들썩하게 했던 '대도' 조세형이 바로 그 주인공이다. 조세형은 부유층 집만 돌아다니며 거액의 현금과 값비싼 귀금속을 골라 훔쳐 '대도'라는 별명이 붙었다. 조세형은 또 그렇게 도둑질한 금품으로 가난한 이들을 도와주기도 해 한때 '의적' '홍길동'이라고 불리기까지 했던 인물이다. 그런 그가 15년 수감생활을 마감한 후 출소해 선교 활동가로 변신했다는 것도 큰 뉴스가 되었다.

그의 뉴스는 여기까지였어야 했다. 그런데 불행히도 그렇지 않았다. 조세형은 최근(2019년)까지도 그 버릇을 고치지 못하고 도둑질을 하다가 감방을 제집 드나들 듯 했다. '대도'라는 별명이 무색하게 그는 단돈 몇 만 원을 훔치다가 걸리는 좀도둑으로 전락했는데 이 또한 주목을 끄는 뉴스가 됐다.

조세형 사건과 관련한 웃지 못할 유명한 에피소드를 소개한다. 어느 언론사 기자가 경찰서를 돌며 취재하다가 당직사건기록부에 쓰인 이름 조세형을 발견한다. 피의사실은 절도. 그 기자는 당직 형사에게 물었다.

---

7)  사실은 개가 사람을 물어 죽인 사건이 큰 기사가 된 적이 있다. 서울의 유명 음식점 대표가 2017년 가수 최시원 씨 가족이 키우던 개에게 물린 후 패혈증으로 사망한 사건이다.

"이거 무슨 사건이에요?"

"그냥 좀도둑이에요. 피해금액이 얼마 안 돼요"

"혹시 조세형이 그 대도 조세형이에요?"

"뭐 옛날에 이름깨나 날렸던 그 사람 맞긴 해요, 근데 이번엔 몇 만 원 훔친 정도라…"

당직 형사는 별 거 아니라는 식으로 이야기했지만 기자의 촉이 움직였다.

"한 때 대도였던 조세형이 좀도둑으로 전락한 거네"

그 기자는 바로 추가 취재에 돌입, 기사를 완성하고 송고했다. 다음 날 신문에는 그 기사가 대서특필되었다.

그 기자가 다녀가기 전에도 타 언론사 기자들 여러 명이 같은 경찰서 당직사건기록부를 보고 갔지만 아무도 당직형사에게 그 사건에 대해 묻지 않았다고 한다. 형사는 묻지 않는 기자에게 일부러 기사 거리라고 말해주지는 않는다. 결국 당직사건기록부를 유심히 본 기자가 혹시 하는 생각에 당직형사에게 물어봄으로써 특종기사가 탄생하게 된 것이다. 취재의 기본에 충실했던 것이 특종이라는 열매를 맺은 것이었다.

위에서 우리는 '누가' 와 '무엇을'이 기사가 되는 것을 살펴보았다. 그런데 '왜'도 충분히 기사가 된다. 바로 범행 동기다. 20대 대학생이 금은방을 털었다고 치자. 범행 동기가 무엇인가가 중요하다. 그냥 유흥비 마련을 위해서라면 별로 기사가 되지 않는다. 그런 일은 너무나도 흔하기 때문이다. 그런데 만일 1990년대 말 외환위기 시절 아버지의 실직으로 가정형편이 궁핍해지자 등록금과 생계비를 마련하기 위해 범행을 저질렀다면 이야기가 달라진다. 또 뇌졸중으로 쓰러진 아버지 수술비용 마련을 위해, 혹은 졸지에 백혈병 진단을 받은 아들의 치료비가 없어서 회사 돈을 횡령한 사건이라면 기사가 될 수 있다. 물론 범행 자체를 미화할 필요도 없고 그래서도 안되겠지만 사회 세태를 반영하는 이야기라면 뉴스가 될 수 있기 때문이다.

코로나19 시대에도 마찬가지다. 실제로 굶주림을 견디다 못해 고시원에서 구운 달걀 18개를 훔친 혐의로 징역 1년형을 선고 받은 사람, 이른바 '코로나 장발장' 이야기는 안타까움을 자아내는 보도였다. 먹고 살기 힘들어 저지른 범죄이지만 '특정범죄 가중처벌법'이라는 굴레 때문에 중형을 선고 받은 사연을 발굴하고 제도적 문제점을 공론화한 JTBC가 민주언론시민연합이 주는 '이달의 좋은 보도상'을 받은 것은 바로 범행 동기가 충분히 기사의 중요한 요소가 된다는 걸 말해준다.

이번엔 '어떻게'를 살펴보자. 바로 범행 수법이다. 특이한 수법은 뉴스가 된다. 아파트 현관문 우유투입구를 통해 특수 장비를 넣고 문을 따고 들어가는 절도범. 가스관을 타고 아파트나 연립주택을 올라가 빈집을 터는 좀도둑. 자신이 일하는 모텔에서 반말 하고 숙박비를 주지 않는다는 이유로 투숙객을 살해하고 토막 내 한강에 유기한 사건('한강 몸통 시신 사건'). 전 남편을 불러내 미리 준비한 '졸피뎀'으로 잠재운 뒤 살해하고는 토막 내 유기한 고유정 사건. 이런 엽기적이고 참혹한 범행 수법도 뉴스가 된다.

물론 충격적인 수법을 거르지 않고 그대로 전하는 것은 언론사의 바람직한 보도 행태가 아니다. 모방범죄에 이용될 수 있도록 자세하게 묘사하는 것도 그렇다. 위에서 언급한 우유투입구 절도는 보도 이후 많은 아파트에서 현관문 우유투입구를 폐쇄함으로써 유사 범죄를 예방하는 길을 열었다.

가스 배관 절도 역시 배관에 특수 형광물질을 발라 절도사건이 감소하는 효과를 거둔 사례도 있다(경북 칠곡). 이런 보도는 순기능을 하는 좋은 사례다. 다만 충격적이고 엽기적인 사건을 다룰 때는 지나치게 선정적이지 않도록 주의를 기울여야 한다.

지금까지 살펴본 누가, 무엇을, 왜, 어떻게 외에 언제, 어디서도 중요한 기사의 요소가 될 수 있음은 물론이다.

# Q 4. 현장에 꼭 가봐야 하는 이유는 뭔가요?
# A 현장에 답이 있고 기사가 있기 때문이다.

경찰서에서 특이한 사건이나 사고를 챙겼다면 반드시 현장에 가봐야 한다. 현장에 답이 있고 기사가 있다. 그리고 기사의 현장성을 살려준다. 처참한 살인 현장에 가면 피범벅의 이불과 옷가지, 흥건하게 고여서 굳어버린 혈흔과 마주하기도 한다. 범행 도구로 뭘 썼는지도 알 수 있다. 그 현장을 그림에 담고 두 눈으로 직접 본 기자가 쓰는 기사와 경찰 조사 내용만 전달받고 쓰는 기사는 느낌이 다르다. 교통사고 현장도 가보면 의외로 건질 게 있을 수 있다. 신호체계나 도로의 문제점과 같이 구조적인 문제를 발견하게 된다면 비슷한 사례를 찾아 기획보도로 다룰 수 있다.

화재현장도 마찬가지다. 도심 건물 화재든 아파트 화재든 대형 산불이든 현장에 가보면 살아있는 뉴스를 접할 수 있다. 소방서에서 제공받은 그림만 가지고 쓰겠다고 하면 생생한 현장은 놓치게 된다. 2018년 4월 강원산불 발생 직후 CJ헬로 (현 LG헬로비전) 지역채널이 현장의 무서운 불길과 피해상황을 가장 빠르고 생생하게 지역주민들에게 전달할 수 있었던 것도 기자들이 발 빠르게 현장으로 달려갔었기에 가능한 일이었다.

필자는 당시 고성에서 산불이 났다는 보고를 받고 동물적 감각으로 취재팀을 현장에 보냈다. 당시 건조주의보가 며칠째 내려져 있던 데다 강풍경보까지 겹쳐 있었기 때문에 경험의 촉이 작동했던 것이었다. 강한 바람 속에 메마른 나무들에 불이 붙으면 삽시간에 번질지 모른다는 우려가 뇌리를 스쳤다. 아니나 다를까 현장에서 전해온 특보 생중계를 보니 기자 뒤로 시뻘건 화염이 온 산을 집어삼키고 있었다. 화마는 삽시간에 속초 인근까지 침투해가고 있었고 길거리에 있던 버스를 통째로 집어삼켜 철골 뼈대만 앙상하게 남기기도 했다.

당시 필자는 강원 기자들을 현장에 총출동시켰을 뿐 아니라 전국 각 지역 취재기자들로 지원팀을 꾸렸다. 그리고 이들이 이튿날 새벽에 현장에 도착해 교대 취재를 할 수 있도록 조치했다. 아울러 다른 프로그램 촬영 차 충청 지역에 출장 중이던 다큐멘터리 제작 PD팀을 즉시 현장으로 급파했다. 당시 KBS는 대형 재난이었음에도 정규 프로그램을 방송했다가 호된 비난을 받았다. 그뿐 아니라 뒤늦게 방송한 특보 때 지국 앞에서 중계하면서 마치 산불현장인 것처럼 했다가 여론의 뭇매를 얻어맞았다.

1995년 삼풍백화점 붕괴 사고 당시 YTN 카메라 기자는 매몰 현장을 헤집고 다니며 촬영하다가 희미하게 나마 사람의 소리를 듣게 된다. 함께 있던 오디오맨[8]과 숨을 죽인 채 들어보니 누군가 구조를 요청하는 목소리였다. 카메라 기자는 "누구 있어요?" "어디 계세요?"라고 큰 소리로 외쳤고 또 다시 "살려주세요" 라는 애절한 목소리를 듣게 됐다. 이 대화는 고스란히 ENG 카메라에 담겨 YTN 뉴스 특보를 통해 방송됐다. 물론 카메라 기자는 즉시 구조대에 이 사실을 알렸고 대원들이 현장에 투입돼 무너진 건물 더미에 갇혀 있던 그 애절한 목소리의 주인공은 기적처럼 구조됐다.

이처럼 방송기자는 반드시 현장에 가야 한다. 그것도 매우 신속하게. 다시 말하지만 기사는 현장에 있다.

---

8)　카메라기자를 보조하는 스태프를 오디오맨이라고 한다.

# Q<br>A

**5. 목격자를 만나야 하는 이유는 뭔가요?**
**생생한 목격담이 기사에 활력을 불어넣기 때문이다.**

　무슨 일이 일어났는지, 당시 상황은 어땠는지 직접 본 사람이 가장 잘 알 수밖에 없다. 기자가 현장에 출동한다고 해도 화재가 막 시작됐을 때나 가스가 폭발했을 때나 연쇄 추돌사고가 일어났을 때나 지진이 일어났던 바로 당시 상황을 볼 수 있는 건 아니다. 이미 화재가 진압된 경우가 허다하고 폭발로 건물이 폭삭 무너져 버린 이후일 것이다. 대형 교통사고도 이미 부서진 차량들은 다 견인된 이후가 적지 않다. 그렇기 때문에 사고나 사건을 직접 본 사람을 재빨리 찾아내 인터뷰를 해야 한다. 목격자들의 흥분이 가라앉기 전에 생생한 목소리로 당시 어떤 소리가 들렸는지, 눈 앞에 어떤 광경이 펼쳐졌는지를 담아내야 한다.

　"집에서 책 읽고 있는데 갑자기 꽝하고 무슨 천둥 소리보다 훨씬 큰 굉음이 들렸어요. 시뻘건 불길이 하늘로 수십 미터 치솟더니 시커먼 연기가 쉴새 없이 나오더라고요"
　"땅이 꺼지는 줄 알았어요. 좌우로 마구 흔들리더니 선반 위에 그릇이 다 떨어져 깨졌어요. 너무 무서워서 밖으로 뛰쳐나왔어요"

　이런 목소리와 표정을 카메라에 담아내야 당시의 상황을 고스란히 시청자에게 전달할 수 있다.

　뿐만 아니라 목격자 또는 주변 사람들의 이야기를 듣다 보면 의외로 새로운 팩트도 챙길 수 있다.

　1996년 강릉 북한 잠수함 침투 사건 때의 이야기다. 서울에서 취재 중이었던 필자는 '시경

캡[9])의 호출을 받고 갈아입을 옷가지도 챙기지 못한 채 강릉으로 달려갔다. 강릉 앞바다에 나타난 잠수함에서 북한군 수십 명이 강릉 일대 산으로 침투했다는 것이다. 군경이 그들을 쫓고 있었다. 필자를 포함한 수많은 기자들도 산을 헤매며 무장한 북한 잠수함 승조원들을 추적해야 했다. 지금 생각해보면 목숨을 내건 무모한 취재였다. 하지만 당시엔 그런 생각을 할 겨를조차 없었다. 산 속을 헤매다 외딴집을 발견, 주인장에게 북한군을 보았느냐고 물었다. 돌아온 답이 충격적이었다. "간 밤에 밥 얻어먹고 갔다"는 거였다. 북한군인 줄은 모르고 총을 맨 군인들이었는데 나중에 본 뉴스를 보니 가슴이 철렁했다는 거였다. '북한 무장공비 민가에서 밥 얻어 먹고 도주' 기사가 탄생할 수 있었다.

옆집에서 악취가 풍긴다는 신고를 받고 경찰이 출동해보니 백골이 발견됐다는 뉴스, 아파트 경비원이나 아파트 주민들을 만나 이야기를 듣다 보면 단순 고독사 이외의 팩트를 알게 될 수도 있다. 자식이 있었는지 없었는지, 지병은 있었는지 없었는지, 형사는 아니지만 탐문 수사하듯 주변을 취재하다 보면 뜻밖의 사실과 조우할 때가 있다. 취재란 그런 것이다. 현장을 반드시 가보고 목격자와 주변 사람들을 취재하며 촘촘하게 취재망을 짜다 보면 기사가 걸려들게 되어 있다.

---

9)   서울시경(서울지방경찰청)에 상주하며 사건팀 기자들을 총 지휘하는 기자

# Q 6. 보도자료는 기사 작성에 어떻게 활용하나요?
# A 보도자료 베끼기는 기사가 아니다.

기자가 보도자료를 받아보고 그대로 베끼다시피 하는 경우가 비일비재한 것이 사실이다. 기자가 하루에도 여러 기사를 써야 하는 '중도농'에 시달리는 대한민국 언론 환경 특성 탓이기도 하다. 하지만 그것은 기사가 아니다. 말 그대로 보도자료 베끼기다.

정부 부처를 비롯한 공공기관 그리고 대학과 기업에 이르기까지 많은 기관들이 널리 알렸으면 하는 정책이나 행사 따위를 보도자료로 작성해 언론에 배포한다. 그러므로 보도자료는 배포하는 기관의 입장에서 보면 홍보자료인 셈이다. 그걸 기자가 받아서 기사를 쓰고 방송, 신문, 인터넷 등의 매체에 보도됨으로써 결국 홍보효과가 발생하게 되는 것이다.

과거 언론이 막강한 힘을 가졌을 때, 다시 말해 홍보 수단이 언론사 외에는 거의 없던 시절에는 그 효과가 매우 컸다. 그러나 대중매체의 영향력이 줄어든 요즘, 유튜브와 SNS 등 각 기업과 기관이 자체 매체를 확보할 수 있는 요즘은 사정이 크게 달라졌다. 그렇다 하더라도 여전히 기존 매체의 홍보 효과는 어느 정도 발휘가 가능한 시대인 것 또한 부인할 수 없는 것이 현실이다.

어찌 됐든 많은 기관이 수 많은 보도자료를 생산해 쏟아낸다. 그 많은 보도자료 중에 실제 기사화되는 것은 얼마나 될까? 일반 대중이 관심을 많이 갖는 분야, 혹은 언론사가 지대한 관심을 가진 분야라면 배포되는 보도자료의 상당수가 매체에 실리게 될 것이다.

예를 들어 청와대가 생산하는 대통령의 특별한 메시지, 동정, 중요한 외교 관련 행사 등은 많은 매체들이 기사로 다룬다. 물론 기사의 경중은 있고 방송 시간 여건상, 신문 지면 여건상 내보낼 수 없는 낮은 밸류의 기사도 적지 않다. 청와대의 보도자료도 이럴진대 다른 기관에서 내는 자료가 온전히 언론에 나기를 기대하기가 쉽지 않은 게 현실이다.

보도자료를 보고 기사를 쓸 경우엔 먼저 핵심 메시지를 제목으로 뽑아야 한다. 2020년 12월 4일 발표된 서울시 보도자료 하나를 보자. 제목은 아래와 같다.

QR 코드를 찍으면
해당 보도자료를 볼 수 있다.

*(보도참고자료) 시장 권한대행 발표문_저녁 9시 이후 서울을 멈춥니다.*

코로나19 신규 확진자가 하루 300명 가까이로 늘어나며 위기감이 커지자 밤 9시 이후 영업 중단 대상 업종을 대폭 확대한다는 내용이 핵심이다. 여기서 주목할 것은 추가된 업종 중에 국민 피부에 와 닿는 것이 무엇인가 하는 점이다. 그걸 제목으로 뽑아야 한다. 그래야 시청자와 독자의 눈에 확 들어온다. 서울시 발표 직후 일부 언론사가 올린 기사의 제목을 살펴보면 아래와 같다.

| 언론 매체 | 기사 제목 |
|---|---|
| YTN | 서울 독서실·마트·PC방도 밤 9시 이후 문 닫는다 |
| KBS | 밤 9시 이후 서울이 멈춘다⋯내일부터 2주간 비상 조치 |
| SBS | 서울 독서실·마트·PC방 내일부터 오후 9시 이후 문 닫는다 |
| 연합뉴스 | 서울시 "마트·독서실·PC방 등 밤 9시 이후 문 닫아야" |
| 뉴스1 | 서울 '확진 폭증'에 초강수⋯"밤 9시이후 서울 멈춘다" |
| 중앙일보 인터넷 | 서울, 밤 9시 불 꺼진다⋯2주간 상점·영화관·독서실도 문 닫는다 |

많은 매체들이 연합뉴스가 정한 제목을 따라갔다. 서울 시민의 삶에 가장 큰 영향을 줄 만한 것으로 세 가지를 꼽았다. 독서실, 마트, PC방이 밤 9시에 문을 닫는다는 것을 제목으로 뽑

았다. 중앙일보는 상점, 영화관, 독서실을 골랐고 KBS와 뉴스1은 '밤 9시 이후 서울 멈춘다'로 제목을 잡았다.

서울이 멈춘다는 상징적인 표현도 나쁘진 않다. 하지만 왠지 두루뭉술한 느낌이 든다. 구체적으로 잡아주는 게 낫다. 뉴스1의 서울 확진 폭증이라는 표현은 사실 너무 센 표현이라 과장의 느낌이 든다. 하루 3백 명 신규 확진을 폭증이라고 한다면 하루 수만, 수십 만 명씩 확진자가 발행하는 인도[10], 미국, 유럽의 경우는 뭐라고 표현할 것인가. 경각심을 주는 것은 좋지만 과도한 공포를 불러일으키는 것은 삼가야 한다.

일단 제목을 정했으면 제목에 걸맞은 리드 문장을 써야 한다. 그리고 나서 주요 내용부터 써가면 된다. 기사의 중요도로 볼 때 '야간 대중교통 운행 30% 중단'이 두 번째 메시지로 적합해 보인다.

스트레이트 기사[11]는 우선 시민 입장에서 어떤 변화가 일어나는지를 알려주는 정보를 담아야 한다. 예를 들어 "내일부터는 밤 9시 이후엔 영화관과 마트, 독서실도 이용할 수 없게 됩니다. 서울시는 코로나19 신규 확진자가 하루 3백 명 가까이 발생하자 더 이상의 확산을 막기 위해 내일부터 밤 9시 이후 서울 멈춤에 들어간다고 밝혔습니다. 영업중단 대상은……" 이런 식으로 풀어가면 좋겠다.

리포트[12]의 경우도 역시 서울 멈춤의 주요 내용이 들어가야 한다. 주요 내용만 나열하는 것은 단신과의 차별성이 없다. 때문에 서울시가 왜 이런 결정을 하게 된 건지 배경을 분석해줘

---

10)  2021년 5월 7일 인도에서는 하루 신규 확진자가 41만여 명, 사망자는 4천 명을 기록했다.

11)  스트레이트 기사는 분석, 해설, 전망을 담지 않고 어떤 특정한 사실 (팩트) 만을 쓰는 기사를 말한다.

12)  '리포트'는 뉴스에서 기자의 내레이션이 담긴 영상물, 즉 기사를 쓴 기자가 녹음해서 영상과 함께 편집한 완성된 영상물을 말한다. 앵커가 "홍길동 기자의 보도입니다" 또는 "홍길동 기자가 취재했습니다" 라고 말하며 소개한 후 보여주는데 이때 앵커의 소개를 '앵커멘트'라고 한다.

야 한다. 그러기 위해 최근 확진자 발생 추이를 그래프로 보여주면 좋겠다. 그리고 이런 추세가 지속될 경우 그래프가 더 오른쪽 위로 꺾일 수 있다는 전문가의 인터뷰를 넣어주면 설득력이 보태질 것이다. 또한 서울시 브리핑 녹취를 곁들여 현장 목소리를 들려줌으로써 발표의 생동감을 살려줄 수 있다. 덧붙여 시민의 반응도 인터뷰로 넣어주자. 불편하지만 더 이상 피해를 키우는 걸 막기 위해 어쩔 수 없는 조치라는 의견, 이러다 상인들은 다 죽게 생겼다는 등의 자영업자 인터뷰를 넣어주면 금상첨화일 것이다. 이걸 다 한 리포트에 넣기보다는 두 꼭지로 나눠서 제작하는 게 더 낫다.

# Q A

**7. 브리핑 기사는 어떻게 써야 하나요?**

브리핑은 1보 싸움이다.

각 출입처[13]마다 정례 브리핑이 있기 마련이다. 매주 한 두 차례 혹은 매일 브리핑을 하는 곳도 있다. 언론 브리핑은 언론과의 소통을 통해 국민과 간접 소통을 하는 첫 번째 창구이다. 공식 브리핑은 방송사 카메라기자가 촬영 준비를 해야 시작한다. 아주 과거, TV기자가 신문기자에 비해 대접을 받지 못한 적이 있다고 들었지만 본격적인 TV시대가 막을 올린 이후 대개의 당국자들은 TV 기자를 우선시했다. 2010년대 각 정부부처에서는 이브리핑[14]을 도입했지만, 그래도 여전히 TV 언론의 파워는 막강하다.

정례 브리핑만 있는 것은 아니다. 돌발 상황이 발생하면 긴급 브리핑이 열린다. 핵실험이나 연평도 포격사건과 같은 북한의 도발 행위가 있을 경우 관련 부처인 국방부, 통일부, 외교부, 청와대 등이 각각 브리핑을 한다. 경우에 따라서는 단일한 메시지를 전파하기 위해 청와대나 국방부 또는 통일부로 언론 창구를 단일화하기도 한다. 대형 화재나 건물 붕괴사고가 발생한 경우라면 현장에 소방지휘본부, 구조본부가 차려지고 현장에서 수시로 언론 브리핑이 이뤄지기도 한다.

이런 긴급 브리핑은 시간 싸움이다. 누가 1보를 먼저 쓰느냐가 관건이다. 기자 수십 명, 또는 수백 명이 함께 듣는 긴급 브리핑인 만큼 경쟁이 치열할 수밖에 없다. 신문 기자는 비교적

13) 기자가 담당하는 곳을 말한다. 주요 정부 부처, 경찰서, 검찰청, 지자체 그리고 정부기관과 기업 등이 있다. 이런 곳들은 기자실을 운영하며 출입기자들은 대개 해당 출입처 기자실로 출근한다. 출입처는 기자단을 위해 기자실을 제공하며 기자실에는 기자들이 취재하고 기사를 작성해 송고할 수 있도록 책상과 전화, 커피와 차 등이 구비되어 있다. 언론사별로 일정한 운영비를 내는데 월 3~5만 원 수준이다. 신생사 기자가 출입처 기자단에 가입하기 위해서는 기자단의 승인을 얻어야 한다. 매우 폐쇄적으로 운영되어 일종의 카르텔을 형성한다는 비판도 일고 있다. 일본의 기자클럽과 매우 유사하며 사실상 일본의 취재 시스템을 도입한 것으로 보인다.

14) 이브리핑(ebriefing)은 정부 부처 브리핑룸에서 하는 브리핑을 자체 촬영 장비를 통해 인터넷으로 생중계하고 텍스트까지 실시간으로 제공하는 서비스를 말한다.

여유가 있지만 방송 기자는 다르다. 중요한 사안인 만큼 바로 1보를 속보 자막으로 내보내야 하는 게임이 벌어지기 때문이다. 가장 날카롭게 신경 쓰는 곳이 통신사다. 연합뉴스[15]는 발표되는 주요 사안을 바로 바로 한 줄씩 내보낸다. 통신 기자들은 이에 익숙해져 있다. 심지어 타이핑 속도도 빠르다. 그렇게 교육을 받는다.

'박왕자 씨 피살 사건'[16] 때의 일이다. 사건 발생 2주일 후 정부합동조사단의 브리핑이 있었다. 사실 이 정도 큰 사안이 발생하면 긴급 기자회견이나 브리핑이 있기 전부터 취재 전쟁이 시작된다. 각 기자들마다 각자의 정보 안테나를 높이 치켜세운다. 정보의 길목에 서 있는 핵심 당국자들에게 전화를 걸어 멘트를 따고[17] 발표될 대책을 미리 취재한다. 필자 또한 예외는 아니었다. 그날은 정부합동조사단이 발표할 조사 결과에 모든 기자들의 관심이 쏠려 있었다. 여느 때처럼 당국자들을 상대로 거미줄 취재에 들어갔다. 물론 공식 발표를 앞두고 선뜻 자세하게 이야기해줄 공무원은 거의 없다. 그래도 파다 보면 한 두 마디 건지기 마련이다. 필자는 운 좋게 브리핑이 시작되기 직전 모 당국자로부터 엠바고[18]를 조건으로 몇 가지 중요 사안을 귀띔 받을 수 있었다. 기자회견이 시작된 이후에 내보내달라는 것이었다. 귀띔해 준 당국자 입장에서는 내가 약속을 지키는 한 특별히 특급 대우를 해주는 것도 아니었다. 그런데 그것도 하기 나름이다. 긴급 기자회견이 시작되자 마자 필자는 속보자막 형태로 발표 예정인 핵심 내용을 회사(YTN[19])에 있는 데스크의 휴대폰에 문자로 보냈다. 데스크가 이를 보자마자

---

15) 연합뉴스는 방송과 신문, 정부기관 등에 기사를 공급하는 국가기간 뉴스통신사다. 1980년 언론 통폐합 당시 합동통신과 동양통신이 합쳐지고 그 외 국가안전기획부 산하의 북한 전문 통신사인 내외통신을 포함한 군소 통신사를 흡수해 연합통신으로 출범했다. 1998년 연합뉴스로 이름이 바뀌었다. 2011년 종편 출범과 함께 보도전문채널인 연합뉴스TV도 만들어 통신과 TV 매체를 운영하고 있다.

16) 2008년 7월 한국인 관광객 박왕자 씨가 금강산 관광지 해변을 걷다가 북한군이 쏜 총에 맞아 사망한 사건

17) 코멘트를 받아서 기사에 인용하는 것을 언론계에서는 흔히 "멘트를 딴다"고 표현한다. 인터뷰를 하는 것도 인터뷰를 딴다고 표현한다.

18) 엠바고란 일정 시점까지 보도를 유예하는 것을 말한다. 기사를 제공해주는 측에서 요청하고 기자단 혹은 기자가 수용할 경우에 성립된다. 유괴사건, 납치사건의 경우 피해자의 안전을 위해 수사기관이 기자단에게 엠바고를 걸고 사건 경위를 설명하는 경우를 생각하면 이해하기 쉬울 것이다.

19) YTN은 대한민국 최초의 뉴스전문채널이다. 1995년 3월 케이블TV의 출범과 동시에 개국했다. 연합통신이 자회사로 만든 회사였으나 몇 년 만에 독립했다. 연합통신은 재정 문제 때문에 YTN을 소규모로 운영하려 했으나 KBS 출신 기자들이 이에 반발해 규모를 키우려 하는 과정에서 갈등이 빚어졌고 결국 연합통신과 결별하고 독립하게 되었다. 이후 YTN이 한국의 CNN처럼 보도전

속보자막 송출을 편집부에 요청할 테고 그럼 YTN이 가장 빨리 1보를 내게 되는 것이었다. 그런데 아뿔싸 운이 따라주지 않았다. 해당 데스크가 문자 메시지를 브리핑이 끝나고 나서야 본 것이다. 당시는 카톡도 없던 시절. 문자를 봤는지 안 봤는지 보낸 사람은 확인할 길이 없던 시절이었다. 그렇게 운 좋게 얻어낸 특종 아닌 득종은 물거품이 되어 버렸다.

사전에 알게 된 것이 아니라 하더라도 발표되는 내용 가운데 중요한 내용은 바로 바로 속보 자막으로 내는 것이 중요하다. 뉴스전문채널은 그것이 체질화되어 있다. 브리핑을 듣는 기자가 보내는 경우도 있지만 뉴스를 내보내는 편집부에서 생중계 되는 기자회견이나 브리핑을 들으면서 바로 바로 자막을 만들어 내보낸다. 자막 뽑는 것도 훈련이 되어 있어야 한다. 채널 A에 있었을 때를 돌이켜보면 파견 왔던 동아일보 편집기자 출신이 자막을 가장 잘 뽑았다. 역시 제목 뽑는 데 단련된 편집기자를 당해낼 재간은 없어 보인다.

---

문채널로 명성을 얻어가자 연합통신은 2011년 별도의 뉴스전문채널인 연합뉴스TV를 만들게 된다.

# Q&A 8. 고위 공무원 취재는 어떻게 하나요?
## - ① 소그룹 모임을 자주 가져라.

취재를 위해서는 출입처 사람들을 자주 만나는 것이 좋다는 건 두 말할 나위가 없을 것이다. 그런데 그것이 그리 간단한 일은 아니다. 성격이 아주 활달하고 맷집이 좋고 오지랖이 넓은 사람들은 개인 플레이가 제격일 수 있다. 그러나 기자 사회에 모두 이런 호탕한 성격의 소유자만 있는 건 아니다. 그래서 그룹 취재가 좋다. 기자 3~4명이 당국자 한 명을 만나 이런 저런 이야기를 나누며 친분을 쌓고 취재하는 방식이다.

같은 언론사 기자들 간의 그룹을 만들 수도 있고 서로 다른 언론사 기자들 간의 모임을 만들 수도 있다. 또 그 모임이 특정 멤버로만 채워지는 경우도 있고 수시로 바뀌는 경우도 있다. 소규모 그룹은 각자의 취재 정보를 공유할 수 있는 장점을 갖게 된다. 자신은 생각지도 못했던 궁금증을 다른 기자가 물어볼 수도 있다. 그래서 서로의 단점을 보완해준다.

취재원 입장에서도 공식적인 자리가 아니기 때문에 다소 마음 편하게 이야기할 수 있다. 기본적으로 이런 모임에서 오가는 이야기는 실명으로 기사를 쓰지 않는 것이 원칙이다. 굳이 쓰자면 청와대 핵심 당국자, 외교부 당국자, 국방부 고위 관계자, 서울시 관계자, 경기도 관계자 등으로 소스를 밝힌다. 취재원의 실명을 쓰게 되면 그 취재원은 민감한 사안에 대해서 다시는 입을 열지 않을 것이다.

이렇게 소모임에서 취재된 이야기를 단서로 기사를 키울 수도 있다. 소모임 취재원으로부터 들은 이야기들을 종합하고 이를 토대로 다른 취재원에게 개별적으로 취재해서 얻은 정보를 합치면 의외의 대어를 낚을 수도 있다. 개별 취재에 응하는 취재원은 기자가 이미 다른 여러 취재원들로부터 취득한 정보가 다양하다는 사실을 알지 못하기 때문이다.

청와대 출입 시절의 이야기다. 주말 춘추관[20] 앞에서 NSC[21] 고위 당국자와 단 둘이 마주쳤다. 그 인사와는 통일부 출입 시절부터 알고 지낸 터라 비교적 가까운 사이였다. 그 날 바로 전 한 소모임에서 언뜻 들었던 이야기를 토대로 지나가듯 질문을 던졌다.

"미사일 사거리 확대 추진 이야기가 있던데, 잘 진행되고 있나요?"
"투발사 수단을 개발해야죠. 지금 사거리로는 대응이 안돼요. 최소한 500km는 돼야지"

당시 한국군의 미사일 사거리는 300km에 묶여 있었다. 원래 1979년 한미 미사일지침에 따라 사거리 180km, 탄두 중량 500km로 제한돼 있던 것을 2001년 사거리 300km, 탄두중량 500kg으로 조정한 것이다. 그런데 2004년 무렵 300km로 제한되어 있던 사거리를 500km로 늘리려는 계획을 갖고 미국 측과 협상하려 했던 것이다. 500km로 늘리면 사실상 신의주까지 북한 지역 대부분이 사정권 안으로 들어오게 되는 것. 북한의 반발이 예상되고 미국과의 협의도 불투명한 것이어서 보도될 경우 파장이 크게 번질 기사였다.

필자는 두 가지 단서를 토대로 추가 취재를 통해 리포트 원고를 완성했다. 그리고는 데스크를 거쳐 오디오 녹음과 영상 편집까지 마쳤다. 원고 승인(출고) 직전 다시 한 번 재확인을 위한 취재를 위해 또 다른 청와대 NSC 고위 당국자[22]에게 전화를 했다. 그랬더니 이런 반응이 돌아왔다.

"누가 그런 얘기를 합니까? 그거 기사 나가면 안 됩니다"
"무슨 말씀이세요? 취재원은 밝힐 수 없고요, 확인만 해주세요?"
"확인해드릴 수 없습니다. 아무튼 그거 뉴스 나가면 우리는 부인할 겁니다"

---

20) 춘추관은 청와대 건물 가운데 하나로, 기자단이 상주하는 기자실(1층)과 대통령의 기자회견장으로 이용되는 브리핑룸(2층)으로 구성되어 있다. 1990년에 세워졌다.
21) National Security Council의 약자로 국가안전보장회의. 국가안보 문제를 다루는 정부기관이다.
22) 그 당국자는 문재인 정부 청와대에 더 고위급으로 컴백했다.

데스크에 보고하니 "청와대가 공식 부인하면 기사가 힘을 받을 수 없게 된다. 아깝지만 보류하자"는 지시가 내려졌다.

대신 필자는 기사가 나가면 안 된다고 펄펄 뛰던 취재원과 '딜'을 시도 했다.

"그 기사 내지 않을 테니, 다른 기사 줘요"

당돌하게 던진 '딜 카드'에 상대는 긍정적 시그널을 보내왔다. 며칠 후 정치부장과 필자를 포함한 정치부 기자 몇 명, 청와대 고위 인사들과의 식사자리가 마련됐다. 그 자리에서 나는 못을 박듯이 들이밀었다. 그 때 그 기사 안 썼으니 다른 특종 기사 잊지 말고 달라고. 나중에 통일부 장관을 지낸 그 식사 자리의 최고 인사는 고개를 끄덕였다. 그런데 그게 전부였다. 그들은 아쉽게도 끝내 특종 기사를 주지 않았다. (고위 당국자의 말을 곧이곧대로 믿는 게 아니었다)

비록 특종으로 이어지지는 않았지만 소그룹 취재를 통해 정보를 얻고 기사를 만들어가는 과정이 위 사례에 담겨 있으니 참고가 되기를 바란다. 필자가 청와대를 출입할 당시에는 K,M,S 지상 파 3사와 연합뉴스, YTN 이렇게 5개사 기자 5명이 한 팀처럼 청와대 비서관, 수석 비서관과 점심, 저녁식사 등을 하며 소그룹 취재를 지속했다. 외교부를 출입할 때 역시 일부 마음 맞는 타사 기자들, 그리고 같은 YTN 외교안보팀 기자들과 당국자 간의 만남을 통해 외교부 내 돌아가는 이야기, 한반도 상황을 둘러싼 관련국 간 움직임 등을 비공식적으로 취재할 수 있었다.

# Q&A

## 8. 고위 공무원 취재는 어떻게 하나요?
## A – ② 봉숭아학당에 가입하라.

위에서는 3~4명의 소그룹 취재를 이야기 했는데 이번에는 이른바 '떼마와리' ('마와리'는 돈다는 뜻의 언론계 용어.   回り·まわり 일본어 잔재) 를 소개한다. 기자들이 떼로 몰려다니며 취재원, 주로 고위당국자 (장차관이나 실국장급) 방에서 간담회라는 형식을 빌어 취재하는 방식이다. 필자가 외교부를 출입하던 시절에는 한반도평화교섭본부장 방에서의 떼마와리가 가장 인기 있었다. 북한 핵 미사일 위기, 천안함 폭침, 연평도 포격과 같은 북한의 도발과 그로 인한 한반도 긴장 격화가 이어지던 시기였기 때문이다. 그래서 6자회담 한국측 수석대표를 겸하는 한반도평화교섭본부장의 일거수일투족에 기자들이 주목했다. 그의 방에는 일주일에 몇 번씩 기자들 열댓 명이 모여들었다. 우리는 그것을 '봉숭아학당'이라고 불렀다. 천영우, 김숙, 위성락으로 이어지던 한반도평화교섭본부장들은 모두 기자들과의 봉숭아학당을 즐겼다. 때로는 여론을 떠보기 위한 흘리기 의도가 담긴 메시지도 있었고 북한에 보내기 위한 메시지도 있었다. 그냥 기자들의 이해를 돕기 위한 설명도 있었다. 주제와 이야기의 방향은 그날 그날 달랐다. 별로 기사에는 반영되지 않는 우스갯소리도 많이 오갔다. 봉숭아학당이라고 불렸던 이유다.

이런 봉숭아학당에 가입하지 못하면 기사의 흐름을 놓친다. 꼭 기사가 되지 않더라도 배경을 이해할 수 있는 다양한 이야기가 오가기 때문에 늘 귀를 쫑긋 세우고 들어야 한다. 외교부 기자단이 당시 50명은 족히 되었을 텐데 (지금이야 인터넷 매체의 증가로 훨씬 더 많겠지만) 봉숭아학당은 통상 15명 정도였다. 방의 크기 때문에 더 이상 들어갈 자리도 없었다. 예로 든 것에 불과하지만 이런 봉숭아학당은 출입처마다 있을 것이다. 규모와 빈도의 차이는 있을

지언정. 그러니 어디를 출입하든 봉숭아학당에는 반드시 가입하라. 그렇지 않으면 물먹기[23] 십상이다.

---

23)  기자가 자신은 취재하지 못해서 못쓴 기사가 다른 매체에 보도되었을 때 물먹었다고 표현한다. 반대는 물을 먹인다고 말한다.

# Q
## 8. 고위 공무원 취재는 어떻게 하나요?
## A – ③ 돌다 보면 걸린다.

떼마와리, 봉숭아학당, 소그룹 취재만으로는 특종을 낚을 수 없다. 개별 취재를 해야 단독 기사를 챙길 수 있다. 너무나도 당연한 얘기다. 다른 기자들과 함께 취재하면 그건 단독 취재가 아니다. 그래서 출입처 '마와리'를 개별적으로 돌아야 한다. 방법은 두 가지다. 하나는 직접 당국자 방을 찾아 돌아다니는 것이고 또 하나는 당국자들에게 전화를 거는 것이다.

국회 출입기자 시절 당시 여당이었던 민주당을 담당했는데, 매일 아침 2~3명과는 전화 통화를 했다. 대변인은 기본이다. 그날 당의 중요한 일정이 뭔지, 당 최고위원회 안건은 뭔지, 현안에 대한 입장은 뭔지 등을 묻는다. 그리고 당일 조간 신문에 난 특이 기사와 관련해 챙겨야 한다. 언론사가 많다 보니 물먹은 기사투성이다. 24시간 뉴스 채널 속성상 물먹은 기사, 빠진 기사는 반드시 확인해서 맞으면 써야 했다. 당시 필자는 중진(가장 경력이 많은 선배 기자는 여당 반장, 야당 반장. 그 다음부터는 서열대로 2진, 3진, 4진, 5진 이렇게 부른다. 중간은 중진, 막내는 말진) 이었던 만큼 당 대표나 원내 대표와 직접 전화하는 사이는 아니었기 때문에 아침 전화취재는 주로 대변인과 부대변인, 정책위의장 정도였다. 그리고 물먹은 기사와 관련된 국회의원에게 전화해 사실 여부를 확인하는 일이 매일 반복됐다.

청와대 출입시절도 마찬가지였다. 매일 아침 7시 춘추관에 출근하자마자 곧바로 조간신문을 훑어본다. 물먹은 기사가 없는지 챙기는 것이다. 그리고는 곧바로 대변인에게 전화를 건다. 대통령 일정에서부터 현안에 대한 입장, 다른 언론에 난 특이 기사에 대한 질문을 쏟아낸다.

윤태영 대변인, 김종민 대변인 (현 민주당 최고위원)은 참 친절한 대변인이었다. 필자는 전화통화 마지막에 꼭 하는 질문이 있었다 "제가 뭐 빠뜨린 거 있나요?" 윤태영 대변인은 늘 이렇게 대꾸했다. "아뇨, 대충 다 챙기셨네요" 본인이 대답하기 어려운 질문은 반드시 별도로 내부 취재를 한 뒤 '콜백'을 해주던 윤태영 대변인이었다. 대변인 통화 후에는 비서관 통화가 이어진다. 정무비서관, 의전비서관, 정책비서관 등의 순이다. 그날 그날 이슈에 따라 전화 상대는 달라진다.

에피소드 한 가지 소개한다. 2004년 1월 6일. 여느 때처럼 아침 7시 춘추관에 출근하자마자 조간신문을 훑어보고는 곧바로 전화 취재에 들어갔다. 몇 명째인가 모 비서관과의 통화에서 뜻밖의 기사가 걸려들었다. 노무현 대통령이 재신임 투표와 총선을 동시에 실시하는 방안을 검토하고 있다는 것이었다. 당시 노무현 대통령은 대선자금사건 수사에다 측근비리와 관련한 특검 수사가 진행되던 상황이었다. 재신임 투표라는 승부수를 던짐으로써 돌파구를 마련하려는 포석이었다. 시기는 4월 총선에 함께 실시해 대통령 자신에 대한 재신임과 함께 여당에 대한 재신임을 동시에 묻자는 취지로 읽혔다.

곧바로 촉이 움직였다. 이건 파장이 클만한 기사였다. 통화가 끝나고 곧바로 단신 기사를 작성하고 데스크[24]에게 보고했다. 국회반장[25](국회반장이지만 내근 전담 데스크였다)이었던 데스크로부터 전화가 왔다.

"다음 뉴스 시간에 전화연결로 가자"

그 역시 촉이 뛰어난 데스크였다. 필자는 곧바로 전화 연결 원고를 써 내려갔다. 오전 9시 뉴스 톱 뉴스가 되었다. 필자의 음성을 타고 노무현 대통령이 4월 15일 총선과 재신임 국민투표를 동시에 실시하는 방안이 청와대에서 검토되고 있다는 뉴스가 TV를 통해 흘러나오자 청

---

24) 데스크는 일선에서 취재하고 기사를 쓰는 기자들에게 취재를 지시하고 기사를 수정하고 승인하는 업무를 하는 기자를 말한다. 통상 언론사의 차장과 부장을 데스크라고 부른다.

25) 국회반장은 국회출입기자 중의 가장 선임이면서 데스크 역할을 맡은 기자를 말한다. 국회반장 아래에 여당반장과 야당반장이 따로 있다.

와대가 발칵 뒤집혔다. 춘추관 기자들의 전화에 불이 난 건 당연한 일이었다. 정치적 파장이 무척이나 큰 뉴스였다. 뉴스가 나가고 얼마 안 되어 나에게 그 이야기를 해줬던 비서관(나중에 모 정당의 대표를 지낸 인물)으로부터 다급한 목소리의 전화가 걸려왔다.

"아니 그건 내 의견인데, 그걸 뉴스에 내보내면 어떻게 합니까?"
"무슨 말씀이세요? 아까는 사견이란 얘기 안 하셨잖아요? 그리고 검토되고 있는 건 맞잖아요?"
"검토되고 있는 건 맞는데 공식적으로 논의되고 있는 건 아니에요"

파장이 커지자 슬슬 꼬리를 내리는 것이었다. 다음 시간 뉴스에는 그의 추가 언급을 살 붙여 기사를 작성해 방송했다. 그 뉴스는 며칠 동안 장안의 화제가 되었다. 청와대는 해당 기사는 일부 참모의 개인 입장일 뿐 공식 입장이 아니라며 진화에 나섰다. 이 때문에 완벽한 특종으로 이어지진 않았지만 아침 전화 취재가 빛을 발한 좋은 사례임엔 분명하다.

그 일이 있은 지 몇 주일 후 윤태영 대변인이 사석에서 한 말이 아직도 잊혀지지 않는다.

"그날 YTN 기사 나가자마자 대통령이 전화해서 불같이 화를 내셨어요. 당장 C비서관 해임 발표하라고 하시더라고요. 말리느라고 얼마나 애먹었는지 몰라요"

천기누설이란 얘기다. 그럼에도 그 당사자는 해임되지 않고 청와대에서 말미에 수석비서관까지 지내며 대통령의 신임을 받았다.

해당 기사는 아래 인터넷에서 확인할 수 있다.
https://news.naver.com/main/read.nhn?mode=
LSD&mid=sec&sid1=115&oid=052&aid=0000023227

QR 코드를 찍으면
영상을 확인할 수 있다.

# Q9. 예전에는 정치인 집에서 기자들이 한솥밥을 먹었다던데 왜 그랬나요?
## A 아침 식사 자리에서 국정을 논했었다.

대한민국 정치사를 이야기할 때 3김시대를 빼놓을 수 없을 것이다. 김영삼 김대중 김종필. 고인이 된 두 전직 대통령과 전직 총리는 언론인과의 교류를 두텁게 가졌던 대표적인 정치인이다. 필자가 언론계에 들어서고 (1994년) 2~3년 후까지만 해도 정치부 기자들이 유력 정치인 집으로 출근하는 것이 일반적이었던 것으로 기억된다. 아마도 IMF 사태 (외환위기, 그것과 취재 관행과 직접 관계는 없겠지만) 이후 그런 문화는 사라진 것으로 파악된다. 70~80년대와 90년대 중반까지 3김을 비롯한 유력 정치인들의 자택은 아침부터 계파 정치인뿐 아니라 기자들로 문전성시를 이뤘다. 그 자리에 모인 이들이 아침식사를 같이 하면서 국정을 논했다고 한다. 정치인들은 그 자리를 통해 세상에 보내고 싶은 메시지를 전했다. 매일 아침 한솥밥을 먹다 보니 한 식구나 마찬가지처럼 여겨졌을 것이다. 아마도 기자들은 자신도 모르게 해당 정치인에게 동화되어 갔을 것이다. (이건 필자의 추정일 뿐 근거는 없다) 그래서 권언유착도 생겼을 것이다. 실제 정치부 기자 중에 정계로 간 언론인이 적지 않다.

필자가 정치부 초년병 시절 부장으로 모셨던 선배는 식사 자리에서 같은 이야기를 몇 차례나 자랑 삼아 들려주었다. 권노갑 전 민주통합당 상임고문과 친분 관계가 두터웠는데 어느 날 급하게 인터뷰가 필요해 새벽 2시에 긴급 인터뷰를 요청했다고 한다. (뭐가 그렇게 급한 안건이었는지는 기억 나지 않는다) 당시 권노갑은 김대중 총재 비서실장과 3선 의원을 지낸 노장이어서 나는 새도 떨어뜨린다는 대단한 실세로 알려져 있었다. 그런 그가 새벽 2시에 언론사 정치부장의 전화를 받고 흔쾌히 인터뷰에 응했다는 것이다. 취재기자와 카메라기자가 자택에 도착하자 양복으로 깔끔하게 갈아입고 기다리고 있던 그가 취재진을 반갑게 맞이하고 정성껏 인터뷰에 응해 줬다는 이야기다. 새벽 2시에. 요즘 같으면 상상도 할 수 없는 일이다. 그때는 그랬다고 하니 "라떼는 말이야" 아재 이야기가 되어버린 전설 아닌 전설 같은 이야기다.

# Q 10. 청와대와 국회 취재에서는 누구를 공략해야 하나요?
## A 보좌관, 비서관을 내편으로 만들어라.

대통령을 직접 취재할 수는 없다. 그 기회는 신년 기자회견과 같은 공식 회견 또는 특정언론사와 하는 특별대담이 거의 전부다. 그 밖에는 아주 어쩌다 한 번 하게 되는 청와대 출입기자단과의 산행[26]이나 송년회 정도 아닐까 싶다.

정부 부처 장관도 대통령만큼은 아니지만 만나고 싶을 때 언제든지 만날 수 있는 사람은 아니다. 국회의원, 도지사, 시장, 군수도 마찬가지다. 아주 특별하게 친분관계를 맺어놓지 않는 이상 접촉하기가 수월하지 않다. 그래서 그 측근 인사들과의 교류가 필요하다. 청와대는 비서관은 물론이고 행정관과 사귀는 것이 크게 도움된다. 국회의원은 핵심 보좌관, 비서관과 친하게 지내라. 장관은 장관 정책보좌관 (특히 장관 정책보좌관 중에는 국회의원 보좌관 출신이 적지 않다)과 장관실 근무 비서와도 친분을 맺어 놓는 게 좋다. 대개 그런 측근 인사들은 핵심 정보에 가까이 있다.

장관이나 국회의원의 동선을 체크하는데도 필요하다. 작은 조각 조각 정보를 하나로 꿰면 때로는 훌륭한 기사의 재료가 되기도 한다. 때문에 측근인사들을 내 편으로 만들어 놓아야 급할 때 도움을 받을 수 있다.

일본 정계의 실력자로 불렸던 오자와 이치로 전 민주당 대표가 2009년 12월 청와대를 방문해 이명박 대통령과 단독 면담한 사실은 아무도 모르는 비밀이었다. 비공개 회동으로, 청와대가 발표하지 않았기 때문이었다. 당시 면담에서 오간 대화 중 귀를 의심할 만한 내용이 있었

---

26)　노무현 대통령은 출입기자단과 청와대 뒤의 북악산에 몇 차례 올랐다. 지금은 개방되어 있지만 당시에는 일반인들의 출입이 금지된 곳이었다.

다. 오자와 이치로는 일본 총리로도 거론되던 거물이었는데, 자신이 총리가 되면 독도 영유권 주장을 하지 않겠다고 이명박 대통령에게 말했다는 것이다. 이뿐이 아니었다. 오자와 이치로는 이명박 대통령에게 자신이 총리가 되면 천황이 백제계라는 사실을 일본 궁내청을 통해 공식 발표하고 천황의 방한을 추진하겠다고 했다는 것이었다. 일본의 유력 정치인이 그런 이야기를 했다는 사실은 한국과 일본을 뒤흔들어놓을 엄청난 기사였다.

필자는 당시 그 이야기를 면담에 배석했던 인사로부터 들었다. 듣자마자 곧바로 기사를 쓰려 했지만 이야기를 해준 인사의 만류로 기사화하지 않았다. 취재원이 '오프 더 레코드'를 전제로 해준 이야기였기 때문에 신뢰를 지키는 것이 우선이었다.

그렇게 묵혀왔던 이야기가 세상에 알려진 건 2년 8개월쯤 뒤였다. 이명박 대통령의 독도 방문과 천황 사죄 요구 발언으로 한일관계가 급속히 냉각되었을 때였다. 필자는 문득 취재 수첩에 적어놓았던 그 이야기를 떠올렸다. 그리고 그 비밀 대화 내용을 내게 전해줬던 취재원을 설득했다. 이제는 그 이야기를 기사화해야 하지 않겠느냐고. 그러나 그는 꺼려했다. 자신의 신원이 드러날 수 있어 곤란하다고. 그래도 몇 번 더 설득했다. 그는 결국 고심 끝에 수용했다. 그래서 2009년 12월 청와대에서 오간 이명박 대통령과 오자와 이치로 전 민주당 대표 간의 대화 내용은 채널A 뉴스와 동아일보를 통해 보도되었다.

아래에 해당 기사가 있다.

*https://www.donga.com/news/article/all/20120830
/48972802/1*

QR 코드를 찍으면
영상을 확인할 수 있다.

위 기사는 일본 언론에도 인용 보도됐다. 예상했던 대로 오자와 이치로는 즉각 부인했다. 시인했다가는 자신의 정치생명이 끝날 수 있는 사안이었기 때문이다. 청와대도 부인했다. 비공개 면담에서 오간 이야기로, 오자와에게 정치적 타격을 줄 것이 뻔한데 인정할 수 없었던 것이다. 강력 부인한 탓에 기사가 폭발력을 발휘하지 못했지만 손바닥으로 해를 가릴 수는 없는 법. 당시 면담 장소에 배석했던 측근 인사가 메모했던 것을 필자에게 보여주며 밝힌 내용이므로 진실이 덮일 수는 없다. 그때 보도 내용을 부인했던 청와대 대변인은 몇 년이 지난 후 필자와 만났을 때 부인했던 사실조차 기억하지 못하고 있었다. 그러면서 "사실 무조건 부인했을 수도 있다"며 웃으며 얼버무렸다. 주변 인사, 측근과의 친분관계가 얼마나 중요한지, 그리고 취재원과의 신뢰관계가 얼마나 중요한지를 보여주는 사례라고 말하고 싶다.

**Q** **11. 방송기사는 신문기사와 달리 짧게 써야 하는데, 취재를 어디서부터 어디까지 해야 하는지요? 예를 들어 의정부 국제 테니스장 건립 찬반 관련 취재를 할 때요.**

**A** <u>꼼꼼하고 풍성할수록 좋다.</u>

정답이 있는 게 아니다. 사안별로 다르다고 할 수 있다. 한 가지 사안을 놓고도 여러 가지 접근 방식이 있다. 질문에서 제시한 사례를 가지고 이야기해보자. 의정부시가 국제 테니스장 건립을 한다고 했을 때 가장 먼저 드는 생각은 과연 국제 테니스장을 지어서 제대로 활용할 수 있을 것인가 하는 의문이다. 그만큼 세금을 들여서 만들 가치가 있느냐는 것, 수지타산이 맞느냐를 따져봐야겠다. 이걸 제대로 유추해내려면 국내에서 국제 테니스 대회를 유치한 경험이 얼마나 있는지를 취재해야 한다. 테니스협회 같은 곳이 첫 출발점이 될 것이다. 테니스협회 의정부 지회부터 취재를 시작해보자.

전 세계에서 열리는 국제 테니스대회가 어떤 것들이 있고 주로 어디에서 열렸는지, 윔블던 경기는 매년 영국 윔블던에서 열리는 것이니까 그런 대회를 제외하고 전 세계 도시를 돌아가며 개최되는 대회가 무엇이 있는지, 국내에서는 어디에서 개최되었는지, 유치할 경우 경제적 효과는 얼마나 기대되는지, 이런 전망을 내놓은 연구결과가 있는지, 의정부시가 내놓은 게 있다면 자의적으로 유리하게 유도한 결과일 수도 있으니 그 결과에 대한 시민단체의 의견은 어떤지 교차 점검을 해볼 수 있다면 금상첨화일 것이다.

물론 시민단체라고 해서 이걸 명확하게 추정할 수 있을지는 의문이다. 다만 정황을 근거로 대략 추정은 가능할 것으로 보인다. 결국 거액을 들여서 만들어봤자 국제대회 유치 가능성은 크지 않아 세금만 낭비하지 않을까 우려된다는 것이 기사의 핵심내용이라면 여기까지만 취재하면 된다.

그런데 〈의정부시, 시장 취미 살려 대규모 테니스장 건립 추진〉이 제목이라면 질문한 것처럼 시장 임기 동안 의정부시가 지은 테니스장이 몇 개인지, 예산은 얼마나 들었는지, 다른 체육시설과의 비교, 기존 테니스장의 이용 현황 등을 취재해야 할 것이다.

또는 위 2개의 꼭지를 연속 보도할 수도 있을 것이다. 한 리포트에 두 가지 핵심을 담지 말고 각각 독립된 리포트로 제작하되 방송을 이틀 연속 하는 방법이다. 그렇게 취재하다 보면 다른 중요한 사안을 취재하게 되는 일도 있다. 예컨대 테니스장 건설을 시장 친인척 또는 지인에게 맡긴다거나 부대사업 이권을 특정인사에게 준다거나…… 물론 상상이지만 말이다.

# [ Chapter 2. ]
# 취재원 구축

# Q 12. 취재원은 왜 중요한가요?
## A 모든 특종은 취재원으로부터 나온다.

취재원과의 긴밀한 관계 형성은 기자가 갖춰야 할 필수 항목이다. 그래야 취재가 원활하게 이뤄진다. 친분 관계가 있어야 취재원이 기자의 질문에 성심껏 답해주기 마련이다. 물어보기도 편하다. 특정 사안이 발생했을 경우 친분관계가 없는 취재원에게 물어보면 대개 형식적인 답변만 돌아온다. 대외적으로 공개해도 문제가 되지 않는 범위 내에서 말해주는 게 보통이다. 속 깊은 얘기를 해주기를 기대할 수 없다.

하지만 평소 알고 지내는, 나아가 그래도 어느 정도 친하게 지내온 취재원에게 물으면 정보의 양과 깊이가 달라진다. 표면적으로 드러난 공식적인 이야기에 그치지 않고 뒷얘기까지 건질 수 있는 것이다. 특혜 의혹과 같이 외부에 알려지면 소속 부처나 기관, 또는 그 기관의 장이 불리한 사안의 경우엔 더욱 그렇다.

호형호제하는 사이라면 "절대로 내가 얘기했다고 하지 마세요"라며 한 두 가지 힌트를 제공해줄지도 모른다. 사실 기자와 취재원의 관계는 서로 견제하기도 하고 협력하기도 하는 관계이다. 흔히 '건강한 긴장관계'를 유지해야 한다고들 한다.

너무 가까운 관계 형성은 문제의 소지가 있다. 과도한 밀착관계가 형성되면 언론 본연의 기능인 비판과 견제가 어려워진다. 만일 경찰이나 검찰, 정부 부처 당국자, 지자체 관계자가 비리를 저질렀거나 정책을 제대로 집행하지 않아 세금 낭비나 주민 피해가 발생했을 때 매섭게 비판하기가 쉽지 않아진다는 얘기다. 따끔하게 질책해야 할 기자가 정에 이끌려 판단력이 흐려질 수 있다. 권언유착, 재벌 또는 기업과의 유착은 그래서 피해야 한다.

# Q 13. 형사와는 어떻게 친해지나요?
## A 박카스 한 박스 사 들고 찾아가라.

사건기자라면 평소 형사들과 잘 어울려야 한다. 형사과장, 수사과장, 그리고 서장은 필수 취재원이다. 가끔씩 박카스[27] 한 박스 사 들고 강력반에도 가보라. 환한 웃음으로 기자를 맞이할 것이다. 만날 얻어만 먹지 말고 가끔 소주도 한 잔씩 사면 최고 대접을 받게 될 것이다.

경찰은 속성상 자기가 공을 세운 걸 언론이 보도해주기를 바란다. 조직폭력단을 줄줄이 검거했다거나 마약밀매단을 소탕했다거나 주부도박단 기습 단속, 아니면 대형 연쇄 살인범 검거와 같은 큰 기사는 승진에 결정적 도움이 되기 때문이다.

아직 공식 발표하지 않은, 크게 한 건 한 경찰 입이 근질거릴 것이 분명하다. 그래서 슬쩍 언론에 흘리기도 한다. 누구한테 흘리겠는가? 일면식도 없는 기자에게 말해줄 리가 없다. 알더라도 별로 친분 없는 기자에게 말해줄까? 평소 호형호제할 정도라면, 아니 그 정도는 아니더라도 평소 얼굴 비추고 박카스도 사고, 말도 섞었던 기자에게 말해주지 않겠는가? 다 인지상정인 셈이다. 꼭 큰 건을 살짝 귀띔해 주지는 않는다 해도 수사 중인 민감한 사건에 대해 물어볼 때 다른 기자에게보다는 한 마디라도 정보 되는 이야기를 해줄 가능성이 높다.

거꾸로 경찰 간부는 승진에 불리한 기사가 나가지 않기를 간절히 바란다. '영등포경찰서 관내 빈집 털이 기승', '마포경찰서 관내 강도살인사건 최다 발생', '탈주범 눈 앞에서 또 놓친 경찰' 이런 제목의 기사는 해당 경찰서장과 형사과장에게는 치명적이다. 승진은 물 건너가게 되기 때문이다.

---

27) 지금은 '비타500'이 박카스와 쌍벽을 이루는 자양강장제로 등극했지만 필자가 초년병이던 시절에는 박카스가 유일하면서 인기 있는 피로회복음료였다.

그래서 기자는 경찰 간부를 웃고 울릴 수 있다. 과거에는 일부러 이런 제목의 기사로 길들이기를 하기도 했다. 결코 바람직한 관행은 아니지만.

검찰도 마찬가지다. 과거에 부지런한 기자는 아침 일찍 검사 방을 돌아다니며 서류를 훔친 경우도 비일비재했던 것으로 전해진다.[28] 쓰레기통을 뒤져 찢어진 서류를 짜맞춰서 특종을 했다는 전설이 있을 정도다. 어떤 검사는 일부러 기자가 자기 방에 올 줄 알고 대외비인 수사기록을 책상 위에 올려놓는 경우도 있었다고 한다. 물론 검사가 아무 기자에게나 고급 정보를 흘리지는 않는다. 영향력 있는 매체의 친분 두터운 기자에게 기회를 준다. 실제 박종철 고문 치사 사건은 그렇게 세상에 공개되었다. 그 유명한 일화는 영화 '1987'[29]에 자세히 묘사되어 있다.

---

28) 검사 방에서 서류를 훔쳐 기사를 쓰는 것은 지금은 상상도 하지 못할 명백한 범죄행위다.
29) 장준환 감독의 2017년 개봉작으로, 김윤석 하정우 유해진 등이 출연한 영화.

# Q 14. 자주 전화하는 게 정말 도움이 되나요?
## A 매일 전화하면 정이 생긴다.

취재원과 한솥밥을 먹던 시대는 막을 내린 지 오래지만 전화로 소통하는 취재 방식은 여전히 유효하다. 성격에 따라 전화로 뭘 물어보기 어려워할 수 있다. 필자도 완전히 외향적인 성격의 소유자는 아니어서 늘 처음 나가는 출입처에서 초기에 애를 먹었다. 그래도 안면에 철판 깔고 전화 다이얼을 돌렸다. 한두 번 하다 보면 세 번째 전화는 덜 어색해졌다. 그렇게 십여 차례 하다 보면 일상이 된다. 매일 아침 몇 달 동안 통화하다 보면 어느새 정까지 쌓이게 된다. 이슈가 있든 없든 무작정 전화를 건다. "오늘 뭐 있어요?" 이 한 마디 물을지언정 무조건 전화하라. 그러다 보면 상대가 경계심을 풀고 친근감 있게 다가올 날이 올 것이다.

그렇다고 진짜로 아무 준비 없이 매일 무작정 걸지는 마라. 준비를 해야 한다. 뭘 물을지 생각을 하고 간단히 메모를 한 뒤에 걸어라. 타 매체에 보도된 것, 자신이 쓴 기사에 대한 반응, 현안에 대한 의견, 향후 계획도 좋다. 대통령의 발언에 대한 의견을 묻든지, 새로 상정된 법안에 대한 생각을 묻든지. 취재원은 애인이 아니다. 친구도 아니다. 묻지 않는 것에 대해선 말해주지 않는다.

요즘은 전화뿐 아니라 문자와 메신저에다 소셜미디어(SNS)를 활용할 수 있는 새로운 시대다(이미 2000년대 중반부터 시작되었지만). 전화가 어렵다면 문자로 안부도 전하고 현안에 대한 질문도 할 수 있다. 당장은 아니더라도 기다리면 답장이 온다. 페이스북이나 인스타그램 친구로 맺어두고 '좋아요'를 꾹꾹 눌러주는 센스도 발휘해보라. 친근감은 배가될 것이다. 그러다 보면 최소한 당신만 물먹는 일은 사라질 것이다. 언젠가는 단독 기사가 주어질지도 모른다.

**Q** **15. 취재원 관리는 어떻게 하나요? 박원순 서울시장 사망 사실이 알려졌을 때 어떻게 확인해야 할지 답답했거든요.**

**A** 사망 확인은 경찰과 병원에서 가능하다.

서울시 출입기자가 아닌 기자가 서울시장의 사망 여부를 서울시를 통해 확인하기란 여간 어려운 게 아닐 것이다. 일반적으로 사망사건의 경우에 확인할 수 있는 소스는 첫째 경찰이다. 실종의 경우 경찰에 신고가 되고 사망 역시 변사체 발견 사실을 신고 받거나 수색해서 발견하는 것은 경찰이다. 그러므로 경찰 취재가 우선이다.

둘째, 사망이 확인되는 병원이다. 숨진 상태거나 중상을 입은 환자는 병원 응급실로 옮겨지는 게 원칙이다. 사망 판단은 의사가 한다. 노무현 대통령 서거 사실도 가장 처음 병원에서 확인이 됐다. KBS에 〈노 전 대통령 상태 위중...긴급 후송〉이라는 속보자막이 가장 먼저 나왔다. 당시 노 전 대통령은 봉하마을에서 세영병원을 거쳐 부산대병원으로 옮겨졌다. 긴급 후송과 서거라는 팩트는 부산대병원에서 챙겼을 개연성이 있다. 아니면 이 사실을 보고받은 청와대 관계자를 통해 파악됐을 가능성도 있다. (어떤 경로로 첫 보도가 됐는지 필자는 알지 못한다)

박원순 서울시장이 실종됐을 당시 이걸 공식 확인할 수 있는 건 경찰이다. 가족이 경찰에 실종 신고를 했다면 실종신고를 받고 경찰이 수색 중이라는 기사를 쓸 수 있다. 또는 경찰에 실종 신고된 사실을 알고 있는 서울시 관계자에게서 확인할 수도 있겠다. 다만 불행하게도 은평구와 양천구를 출입하는 지역채널 기자가 종로경찰서나 서울경찰청, 서울시에 확인하기는 쉽지 않다. 특히 당시처럼 예민하고 긴박하게 돌아가는 상황에서는.

그런 한계를 안고 있다는 것을 인정할 수밖에 없다. 일반 전국 언론사라면 경찰과 서울시에 접근할 수 있는 취재망이 갖춰져 있지만 LG헬로비전 지역채널은 그렇지 못한 것이 현실이다. 인정할 건 인정하자.

# Q A
## 16. 취재원과 친해지는 요령 좀 알려주세요.
### - ① 자주 접촉해라.

자주 만나고 전화통화를 해야 한다. 경찰이라면 경찰서에, 정부 부처 당국자라면 당국자 방을 찾아가라. 그걸 업계에서는 '마와리'라고 부른다. 대개 부지런한 기자들은 당국자 방을 자주 찾아 다닌다.

앞서도 이야기한 것처럼 필자가 외교부를 출입할 때 이른바 '떼마와리'가 있었다. 기자들이 떼로 차관, 차관보, 한반도평화교섭본부장, 북미국장 등의 주요 고위 당국자 방을 찾아 다니며 이야기를 나누곤 했다. 당시 북핵 6자회담이 공전되던 시기 천영우 본부장, 위성락 본부장 방은 때때로 기자들로 꽉 차기도 했다. 그 자리에서 당국자의 말을 듣기도 하지만 기자가 대북정책에 관해 개인 의견을 밝히기도 하는 (때로는 훈수 두듯 말이다) 이른바 토론의 장이 마련되기도 했다.

청와대는 노무현 대통령 때부터 막혔다. DJ 정부 때까지만 해도 청와대 비서동이 오픈돼 있어서 기자들이 자유롭게 드나들었다. 박지원 비서실장을 비롯해 수석비서관들의 방이 열려 있었으니 기자들이 때로는 떼로, 때로는 개인적으로 찾아가 취재를 했던 것이다.

그런데 노무현 대통령 취임 이후 기자들의 비서동 출입은 봉쇄됐다. 춘추관에 갇혀 있어야 했다. 대변인이나 수석비서관의 정례 브리핑에 의존해야 했다. 신년 대통령 기자회견이나 특별 회견 외에는 대통령의 얼굴을 보기도 힘들었다. 대통령이 참석하는 각종 행사에 청와대 기자단 대표로 취재하는 '풀기자' 외에는. 그래서 전화 취재에 의존하는 수밖에 없었다. 우리는 그걸 '전화 마와리'라고 불렀다.

아침 7시 춘추관에 출근하자마자 대변인을 비롯해 정무비서관, 의전비서관, NSC 관계자 등에게 전화를 돌린다. 당일 조간신문에 난 물먹은 기사를 확인한다. 그날 대통령의 일정을 확인한다. 전날 밤 대통령의 비공개 일정이 뭐였는지 묻고 누구를 만나 무슨 이야기를 나눴는지를 묻는다. 때로는 특정 정치권 이슈에 대한 견해를 묻는다. 통상 출근 후 30~40분은 4~5명에게 전화를 돌리며 이렇게 취재를 한다.

대변인이든 비서관이든 매일 이렇게 전화를 하면 기본적인 친분관계는 맺어지게 돼있다. 이른바 '아는 사이'보다는 한 단계 위로 올라가는 셈이다.

그런데 그것에 그치면 안 된다. 밥을 먹고 술을 마셔야 한다. 출입기자단 전체가 모여 먹는 자리에도 빠지면 안 된다. 그건 기본이다. 그 외에도 개별적 식사 자리를 마련하라. 혼자가 뻘쭘하면 기자 3~4명이 함께 당국자 1명을 부르면 된다. 통상 정치권과 정부 부처에서 흔히 이뤄지는 취재 방식이다.

이렇게 밥을 같이 먹고 술잔을 한두 잔 기울이다 보면 친분관계는 한 단계 더 올라간다. 술 한두 잔 하다 보면 경계심이 풀어진다. 가끔씩 맨 정신으로는 안 해주는 이야기가 나오기도 한다. 때로는 오프 더 레코드, 혹은 엠바고를 걸고. 혹은 그런 조건 없이 의도적이든 실수든 중요 정보를 우회적으로 슬쩍 흘리는 일도 적지 않다.

그래서 저녁 자리에서 중요한 기사를 챙긴 기자가 다시 회사나 기자실로 복귀해 기사를 쓰는 경우가 적지 않다. 그리하여 다음 날 조간신문과 아침 방송 뉴스의 헤드라인이 바뀌는 일이 종종 벌어진다. 그럼 당신은 출입처 기자단 중에 취재력 중상위는 되는 것이다.

# Q
# A
**16. 취재원과 친해지는 요령 좀 알려주세요.**
– ② 족보를 외워라.

이건 사실 필자가 잘 하지 못하는 점이다. 이걸 유독 잘 하는 기자들이 있다. 정부 부처라면 과장, 국장, 실장, 차관, 장관 등이 행정고시 몇 회 출신인지, 고등학교는 어디 나왔고 대학은 어디 나왔는지 기가 막히게 꿰뚫고 있는 기자들 말이다. 어느 국장이 서기관 때 무엇을 주로 담당했고 무슨 과장을 거쳤는지, 유학은 다녀왔는지, 부처 내 누구랑 행시 동기인지 등 관련 족보를 외워둬라. 그러면 그 사람을 만나 차 한잔을 하더라도 화제거리가 풍부해질 것이다.

특히 특별한 인맥을 만들려면 기자와 같은 고향, 같은 고등학교 출신을 찾아라. 여러 지역에서 사람들이 모이는 집단에서 공통의 연결고리를 찾으면 반갑기 마련이다. 학연, 지연이 아직도 통하는 세상이다. 물론 그것이 불공정으로 이어지는 부작용도 적지 않지만 적어도 취재하기 유리한 환경을 조성하는 요인인 것만은 틀림없는 사실이다.

그런데 학연은 분명 좋은 재료이기는 하지만 그것이 다는 아니다. 학벌을 믿고 게으름을 피우는 기자는 부지런한 기자를 절대 따라잡을 수 없다. YTN 기자의 대략 70%는 SKY 출신이다. 서울법대 출신도 있다. 서울법대 출신은 법조취재에 매우 유리하다. 검찰이나 법원 고위 당국자의 아마도 절반 이상이 동문이기 때문이다. 학연을 활용해 취재원과의 밀접한 관계를 구축하는 건 식은죽 먹기다. 외교부라면 서울대 외교학과나 정치학과, 한국외대 서반아어학과 출신이 많이 포진해 있으므로 이 학교들 출신 기자들은 취재원 확보가 비교적 수월해진다.

일반 정부 부처도 행시 출신 공직자들이 고위직에 포진해 있는데 이 중 상당수가 SKY출신이다. 그렇기 때문에 SKY 출신 기자들은 학연을 통한 취재원 확보가 용이하다.

비SKY 출신인 필자로서는 사실 어느 출입처를 나가든 불리한 환경에 놓일 수밖에 없었다. 그럴수록 기를 쓰고 취재에 매달렸다. 안면에 철판 깔고 매일 아침 전화하고 방으로 찾아가고 무슨 일이 생기면 수시로 전화했다. 체질상 술에 약했지만 폭탄주 십여 잔은 악으로 깡으로 마셨다.

# Q
## A

16. 취재원과 친해지는 요령 좀 알려주세요.
- ③ 취재원의 경조사를 챙겨라.

인간은 누구나 자신이 어려움에 처했을 때 도와주는 사람을 기억하게 돼 있다. 특히 상을 당했을 때 조문 와준 사람에게는 각별히 고마운 마음을 갖기 마련이다. 그러니 취재원의 부친상이나 모친상 등 부고를 접했을 때는 반드시 장례식장을 찾아가야 한다. 예를 갖춰 고인의 명복을 빌어야 한다. 그것이 인간의 도리이기도 하다. 취재원을 나의 이익을 위한 도구로만 여겨서는 신뢰를 얻을 수 없다. 아무도 그런 기자를 좋아하지 않는다. 마음가짐과 행동은 다 훤히 보이게 되어 있다.

취재원 자녀의 결혼식에도 가급적 참석하라. 성의를 보이면 상대도 성의를 보일 것이다.

# Q A  16. 취재원과 친해지는 요령 좀 알려주세요.
    － ④ 도와줄 땐 화끈하게 도와줘라.

취재원이 부탁하는 경우가 가끔 있다. 이런 기사 좀 써달라고. 기사 가치는 작지만 그 기사가 나감으로써 해당 취재원의 체면이 살거나 뭔가 도움이 되는 거라면 과감하게 써줘라. 데스크에도 솔직히 부탁 받은 사실을 보고하고 설득하라. 그걸 안 된다고 할 데스크는 그리 많지 않을 것이다.

기사로 써주기에 부적합하다면 스크롤 뉴스[30]로라도 해줘라. 취재원은 도움을 요청할 때 도와주는 기자에게 마음의 빚을 지게 된다.

---

30)  화면 하단에 표출되는 흘림 자막 뉴스를 말한다.

# Q A
## 16. 취재원과 친해지는 요령 좀 알려주세요.
### - ⑤ 소셜미디어 친구가 되어라.

소셜 미디어 공간에서의 접촉은 직접 얼굴을 맞대는 것보다 친밀감을 높일 수 있는 매우 좋은 수단이다. 평소 만나지 못하는 친구나 선후배도 소셜 미디어에서 늘 만나다 보면 수년 만에 만나더라도 엊그제 만났던 것 같은 착각에 빠져들기도 한다.

실제 만난 적이 없는데도 소셜 미디어에서 자주 만나면 원래 아는 사이인 것처럼 뇌가 작동하기도 한다. 그러니 인스타그램이나 facebook과 같은 소셜 미디어 공간에서의 커뮤니케이션을 늘려라. 취재원이 올린 포스팅에 '좋아요'를 누르고 격려와 응원의 댓글을 달아주면 그 취재원은 당신을 친구로 인식하게 될 것이다.

# Q. 16. 취재원과 친해지는 요령 좀 알려주세요.
## A. – ⑥ 두 달 안에 출입처를 장악하라.

새로 출입처를 배정받아 나갈 때는 최소한 두 달 내에 승부수를 띄워야 한다. 타깃은 두 부류다. 하나는 취재원, 다른 하나는 타사 기자들이다. 당신이 얼마나 불독처럼 취재하는지를 보여줘야 출입처를 장악할 수 있다. 그렇게 하기 위해서는 당연한 얘기지만 당신 만의 단독 기사를 써야 한다. 한 마디로 타사 기자들에게 물을 먹여야 한다. 그래야 존재감이 생긴다. 취재원들을 장악하기 위해서는 출입처가 아파할 만한 기사를 발굴해 써야 한다. 소위 '조지는'[31] 기사를 찾아내라는 것이다. 이른바 '빨아주는'[32] 기사는 나중에 써줘도 된다. 일단 호되게 꾸짖어주는 기사를 써야 출입처 취재원들이 당신을 무서워할 것이다.

이게 말로는 쉽지 않다. 부단히 뚫어야 한다. 출입처 취재원들을 뚫기 어려울 때는 우회적인 방법을 써야 한다. 그들을 감시하는 시민단체 혹은 노동조합과 같은 대척점에 있는 이들을 취재해보라. 분명 무언가 괜찮은 제보를 해줄 것이다.

잠을 덜 자고 발품을 팔아라. 이 세상에는 공짜가 없다. 그렇게 두 달 안에 취재원들이 아파할 단독 기사를 쓰고 타사 기자들에게 물을 먹이면 당신은 그때부터 출입처에서 대접받는 기자로 우뚝 서게 될 것이다. 당신이 기자실을 비우면 타사 기자들이 긴장할 것이다.

---

31)  취재원이 아파할 만한 비판 기사를 조지는 기사라고 한다.
32)  칭찬하고 홍보해준다는 뜻의 언론계 속어

**Q** 17. '기자에게 가장 쓸모 없는 인맥은 기자'라는 농담이 있는데, 타사 기자도 취재원에 포함되나요?

**A** 타사 기자도 좋은 취재원이다.

그런 농담은 들어본 적도 없다. 말도 안 되는 농담이다. 기자 사회에서 기자 인맥은 필수 인맥이다. 타 언론사 기자는 경쟁 상대이기도 하지만 동료이기도 하다. 업계 동료로서 동고동락하는 관계이다. 고생할 때 함께 고생하는 기자가 오래가는 법이다.

혼자 취재하는 것보다 함께 취재하는 것이 힘을 발휘할 때가 많다. 뭉치면 살고 흩어지면 죽는다는 말이 있는 것처럼.

또 부지런히 취재하며 가끔 나를 물 먹이는 동료 기자는 나에게 자극이 된다. 여러 모로 같은 언론사 선후배 동료 기자, 한 출입처의 타사 동료 기자 혹은 이런저런 자리에서 만나게 되는 업계의 동료, 선후배 기자들은 나의 소중한 자산이 되어줄 것이다.

# Q 18. 제보자 관리는 어떻게 하는 게 좋은가요?
# A 제보자와의 신뢰관계를 구축하라.

취재를 하다 보면 제보를 받는 일이 생긴다. 전혀 모르는 사람으로부터 익명의 제보를 받을 수도 있고 평소 알고 지내던 취재원으로부터 제보를 받을 수도 있다. 회사 제보 전화나 제보 이메일, 홈페이지, 카카오톡 제보와 같은 것을 통해 제보를 받을 경우 제보 내용이 사실인지, 특정 이해 관계 때문에 흔히 말하는 언론플레이를 하기 위한 것인지 잘 따져볼 필요가 있다. 잘못하면 일방적으로 이용당하는 경우가 생길 수도 있기 때문이다.


## # 특종이 물거품이 되어버린 에피소드

필자의 경우 한 탈북자로부터 경천동지할 만한 제보를 받은 적이 있다. 북한이 우라늄 농축 프로그램을 가동해왔고 그 시설을 자기 눈으로 본 적이 있다는 내용이었다. 귀가 솔깃해진 나는 그 제보자의 일터가 있는 안양으로 찾아가 이야기를 들었다. 제보자는 필자를 PC방으로 이끌더니 구글맵을 띄웠다. 그리고는 자신이 가봤다는 우라늄 농축시설이 있는 지역을 보여주었다. 탈북 전 트럭을 운전했는데 가끔 그 시설로 물건을 싣고 방문했다면서 내부 시설을 자세히 묘사해주었다. 당시 북한은 플루토늄 핵무기 제조를 추진하던 것으로 알려져 있었고 미국에서 제기한 우라늄 농축 의혹에 대해서는 부인으로 일관하던 때였기 때문에 탈북자의 이 제보는 사실 엄청난 파장을 일으킬 만한 것이었다.

그래서 필자는 이 제보의 사실 여부를 검증(검증은 쉽지 않지만 사실일 가능성에 대한 확인)을 위해 전문가들에게 제보 사실을 이야기하고 의견을 물었다. 한 전문가는 그가 묘사한 시설이 우라늄 농축시설과 매우 흡사하다며 놀라움을 금치 못했다. 비전문가가 그와 같은 시설을 구체적으로 묘사한 점으로 미뤄 그가 목격한 것은 사실이며 실제 북한이 농축우라늄 시설을 갖추고 있을 가능성이 매우 농후하다는 의견이었다. 내 심장은 뛰었다.

그렇지만 필자는 한 번 더 크로스체크를 해야겠다고 생각했다. 또 다른 핵 전문가에게 같은 이야기를 들려주고 의견을 물었다. 그랬더니 그 탈북자가 묘사한 시설이 반드시 우라늄 농축 시설이라고 단정짓는 것은 무리라는 답변이 돌아왔다. 결국 필자는 제보자의 말을 신뢰하지 않기로 했다. 해당 제보 내용이 뉴스로 보도될 경우 미칠 파장은 엄청난 것이었기 때문에 섣불리 확인되지 않은 내용을 뉴스화할 수 없다는 판단을 내린 것이었다.

그런데 이 제보는 훗날 사실로 드러났다. 오늘날 북한이 우라늄농축으로 핵무기를 생산하고 있다는 것은 다 알려진 사실이 되었다. 결국 특종은 물거품이 되어버렸던 것이다.

이런 사례는 또 있다. 이번엔 북한이 화폐개혁을 단행했다는 제보였다. 구화폐와 신화폐를 백대 1로 바꾸는 화폐개혁을 실시했다는 내용이었다. 이는 북한의 경제제도에 획기적 변화를 주고 내부의 사회적 파장도 큰, 그야말로 휘발성이 강한 뉴스였다. 하필 해당 제보를 받은 날 필자는 하루 휴가였다. 그럼에도 제보를 토대로 기사를 쓰고 후속 취재에도 돌입했다. 통일부 당국자는 화폐개혁에 대한 이야기는 들은 바 없다며 알아보겠다고 했다. 다른 전문가들에게도 전화를 걸어 사실이라면 왜 이 시기에 북한이 화폐개혁을 단행했을지에 대한 분석을 취재했다.

어느 정도 기사의 틀을 갖추어 놓은 필자는 데스크에 작성 중인 기사를 보도정보시스템[33]에 올려놓았다고 보고하고 통일부의 입장을 추가 취재해 기사를 완성해줄 것을 같은 팀 동기

---

33) 기사를 작성하는 시스템으로 언론사마다 다르다. YTN은 초기 호주 회사의 베이시스를 쓰다가 '뉴시스'로 교체했다. LG헬로비전에서는 아이뉴스라고 부른다. 기사를 작성하고 단신인지 리포트인지 표기하고 자막을 넣는 공간이 별도로 있다. 뉴스 제작에 쓰이는 큐시트를 짜는 공간도 있다. 이를 스튜디오 카메라의 프롬프터에 연동해 앵커가 읽는 데 활용하기도 한다.

기자에게 부탁했다. 그리고 나서 개인적인 볼일을 보러 외출했다. 그런데 당일 저녁 SBS 8시 뉴스에 그 뉴스가 단독으로 보도되었고 YTN 뉴스에서는 보도되지 않았다. 이후 모든 언론매체는 북한의 화폐개혁 관련 뉴스를 집중적으로 다루기 시작했다. 워낙 파장이 컸던 뉴스였기에 거의 두 달 동안이나 신문과 방송 뉴스를 장식하는 재료가 되었다.

당시 데스크와 동기 기자가 조금이라도 더 신경을 썼더라면 그 어느 매체보다 빠른 특종이 될 수 있었을 텐데, 무척이나 운 나쁘게 낙종이 되어버렸다.


# 천안함 침몰 실시간 특종은 이렇게 태어났다.

천안함 침몰 뉴스 역시 제보로 이뤄진 YTN의 특종이었다. 당시 필자는 국제부 야근조장이었다. 야근할 때는 타 방송사 뉴스를 틀어놓고 모니터를 하기도 하는데 갑자기 TV 여러 대 중 한 모니터에서 '해군 초계함 침몰 중' 이라는 큼지막한 속보자막이 뜨는 게 아닌가? 깜짝 놀란 필자는 나도 모르게 "저게 뭐야?" 소리치고 말았다. 자세히 보니 필자가 일하던 YTN 뉴스였다. 옆에 있던 사회부 쪽으로 고개를 돌려보았다. 사회부 야근 조장이던 입사 동기 김문경 (나중에 외교안보부장을 지냈다)이 전화연결을 하고 있는 것이 아닌가? 곧바로 사회부로 달려가 보니 함께 당직근무를 서던 후배 기자 2명은 다른 자잘한 사건을 챙기며 전화로 취재하고 있었다. 필자는 후배들에게 "지금 그런 걸 취재할 때냐"고 나무라고 "빨리 국방부 기자에게 연락해 이 사실을 알리라"고 다그쳤다. 그리고는 재빨리 북한의 최근 도발 일지를 써내려 갔다. 천안함 침몰 뉴스를 작성한 김문경에게 그 원고를 내밀었다.

하지만 김문경은 그 원고를 읽지 않았다. 북한의 소행인지 여부가 확실치 않은 상황에서 북한의 도발 일지를 읊을 수는 없었던 것이다. 나중에 본인에게 들으니 자신에게 여러 차례 제보했던 해군 내부 관계자로부터 해군 초계함이 가라앉고 있다는 제보를 받고 곧바로 전화연결로 방송을 했다고 한다. 그 제보자로부터 이전에도 몇 차례 제보를 받았으나 확인할 길이 없어 기사를 쓰지 않았더니 나중에 모두 사실로 드러나더라는 것이다. 그래서 초계함 침몰 중이라는 제보를 받고는 이건 틀림없이 사실일 것이라 믿고 바로 방송했다는 것이다.

위의 몇 가지 에피소드에서 알 수 있듯이 특종은 눈 앞에 왔다가도 사라지고 사라졌다가도 다시 나타난다. 운도 크게 작용하지만 제보자와의 신뢰관계가 매우 중요하다. 물론 파급력이 큰 기사는 이중 삼중으로 체크하며 확인 취재할 필요가 있다. 그러나 촌각을 다투는 기사의 경우 이중 삼중 체크하려다가는 놓칠 확률도 덩달아 높아진다. 복불복이라고는 하지만 취재원, 혹은 제보자와의 신뢰관계가 천당과 지옥을 나누는 분기점을 만들기도 한다.

# Q 19. 취재원과의 관계적 한계는 어떻게 극복하나요?
# A 같은 반 친구들과 모두 절친이 될 수는 없다. 소수에 집중하라.

기자는 떠돌이다. 부서도 짧으면 1년, 길면 3년에 한 번씩 바뀌는 게 보통이다. 사회부에서 경제부로, 경제부에서 정치부로, 정치부에서 편집부로, 뭐 이런 식이다.

같은 부서 내에서 출입처도 자주 바뀐다. 필자는 사회부 사건팀에서 1년 반 동안 무려 4번이나 출입처가 바뀌었다. 동부경찰서에서 마포경찰서로, 영등포경찰서로, 그리고 마지막엔 강남경찰서에서 사건팀 기자생활을 마쳤다. 경제부에서는 건설교통부에서 증권거래소로 출입처를 이동했다. 정치부에서는 통일부에서 국회 여당으로, 청와대로 그리고 국제부 소속 도쿄 특파원을 거쳐 귀국 후에는 외교부와 통일부를 담당했다.

신문기자의 경우 한 부서 한 출입처를 꽤 오랜 기간 담당하도록 하는 경향이 있다. 하지만 (주인 없는, 공적 성격이 강한) 방송은 자주 옮기는 경향이 강하다. 아마도 형평성 차원에서 그러는 모양이다. 부서마다 출입처마다 피로도가 다르고 기자들의 선호도가 다르니까.

떠돌이는 피곤하다. 부서를 옮기는 것도 출입처가 바뀌는 것도 직장을 옮기는 것과 크게 다르지 않다. 매일 아침 출근하는 곳이 어느 날 바뀐다. 사람도 새롭게 사귀어야 한다. 인수인계도 거의 없다. 혼자 알아서 맨땅에 헤딩이다. 적응할 시간도 충분히 주어지지 않는다. 한두 달 안에 출입처를 장악해야 한다. 그러기 위해선 굵직한 단독 기사를 터뜨려야 한다. 그래야 취재원들 사이에서 존재감이 드러난다. 그래야 기자실 분위기도 휘어잡을 수 있다.

취재원과의 인간적 관계를 형성하면 출입처를 떠나도 그 관계는 꽤 오랜 기간 유지된다. 떠나면 그뿐인 관계는 아무런 관계도 아니다. 그렇다고 너무 스트레스 받을 필요는 없다. 모든 취재원과 다 좋은 관계를 오래 유지할 수는 없다. 한 두 명이라도 좋다. 내가 도와줄 수 있고 나를 도와줄 수 있는 취재원 한두 명씩 지금부터라도 만들어보자.

# Q
## 20. 취재원과 식사할 때 밥값은 누가 내야 하나요?
## A 얻어먹지만 말고 가끔은 사라.

예전에야 백 퍼센트 취재원이 냈지만 지금은 시대가 달라졌다. 김영란법을 위반하지 않는 범위 내에서 먹는 수밖에 없다. (물론 김영란법이 제대로 지켜지고 있는지는 의문이지만) 요즘은 옛날처럼 오밤중까지 술 마시는 문화는 없으니까 깔끔하게 1차로 마무리하자. 서로 부담 없이 소박한 메뉴로. 물론 삼겹살만 먹어도 1인당 3만 원은 훌쩍 넘어갈 수 있는 게 현실이긴 하지만. 그래도 범법행위를 하라고 할 수는 없지 않은가.

고위 당국자와 만나는 자리라면 솔직히 취재원에게 얻어 먹는 게 그리 부담스럽지는 않을 것이다. 하지만 일반 공무원이라면 혹은 나이가 비슷하거나 형편이 비슷하다고 판단되면 기자도 가끔 밥을 사야 한다. 취재원이 개인 돈으로 기자에게 식사 대접을 하는 경우는 사실 거의 없긴 하다. 법인 카드로 계산을 할 것이다. 하지만 개인 돈으로 사는 경우가 있다면 기자도 사는 게 도리다.

# [ Chapter 3. ]
# 발제

# Q 21. 발제란 무엇인가요?
## A 쓰려는 기사의 밑그림을 그리는 것이다.

우선 쓰려고 하는 기사의 핵심 내용을 간략하게 요약한다. 인터뷰는 누구를 할 것이고 그림[34]은 어떻게 찍거나 확보할 것인지에 대한 설명을 곁들인다. 기자들이 이렇게 발제하면 각 부서 데스크들이 발제를 다듬거나 거른다. 이건 이렇게 보강 취재하고 이건 기사가 안되니 킬[35]하고 이런 식이다. 각 부서 부장들이 취합된 발제를 들고 보도국장[36]이 주재하는 편집회의[37]에서 발표한다. 당일 뉴스에 들어갈 꼭지[38]의 주요 내용을 발표하는 것이다.

사실 필자는 발제라는 용어를 기자생활 18년째이던 2011년 처음 들었다. YTN에서는 한 번도 들어보지 못했던 표현이었는데 채널A 국제부장으로 옮긴 이후에는 매일처럼 듣게 되었다. 언론사에서 대체로 쓰이는 용어였는데 YTN에서는 쓰이지 않았다.

구조상 그렇다. YTN은 24시간 뉴스 채널이다 보니 발생기사 위주로 다룬다. 대형 사건 사고가 발생하면 온통 그 뉴스에 집중한다. 대형이 아니더라도 정치권에서 특정 이슈가 발생하면 그 이슈에 집중하고 파생되는 아이템을 다룬다.

---

34) 화면을 그림이라고 부른다. "그림 있어?" "무슨 그림을 찍을 거야?"와 같이 표현한다.

35) 킬(kill)이란 용어는 언론계에서 자주 쓰인다. 발제 단계에서 받아들여지지 않는 경우도 있고 기사를 다 쓰고 리포트도 제작했는데 시간관계상 못 나가서 킬되는 경우도 있다.

36) 방송사에서 뉴스를 제작하는 조직을 보도국이라고 한다. 보도국 아래에 정치부, 경제부, 사회부, 문화부, 스포츠부, 편집부, 영상취재부 등의 각 취재부서와 편집부서가 있다. 신문사에서는 신문을 제작하는 조직을 편집국이라고 한다. 마찬가지로 편집국에 각 취재부서와 편집부서가 소속되어 있다. 언론사마다 보도국을 보도본부라고 하는 곳이 있고 보도국과 보도본부를 별도로 두는 곳도 있다. 이 경우 보도본부 아래 보도국과 시사제작국을 두기도 한다. 시사제작국은 탐사보도 프로그램이나 시사토크프로그램을 제작하는 조직이 대부분이다. 채널A를 비롯한 종편사는 당시 보도국이 산하 조직이 아니라 보도본부만이 존재했다.

37) 언론사마다 '편집회의' '부장회의' 등 부르는 용어가 다르다. 필자가 CJ헬로비전 (현 LG헬로비전)으로 옮겼을 당시 이런 회의 조차 없었던 것을 만들었고 '데스크회의'라고 이름을 지었다.

38) 주로 리포트를 말한다. 한 가지 이슈를 놓고 여러 개의 꼭지로 펼치기도 한다.

물론 발생기사만 다루는 것은 아니다. 그렇게 하면 24시간 뉴스를 생산해낼 수 없다. 그래서 기획을 한다. 부서 별로 또는 부서 내 팀 별로 기획회의를 열고 아이디어를 짜낸다. 몸과 마음이 피곤해 머릿속이 늘 몽롱하고 틈만 나면 잠이 쏟아지는 '사스마리' (사건팀 기자) 때는 아무리 기획 회의를 해도 건질만한 아이템이 거의 나오지 않았다. 쓸만한 아이템이 나오는 건 가물에 콩 나듯 이었다.

종편(종합편성채널)[39]으로 옮긴 후 매일 3차례 열리는 편집회의에 들어가 보니 발제와의 전쟁이었다. 아침 회의 때 각 부서별로 돌아가며 부장들이 발제를 한다. 회의가 끝나면 절반은 킬(kill)이다.

"남들이 다 쓰는 그런 기사 말고, 다른 것 좀 발제하라!"

보도본부장의 이 한 마디에 부장들은 부서로 돌아가 머리를 쥐어뜯는다. 부장이 받는 스트레스는 곧장 부원들에게 전가된다. 단독기사, 특종기사, 뭔가 색다른 기사 찾기에 골몰하게 된다.

모 종편에서 기자로 취재활동을 하다가 1년 남짓 만에 그만둔 한 여기자가 있었다. 그녀는 기자를 포기하고 한 케이블 방송사의 프리랜서 아나운서를 선택했다. 나중에 기자를 그만두고 아나운서를 택한 이유를 물었더니 이런 답이 돌아왔다.

"발제 때문에 너무 스트레스를 받았어요. 아침에도, 밤에도 온통 발제 스트레스 때문에 도저히 견딜 수 없었어요. 그래서 그만뒀어요"

---

39) 종합편성채널은 이명박 정부가 거대 신문사들에게 허가를 내줌으로써 탄생했다. 조선일보는 TV조선, 중앙일보는 jtbc, 동아일보는 채널A, 매일경제신문은 MBN이라는 방송사를 세웠고 2011년 12월부터 방송을 시작했다.

그랬을 법도 하다. 종편은 정말이지 발제 스트레스가 큰 곳이었다. 기존 방송사와 경쟁해야 하니 비슷한 뉴스로는 승산이 없다고 판단한 것이다. 그래서 남들과는 다른 뉴스를 만들어내야 한다는 강박관념에 사로잡혀 있었다.

"남들이 다 쓰는 그런 기사 말고 좀 새로운 기사를 발제하라!"는 보도책임자의 질책이 매일 쏟아지는 이유다.

그러다 보니 어느 날부터인가 매일 아침 기사 발제에 '단독'이 늘기 시작했다. 어떨 때는 전체의 3분의 1이 단독기사 발제이기도 했다. 가만히 살펴보면 '이상한 단독'이 많았다.

# Q 22. 단독 기사가 무엇인가요?
# A 타 매체가 취재하지 못한 가치 있는 기사가 단독기사다.

타 매체가 알아내지 못한 기사 중에 시청자들의 주목을 상당히 끌만한 기사를 단독기사라고 부른다. 그런데 앞서 말한 그 회사에서 발제라고 올리는 단독기사는 특이했다. 다른 매체가 취재하거나 보도하지 않은 것은 맞는데 내용은 별것도 아닌 것이 대다수였다. 무늬만 단독이라고 할까?

한 예로, 세월호 참사 때 유병언 일가에 대한 취재 경쟁이 치열해지자 어이없는 기사가 나오기도 했다. 유병언의 장남 유대균이 뼈 없는 치킨을 시켜먹었다는 걸 단독기사랍시고 보도했다.

"[단독] 유대균, 소심한 목소리로 뼈 없는 치킨 주문"

유대균이 은신하며 가끔 치킨을 시켜먹었는데, 그때마다 소심한 목소리로 주문하고 문도 잘 열어주지 않았다, 계산은 무조건 현금으로 했다는 내용이었다. 이게 도대체 세월호 참사와 유병언 일가와의 관계를 밝혀내는 데 도움이 되는 기사인가? 그저 흥미 위주로 뉴스를 생산하려다 보니 벌어진 웃지 못할 단독 퍼레이드였다.

이렇게 단독, 남들이 안 쓰는 기사를 발제하라는 '버럭'에 쪼이다 보면 부작용이 생기기 마련이다.

# Q 23. 보도자료는 어떻게 활용하나요?
# A 베끼지 말고 조목조목 따져봐라.

정부 부처나 지자체, 기업, 기관이 배포하는 보도자료를 베끼기만 하는 건 기자가 아니다. 이런 보도자료는 대체로 홍보가 목적이기 때문에 보도자료 취지 그대로 보도하는 것은 별 의미가 없을 경우가 적지 않다. 때문에 보도자료를 놓고 요리조리 따져봐야 한다.

첫째, 이 보도자료의 내용이 정보로서의 가치가 있는가?

시청자나 독자들이 필요로 하는 정보인가? 이 점을 따져봐야 한다. 부동산 규제와 같이 달라지는 제도라든가, 유통업체들이 빅세일을 한다든가, 연쇄살인마를 검거했다든가, 자동차 회사가 치명적 결함을 발견해 리콜을 실시한다든가, 정보 가치를 판단하는 것은 시청자의 관점에서 판단하면 답이 나올 것이다.

둘째, 정보의 가치가 있다면 핵심 메시지는 무엇인가? 뒤집어서 쓸만한 건 없는가?

앞서 들었던 예 가운데 자동차 회사의 리콜 실시 보도자료라면 해당 차량 소유자들에게는 반드시 필요한 정보가 될 것이다. 안전과 직결된 사안일 수 있기 때문이다. 그런데 단순히 리콜 정보 전달에 그칠 것인가는 생각해봐야 한다.

회사가 결함을 알고도 일정기간 은폐하지는 않았는지, 내부 보고를 묵살하지는 않았는지, 피해자들의 교환 환불 요구를 거부하지는 않았는지 취재해보라. 만일 있다면 이는 리콜 실시가 제목이 아니라 은폐, 묵살 이런 용어들이 제목이 되어야 한다.

셋째, 파생시킬 것은 없는가?

예컨대 교육부가 초등학생들 조사 결과 비만이 늘었다는 내용의 보도자료를 냈다고 하자.

보도자료에는 평균 키와 몸무게가 연도별로 어떻게 달라졌는지 그런 통계자료도 있을 것이다. 비만지수도 포함돼 있을 것이다. 그럼 그건 그것대로 〈소아비만 갈수록 증가〉라는 기사를 쓸 수 있을 것이다. 그런데 여기서 파생시킬 만한 것은 없을지 고민이 필요하다. 비만아동 증가의 원인 쪽으로 살펴보다 보면 "패스트푸드 일주일에 3번 먹어요" '비만아동 10명 중 3명은 성인병' 이런 제목의 기사도 발굴할 수도 있을 것이다.

# Q A
## 24. 발생 기사를 어떻게 재빨리 챙길 수 있나요?
### 평소에 부지런히 돌아다녀라.

사건 사고라는 게 예고하고 터지는 경우는 없다. 그걸 미리 알아낼 재간이 인간에게는 없다. 그런데 발생한 사건 사고를 누가 먼저 챙기느냐는 기자의 역량이다. 여러 차례 강조하지만 기자는 부지런히 돌아다니며 물어야 한다.

발에 땀나도록 경찰서를 돌아다니며 형사들에게 박카스도 사주고 같이 담배도 피우고 때로는 소주잔도 기울이고 하다 보면 그들이 기사를 주게 되어 있다. 다 노력한 만큼 대가가 따르는 법이다.

검사도 그렇고 정부 부처 공무원들도 마찬가지다. 정당의 주요 당직자나 국회의원도 예외는 아니다. 얼굴 많이 보고 오래 관계를 유지해온 기자에게 속내를 얘기하고 중요한 정보를 주지, 생판 모르는 기자, 별로 친분관계가 없는 기자에게 안 해도 될 이야기를 해줄 이유가 없다.

당 고위인사들이 모여서 한 중요한 이야기, 얼어붙은 한일관계를 풀어보기 위해 어렵게 마련된 한일 국장급 대화에서 오간 이야기. 이런 깨알 같은 내용들을 공식 보도자료에 다 담아주는 경우는 없다. 거기서 오간 진짜 중요한 이야기, 뒷이야기는 취재를 통해서만 건질 수 있는 있다. 그래서 기자는 부지런해야 한다. 사람과의 관계를 잘 맺어둬야 한다.

그렇게 부지런하게 사람들 만나고 전화통화하는 것을 습관처럼 하다 보면 특종의 기회가 주어지기도 한다. 단언컨대 가만히 앉아 있는 기자에게 특종을 주는 취재원은 없다.

발생 기사는 모두가 아는 발생 기사도 있지만 부지런한 일부 기자만 알게 되는 기사가 있다는 얘기다. 그러니 그렇게 챙긴 기사는 단독을 달고 멋지게 발제할 수 있는 것이다. 물론 앞서 언급한 것처럼 '흥미만 자극하는 쓸데없는' 단독은 안 하는 게 낫다.

# Q 25. 기사를 잘 기획하는 요령이 궁금합니다.
## A 달력을 자주 들여다봐라.

기획기사 발제는 우선 캘린더 성이 있다. 세월호 참사가 발생했던 4월 16일이 다가오면 여객선 화물선의 안전점검은 제대로 이뤄지고 있는지, 과적 운항은 없는지, 화물이나 차량을 안전하게 고정하는 장치는 제대로 작동하고 있는지, 이런 것들을 점검하는 기사를 기획해볼 수 있다. 또 세월호 생존자나 유가족 가운데서도 스토리를 발굴할 수 있다. "트라우마 극복하고 평범하게 살아요"라든가, 혹은 그 반대의 가슴 아픈 이야기일 수도 있다.

11월 23일이 다가올 즈음이면 연평도를 취재해보자. 그 때의 긴박했던 순간을 주민들은 어떻게 떠올리는지, 대피소, 방공호는 잘 관리되고 있는지, 비상식량은 제대로 갖춰져 있는지, 어민들에게 달라진 건 없는지 이런 것들을 취재하는 것이다.

또 6·25 전쟁 70주년이면 '노병의 기억, 참혹했던 그 전투'라든가 "나라 위해 희생했는데 연금은 겨우" 이렇게 관련된 것을 취재해서 발제해 보자. 8·15 광복절을 맞아 집집마다 태극기는 얼마나 거는지, 한글날을 맞아 영어 간판은 얼마나 많은지, 식상하긴 하지만 이런 기획은 얼마든지 할 수 있다.

장마철이나 태풍을 앞두고 침수피해를 겪은 지역이 어떻게 대비하고 있는지 살펴보는 것도 좋은 기획이다. 특히 지난해나 몇 해 전 큰 피해를 겪었던 지역을 찾아가 복구는 얼마나 했고 대비책은 마련했는지를 들여다보면 훌륭한 기획 기사를 발굴해낼 수 있다. 침수 피해가 나서 마을 전체가 엉망이 된 지 반 년이 지났는데도 복구가 제대로 안 되어 있거나 보상이 이뤄지지 않아 주민들이 다 쓰러져 가는 집에 사는 경우도 실제로 있다.

또 발생기사에서 파생을 찾는 기획도 가능하다. 요양병원에서 대형 화재로 노인들의 희생이 큰 사건이 발생했다면 '스프링클러 없는 요양병원' '화재 무방비 요양병원' 등 방재시설이 제대로 돼 있는지 점검하는 기획 취재를 발제해 보라. 화재가 난 병원 외에 다른 병원들도 비슷한 문제점을 갖고 있을 수 있기 때문이다. 취재하다 보면 법적, 제도적 문제를 발견할 수도 있다. 혹은 경영인, 관리인들의 안이한 안전의식, 행정당국의 관리감독 소홀 등 여러 가지 문제점을 파헤칠 수 있다.

80대 남성 운전자가 건물로 돌진해 인명사고를 일으킨 경우 그 자체로 스트레이트 기사를 쓸 수 있지만 좋은 기획으로 연결시킬 수 있다. '고령운전자 면허반납 논란 재점화'로 기획해 보면 어떤가? 외국 사례를 찾아서 비교해 볼 수도 있다. 나아가 "나이 들었다고 다 운전 못하냐", "면허 반납하면 이동권을 보장해주든가" 와 같은 어르신들의 불만 섞인 목소리와 "사고 방지를 위해 면허 반납 고령자에게는 혜택을 확대해야" 등의 다양한 의견을 보여주는 기사도 기획할 수 있다.

# Q 26. 타 매체 기사를 활용할 수도 있나요?
# A 물론이다. 훌륭한 참고서가 될 수 있다.

방송과 신문은 별개의 매체다. 그렇기 때문에 방송기자가 신문기사를 토대로 비슷한 발제를 하는 것은 통상 있는 일이다. 신문기자가 방송 기사를 보고 발제하는 것도 전혀 이상하지 않다. 문제가 있다면 그대로 베낀다는 것이다. 타 매체 기사를 토대로, 즉 특정 팩트를 다른 각도로 들여다보고 취재하다 보면 참고로 했던 기사보다 훌륭한 팩트를 건져낼 수도 있다. 꼭 그렇지 않더라도 제작 기법을 달리 하면 색다른 뉴스가 될 수 있다.

국내 매체뿐 아니라 외국 매체로도 눈을 돌려보면 기획 아이템은 풍성해진다. 코로나 19 때문에 재택근무가 늘어나면서 상사들의 인터넷 감시가 증가하거나 심지어 온라인을 통한 희롱이나 '갑질'이 늘고 있다는 일본 NHK 기사를 토대로 한국에서도 유사한 현상이 있는지 취재해보면 분명 '거리'가 나올 것이다.

해외 매체도 국내 매체의 보도를 활용한다. 2019년 경북 의성 쓰레기산이 국내 언론에 보도된 이후 CNN도 현장을 보도했다. 한 폐기물 처리장에 20만 톤이나 되는 엄청난 폐기물 더미가 산처럼 쌓여 있는 것은 해외 언론사의 눈에도 토픽으로 비쳤을 것이다. 하지만 CNN은 이를 단순한 화제성 기사로 다루지는 않았다. 환경 문제에 따른 쓰레기 소각 금지와 전 세계적 쓰레기 유통구조의 변화 때문이라는 분석을 곁들여 훌륭한 기사를 만들어냈다. 2017년 말 중국이 외국산 쓰레기 수입을 중단하자 한국은 필리핀과 태국 등으로 쓰레기를 수출했지만 현지 환경단체의 반발에 부닥쳐 플라스틱으로 위장한 폐기물 수출이 중단됨으로써 일어난 구조적 문제라는 것이다. 특히 한국의 1인당 플라스틱 소비량이 세계 최대 수준이라는 점도 꼬집었다.

# Q 27. 어떤 발제가 좋은 발제인가요?
# A 사회에 도움이 되는 것이 좋은 발제다.

기사는 사실 기록이다. 사실을 기록하는 것은 훗날 역사가 된다. 그러므로 기사는 역사의 기록이다. 기자는 역사를 기록하는 사람이다. 그만큼 사명감을 가져야 한다. 자부심을 가져도 좋다는 얘기다. 역사가 의미를 가지려면 교훈으로 작용해야 한다. 교훈은 누군가에게 반면교사가 된다는 얘기다. 세상에 파급효과가 있어야 기록할 만한 가치가 있는 역사가 된다. 그렇다고 모든 기사가 큰 파급효과를 가질 수는 없다.

기사의 효용 가치는 아래와 같은 측면에서 볼 수 있겠다.

## # 정보

누군가에게 필요한 정보가 된다면 기사가 가치를 갖는다. 내집 마련이 필요한 사람에게 현재 부동산 시세는 어떤지, 앞으로 오를 것인지, 내릴 것인지, 언제쯤 사는 게 좋은지, 어디에 어떤 아파트가 분양되는지가 중요한 정보가 될 것이다. 휴가를 앞둔 사람에게는 어디로 가면 싸고 좋은 숙박업소가 있고 즐길 거리와 먹거리가 있는지도 정보다. 교육제도가 어떻게 바뀌는지도 마찬가지다. 관련 정보는 학생들과 학부모에게는 높은 가치를 지닌다. 자사고나 외고를 일반고로 전환한다는 뉴스는 그런 학교를 목표로 공부하던 학생이나 재학생에게 큰 영향을 미친다. 대입제도 변경 때문에 수능전략을 바꿔야 하는 경우도 있다. 지자체의 정책이나 조례도 지역 주민들에게는 정보가 된다. 주민들의 실생활에 영향을 미치기 때문이다.

## # 권력견제 비판

권력기관을 견제하는 것이 언론의 가장 큰 기능이다. 청와대가, 정부가, 검찰, 국정원, 경찰이, 지자체가 무소불위의 권력을 휘두르는지 감시해야 한다. 국민이 낸 혈세를 낭비하지는 않는지 지켜봐야 한다. 후보자가 낸 공약이 실현 가능한 건지 검증해야 한다. 당선자가 공약을 제대로 지키는지 들여다봐야 한다. 국회가 국민이 필요로 하는 법을 만드는지, 법안은 쌓아놓은 채 싸움만 하고 있지는 않은지 매의 눈으로 쳐다봐야 한다. 검찰과 경찰은 수사를 공정하게 하는지, 인권 침해는 없는지 감시해야 한다. 이러한 권력 감시와 견제, 비판은 민주주의를 발전시키는 기본 토양이 된다.

## # 정의사회구현

너무 거창하게 들리겠지만 기사는 정의사회 구현에 일조해야 한다. 폭염이 기승을 부릴 때 쪽방촌 주민들은 어떻게 더위와 사투를 벌이고 있는지, 그들이 사회 안전망에서 벗어나 있지는 않은지 챙겨봐야 한다. 어려운 이웃에게 도움이 되는 기사를 써야 한다. 흉악범은 이 땅에 발 붙이지 못하게 해야 한다. 살인의 추억 이춘재, 어금니아빠 이영학, 유영철, 강호순, 김길태. 이런 자들의 범죄를 낱낱이 파헤쳐 고발해야 한다. 스쿨존 불법 주정차, 쓰레기 무단투기, 버스전용차로 얌체주행… 이런 무질서와 양심 없는 행위도 사라지도록 끊임없이 고발해야 한다.

반면 남들을 위해 자신을 희생하는 사람, 봉사하는 사람들을 찾아내 알려야 한다. '폐지 주워 모은 돈 대학에 기부한 80대 할머니', '얼굴 없는 기부천사 알고 보니 동네 이발사' 이런 미담기사도 정의사회 구현에 일조하는 기사다. 우리 사회는 아직 따뜻하고 희망이 있다는 걸 보여줘야 한다.

# [ Chapter 4. ]
# 인터뷰

# Q 28. 거리에서의 일반 인터뷰가 쉽지 않은데 어떻게 해야 하나요?
# A 상대방에게 호감 가는 말로 환심을 사라.

"안녕하세요? 패션감각이 좋으시네요"

"두 분이 연인이세요? 잘 어울리시네요"

"어머니 안녕하세요? 코트가 잘 어울리세요"

뭐 이 정도로 일단 환심을 사고 물어보는 것이다. 그리고 나서

"저희, 뉴스 인터뷰 좀 부탁하려고 하는데요, 코로나19 백신 안전성 관련해서요"

라고 묻자. 그러면 상대는 서둘러 어딘가를 가야 하는 상황이 아니라면 일단 서서 기자의 구체적 질문을 들으려 할 것이다.

만일 어린 아이들을 데리고 가는 부부이거나 아기 엄마라면

"아이 예뻐라, 아기가 참 귀엽네요"

이 정도의 멘트는 날려주고 인터뷰를 요청해보자. 거리 인터뷰는 시민들이 취재진을 피하는 경우가 종종 있기 때문에 취재진의 모습을 오래 노출되지 않도록 한 상태에서 돌발 인터뷰를 시도하는 것도 나쁘지 않은 방법이다. 사람들은 갑자기 훅 들어왔을 때 거절하지 않고 대답하기도 한다. 이미 카메라 렌즈가 눈 앞에 보이고 마이크를 들이민 취재기자가 뭔가 물어보면 방송사 인터뷰라는 걸 알기 때문이다.

# Q
## A

### 29. 목격자 인터뷰는 어떻게 따는 게 좋은가요?
짧게 짧게 묻고 정리해서 말해달라고 요청해라.

모든 인터뷰가 그렇지만 쓸 만한 인터뷰를 따려면[40] 질문이 중요하다. 사건 사고 현장에서 목격자 인터뷰를 할 때는 특히 생동감 넘치는 당시의 목격 내용이 필요하다. 그렇게 생생한 목격담을 목격자로부터 이끌어내기 위해서는 짧게 짧게 연속해서 물어봐야 한다.

"처음 불이 났을 때 상황이 어땠어요?"
"연기가 어느 정도 났나요?"
"폭발음 같은 건 안 들렸나요?"
"불 난 아파트 주민들이 혼비백산 대피했겠네요?"

이런 질문들을 쏟아내면서 인터뷰를 따고 나서 추가로 전반적 상황을 별도로 딸 필요도 있다.

"불이 난 직후 보신 상황을 다시 한 번 설명해주시겠어요?"

이렇게 하는 이유는 나중에 편집할 때 골라서 쓸 수 있는 재료를 풍성하게 해놓기 위해서다. 그렇지 않으면 나중에 편집하기에 적합한 인터뷰가 없어 애를 먹는 경우가 생길 우려가 있다. 특히 상대방이 너무 길게 장황하게 이야기할 때는 방송용 인터뷰를 감안해 기자가 정리해서 다시 말해달라고 해줄 필요도 있다.

---

40) 인터뷰하는 것을 언론사에서는 인터뷰를 딴다고 표현한다.

"그러니까 폭탄 터지는 것처럼 펑 하는 소리가 들리더니 불길이 치솟았고 시커먼 연기가 흘러나오자 주민들이 놀라서 다 밖으로 쏟아져 나왔다는 거죠? 그 내용을 다시 한 번 머릿속에 떠올리면서 말씀해주시겠어요?"

# Q 30. 인터뷰 상대가 너무 긴장할 땐 어떻게 하나요?
## A 질문 말고 딴 얘기를 먼저 해라.

사건사고 현장의 목격자든, 거리를 지나던 행인이든 사전에 섭외한 전문가이든 적지 않은 사람들이 방송 인터뷰에 긴장한다. '카메라 울렁증'이라고 할까, 카메라 렌즈가 자신을 쳐다보고 마이크는 내 입 앞에 놓여 있는 사실이 긴장 지수를 높인다. 머리 속은 하얘지고 입은 바짝 마르고 눈가도 촉촉해지는 경우가 다반사다. 그렇기 때문에 기자는 인터뷰 상대를 최대한 편안하게 해줘야 한다. 긴장감을 낮춰주기 위해 아주 가벼운 질문부터 하는 것이 좋다. 처음부터 단도직입적으로 본 질문을 하는 것보다는 인터뷰와 관계 없는 것부터 물어보자.

"입고 계신 그 스웨터 어디서 사셨어요? 잘 어울리시네요. 저도 그런 거 하나 사고 싶었는데"

"동네가 참 깨끗하네요. 주민들 시민의식이 투철한가 봐요"

"지난주 칼럼 쓰신 것 잘 읽었습니다. 아주 공감 가던데요"

"LH공사 직원 투기 그거 해도 해도 너무 하는 거 아니에요? 전 국민이 다 분노할 일이잖아요?"

뭐 이런 저런 이야기, 특히 상대가 으쓱해 할 만한 이야기로 시작해보자. 그것이 상대의 긴장을 낮추고 말문을 여는 열쇠가 될 수 있을 것이다.

# Q 31. 인터뷰 중에 상대가 울컥할 땐 어떻게 해야 하죠?
## A 침묵을 지켜라.

기자가 계속 질문을 쏟아내는 것보다 침묵을 지켜야 할 때도 있다. 울컥하는 순간을 카메라 렌즈에 담아야 하는 경우도 그에 해당한다. 잠시 회상에 잠기며 눈시울을 적시거나 울음을 쏟아낼 때는 질문을 던지지 말고 침묵을 지키자. 그래야 그 인터뷰이의 감정이 고스란히 카메라에 담기고 나중에 시청자에게 전달돼 공감을 불러일으킬 것이다.

비리나 의혹에 휩싸인 사람과 인터뷰할 경우 허를 찌르는 질문에 당황하면서 대답을 못하는 장면이 연출될 때도 기자의 침묵은 효과적이다. 어쩔 줄 몰라 하며 말을 못하는 인터뷰이의 모습을 그대로 촬영하면 그 표정 자체가 기사가 될 수 있다.

또 말을 워낙 많이 하는 취재원과 인터뷰할 때도 중간에 끼어들지 말고 말을 하도록 해야 하는 경우도 있다. 치고 들어가면 오디오가 물려 나중에 편집하기 곤란해지기 때문이다. 취재원의 그 긴 이야기를 들으면서 머리 속에서 정리해라. 그리고 상대의 말이 끝나면 주요 내용만 간추려서 다시 이야기해달라고 주문해라. 때문에 잘 들어주는 게 필요하다.

# Q 32. 상대가 속내를 말하지 않을 때는 어떻게 하나요?
## A 카메라를 치워라.

카메라가 없는 경우 취재원은 한결 부담을 덜 갖기 마련이다. 달리 말해 방심한다고 할까. 생각지도 못한 이야기를 해줄 때도 있다. 물론 모두가 그런 건 아니다. 운이 좋을 때에만 그럴 수가 있다.

마이크를 들이대는 카메라 인터뷰가 아닌 사전 취재 차원에서의 인터뷰에서도 취재원의 속내를 이끌어내는 것이 말처럼 쉬운 일은 아니다. 그래서 기자는 때로는 애걸해야 하는 일도 감내해야 한다. 무언가를 알아내야 할 때 그걸 분명히 알고 있을 것으로 생각되는 취재원에게 이야기해달라고 할 때, 필요하면 읍소도 해야 한다. 그리고 타협도 해야 한다. 오프더레코드[41]를 전제로 이야기해달라고 하거나 익명을 전제로 이야기해 줄 것을 끈질기게 부탁해야 한다. 열 번 찍어 안 넘어가는 나무 없다. 끈기를 갖고 지속적으로 요구하면 들어주는 경우가 생긴다.

---

41)  녹음기를 꺼둔다는 뜻으로, 기사화하지 않는 조건으로 말해주는 걸 말한다.

# Q 33. 내부 고발자 인터뷰할 때 신원은 어떻게 보호해주나요?
## A 블러, 음성변조는 기본이다.

내부의 비리를 제보해주는 사람이 신원이 드러나면 곤란한 입장에 놓일 게 뻔하다. 그러므로 누구인지 드러나지 않게 확실하게 보호해줘야 한다. 얼굴이 나오지 않게 블러[42] 처리를 확실하게 해줘야 한다. 옷도 특정될 수 있기 때문에 윤곽이 드러나지 않게 해야 한다. TV뉴스에서 많이 봤겠지만 아예 인터뷰이 얼굴 없이 목소리만 나가는 경우도 있다. 공원의 나무나 팔각정 기둥에 신체의 일부를 가린 채 촬영하기도 한다. 혹은 앉아 있는 모습에 무릎 아래만 촬영한 모습을 비추기도 한다.

목소리 변조는 당연히 해야 한다. 남성은 여성처럼. 여성은 남성처럼 목소리를 바꿀 수도 있다. 누구 목소리인지 알아들을 수 없게 하되, 무슨 말을 하는지 전혀 알아들을 수 없게 해서는 곤란하다. 물론 자막으로 인터뷰 내용을 써주지만 그래도 전혀 알아들을 수 없게 하는 건 시청자를 피곤하게 하는 것이다. 때로는 조작 시비에 휘말릴 수도 있다.

---

42) 피사체가 잘 식별되지 않도록 흐릿하게 처리하는 방식. 모자이크 형태도 있고 뿌옇게 흐리는 형식도 있다. 특정 상품의 브랜드나 가게 상호, 자동차 번호판 등이 노출되지 않도록 할 때 쓴다.

# Q 34. 얼굴 나가기를 꺼려하는 인터뷰이도 있어요. 그럴 땐 어떻게 하나요?
## A 뒤통수 인터뷰 기법을 써라.

내부 고발자는 아니지만 다른 이유로 얼굴이 노출되기를 꺼리는 인터뷰이[43]가 가끔 있다. 그를 아는 사람이 인터뷰 사실을 알아차리는 건 문제 없지만 만인에게 노출되는 건 싫다고 하는 사람들이다. 그럴 때는 정면에서 촬영하지 말고 인터뷰이의 뒤에서 인터뷰하는 기자의 얼굴을 촬영하는 각도로 인터뷰할 것을 권유해보라.

"얼굴 안 나오게 할 테니 그 때 그 상황 좀 말씀해주세요"

그것까지 거절하면 과감하게 포기해라.

---

43)   인터뷰 대상을 말한다.

# Q 35. "녹음중"이라고 하면 태도가 돌변합니다. 이때 취재원의 말을 이끌어낼 수 있는 방법은 무엇인가요?

## A 처음부터 녹음한다고 말하지 말아라.

대부분의 취재원은 기자의 전화 취재에 응할 때는 대면 취재 때에 비해 편하게 이야기하는 경향이 있다. 물론 평소 아는 관계라면 더 그렇다. 전혀 모르는 관계일 경우, 기자라는 신분을 밝히고 무언가에 대한 질문을 하면 경계심을 가질 수도 있다. 하지만 ENG 카메라나 녹음기를 들이대고 하는 정식 인터뷰와 비교하면 훨씬 많은 이야기를 해주는 것이 보통이다.

만일 전화 통화로 취재하는 경우 처음부터 녹음 중이라는 걸 고지한다면 취재원은 당연히 부담을 갖게 될 수밖에 없다. 자신이 한 말이 녹음된다는 것은 기록된다는 것을 의미하기 때문이다. 자신의 음성이 방송에 노출되거나 자신이 한 말이 활자화될 수 있다는 걸 전제하고 이야기하는 것이니 말이다.

최근 카드사에 문의전화를 걸면 녹음된 안내 멘트를 통해 "상담사에게 폭언을 하지 말아달라" "상담내용은 녹음된다"는 점잖지만 분명한 경고의 메시지가 흘러나온다. 이 경고 메시지를 듣고도 언성을 높이거나 욕설을 하거나 희롱을 하는 간 큰 고객은 많지 않을 것이다.

이와 비슷하다고 보면 된다. 처음부터 "지금 통화 내용은 녹음 중입니다"라고 상대 취재원에게 밝히는 것은 "말을 가려서 하세요"라고 경고하는 것과 다르지 않다는 말이다. 때문에 대부분의 기자들은 처음부터 녹음한다고 상대 취재원에게 고지한 채 전화 취재를 하지 않는다.

전화통화를 녹음하는 경우는 대개 3가지 이유가 있다.

① 취재 내용을 나중에 다시 들으며 정리하기 위해서
② 취재원의 육성을 방송에 사용하기 위해
③ 취재원이 나중에 딴소리할지 모를 경우를 대비해

　전화 통화를 녹음 중이라는 사실을 상대에게 알릴 필요가 없지만 상대가 "혹시 지금 녹음 중인가요?"라고 혹 들어오는 경우가 있다. 이럴 땐 Yes 아니면 No라고 답해야 한다. 위 3가지 중 1과 3의 경우라면 구태여 Yes라고 답할 필요는 없다. 기자가 나중에 멘트를 정리하거나 만약의 사태에 대비해 녹음해 두는 것이므로 상대에게 공연히 경계심을 갖게 할 필요는 없기 때문이다.

　편하게 이야기하도록 유도하기 위해 No라고 답하는 게 낫다. 그런데 2의 경우라면 달라진다. No라고 부인해놓고 나중에 통화 녹취를 방송에 쓴다면 문제가 생긴다. 우선 취재원과의 신뢰관계가 무너진다.

　"녹음하는 거 아니라고 해놓고 더티(dirty)하게 그걸 녹음해서 방송에 쓰면 어떻게 합니까" 이런 항의를 받으면 기자는 할 말이 없어진다. 더 이상 그 취재원과는 기자와 취재원간의 관계를 유지하기 어려워진다. 신뢰관계 훼손에 그친다면 모르지만 상대가 고소 등 법적 조치까지 동원한다면 골치가 아파진다. 초상권과 같이 음성권도 보장해야 할 취재원의 권리이기 때문이다.

　그러므로 "지금 혹시 녹음하는 건가요?" 라는 질문이 수화기 너머로 들린다면 기자는 두뇌를 신속하게 회전시켜야 한다.

　솔직히 답하는 게 나을지, 부인하는 게 나을지.

방송에 쓰고자 하는 녹취가 통화 중에 확보됐다면, 그리고 그 녹취를 반드시 써야겠다고 마음 먹었다면 상대를 설득해야 한다.

"아, 제가 나중에 말씀 정리하려고 일단 녹음 버튼을 눌러놨습니다. 그런데 혹시 아까 이렇게 저렇게 말씀하신 건 기사에 녹이는 게 좋을 것 같은데. ○○님 말씀을 방송에 써도 될까요?"

물론 상대가 받아주면 좋지만 대개의 경우 쓰지 말아달라고 할 것이다. 두 세 차례 더 설득해보고 통하지 않으면 과감히 포기하는 게 정답이다.

그런데 녹취를 방송에 그대로 사용하지 않고 기사로만 쓸 요량이라면 부인하는 게 차라리 낫다.

"아뇨, 녹음을 뭣 하러 합니까? 그냥 여쭤보는 거니 편하게 말씀해주십시오"

이 정로도 에둘러 말하라. 상대가 경계심을 풀어야 좀더 듣고 싶은 이야기를 해줄 것이다. 그렇지만 상대에게 녹음 중이 아니라고 한 만큼 그 녹취를 방송에 쓰면 안 된다. 이것은 신뢰 상실, 경우에 따라선 고소로 이어질 수도 있기 때문이다.

그런데 사실 이 답으로는 위의 질문에 속 시원한 답이 되어주지 못한다.

녹음 중이라는 사실을 알고 태도가 돌변한 취재원의 마음을 돌려 필요한 정보를 얻어낼 수 있는 요령이 뭐냐는 질문이었다.

"제가 나중에 다시 들으며 정리하려고 일단 녹음은 한 건데, 방송에 육성은 사용하지 않겠

습니다. 그리고 익명으로 그냥 기사에 참고할 테니 부탁 드릴게요. ~에 대해서 좀 자세히 말
씀해주세요" 이렇게 납작 엎드리는 수밖에 없다. 상대에게 솔직히 밝히고 간곡히 부탁하는
수밖에.

# [ Chapter 5. ]

# 스탠드업

# Q 36. 스탠드업은 왜 하나요?
# A 현장성과 생동감을 주기 때문이다.

방송기자가 스탠드업[44]을 하는 이유는 3가지다.

① 현장성을 살리기 위해

② 마땅한 그림이 없을 때

③ 부모님 등 지인들에게 방송으로 인사하기 위해(^^)

물론 3번은 농담이다. 하지만 취재원들에게 친숙함과 인상을 심어주는 효과는 분명히 있다.

기자가 현장에 있다는 사실은 시청자에게 신뢰를 심어준다. 현장을 제대로 취재했다는 걸 보여주기 때문이다. 현장에 가보지도 않고 기사를 쓰지는 않았다는 걸 보여주는 것이기도 하다.

그래서 스탠드업은 생동감이 있어야 한다.

현장의 지형지물을 잘 활용해야 한다. 휴가철 피서지의 버려진 양심을 고발할 경우엔 마구 버려진 쓰레기 앞에서 스탠드업을 하는 거다. 장갑을 끼고 모래사장에 묻혀 있는 각종 음식 쓰레기를 파헤쳐가며 "이곳 백사장에 아무렇게나 박혀 있는 쓰레기를 건져보겠습니다. 보시다시피 먹다 남은 컵라면에, 소주병과 맥주 캔, 담배꽁초가 수두룩합니다. 심지어 돗자리까지

---

44) TV뉴스에서 스탠드업(stand-up)은 기자가 등장하는 장면을 말한다. 통상 마이크를 들고 뉴스의 현장에서 말하는 모습을 촬영해 리포트 안에 끼워 넣는다. 기자가 앉아서 하거나 심지어 누워서 하더라도 스탠드업이라고 한다. 리포트의 맨 앞에 나오면 '오프닝 스탠드업', 중간에 나오면 '브리지 스탠드업', 맨 끝에 나오면 '클로징 스탠드업'이라고 한다.

그대로 파묻혀 있습니다"

현장성 있는 스탠드업은 두 번 해도 나쁘지 않다.

가급적 움직이며 하는 게 좋다. 정지된 화면 보다는 움직이는 화면에 시청자들의 눈길이 간다. 뿐만 아니라 여러 장면을 보여주기 위해서는 기자가 발걸음을 옮기며 설명하고 카메라기자는 취재기자의 손짓을 따라 움직여주면 임팩트가 강해진다.

아예 롱테이크[45]로 기자의 움직임을 길게 가져가며 현장 모습뿐 아니라 팩트를 알려주는 것도 방법이다. 특정 사고로 인한 피해 내용이 적힌 스케치북을 들고 걸어가면서 한 장씩 뜯어가며 내용을 설명하는 방식도 있다.

물론 과유불급, 남발은 오히려 역효과를 낼 수 있다. 그림으로 충분히 보여주고 특정 장면만 스탠드업으로 처리하는 것이 나을 때도 있다. 정답은 없다. 그때 그때 사안 별로 취재기자와 카메라기자가 상의해 최상의 샷(shot)을 만들어내야 한다.

여기서 가장 우선해야 할 것은 시청자의 이해도를 돕기 위해 가장 효과적인 스탠드업이 무엇일까를 고민하는 것이다.

2번, 마땅한 그림이 없는 경우에 하는 스탠드업은 현장성과는 크게 관계 없다. 현장의 지형지물을 이용하는 게 아니라 특정 팩트를 전달하고자 하는데 쓸만한 그림이 마땅치 않을 때 촬영한다.

예를 들어 "이처럼 북한의 도발이 위험 수위에 이르면서 한반도 정세는 더욱 격랑 속으로

---

45)  롱테이크(long-take)는 기자의 스탠드업을 길게 촬영하는 것, 카메라 촬영을 끊지 않고 한 번에 죽 길게 촬영하는 것을 말한다. 주로 현장성을 살리기 위해 기자가 움직이며 무언가를 가리키면서 한다.

빠져들고 있습니다. ○○○ 뉴스 홍길동입니다" 처럼 클로징 멘트에 향후 남북관계 전망을 할 때 스탠드업으로 마무리하는 것이 자연스럽다. 대개 광화문 정부청사에서 외교부나 통일부 간판을 배경으로 촬영하는데 이는 사실 식상한 포맷이다. 그래서 필자는 굳이 통일부나 외교부 간판을 보여주지 않고 정부 청사 앞 공원에서 숲처럼 보이는 정원을 배경으로 찍기도 했다.

"피의자 박 씨는 내연녀의 세 살 난 딸이 밤새 울음이 그치지 않았다는 이유로
   이른 새벽 발가벗긴 채 이곳 공원에 놔두고 자신의 아파트로 돌아갔다고 말했습니다"

이런 스탠드업도 가능하다. 어떤 내용도 스탠드업으로 할 수 있지만 영상 편집을 할 때 그림이 튀지 않도록 주의해야 한다.

# Q 37. 스탠드업은 어디에서 하나요?
# A 뉴스의 현장에서 지형지물을 활용해라.

스탠드업에도 기술이 필요하다. 그냥 기사를 죽 썼다가 아무 문장이나 아무데서 읽는다고 스탠드업이 아니다. 스탠드업을 촬영하는 장소와 소재에도 원칙이 있다. 가장 첫 번째 원칙은 현장이어야 한다는 점이다. 현장의 지형 지물을 활용하는 것이 생동감을 살린다. 그래야 스탠드업이 살고 리포트가 산다.

재난의 현장이라면 눈앞에 펼쳐진 모습 중에 인상적인 있는 것을 찾아 스케치를 하는 것이다. 부실공사로 인해 하자가 생긴 아파트를 생각해보자. 벽에 금이 가고 타일은 일부 떨어지고 물이 새는 것이 눈앞에 있다면 그런 것들을 활용해야 한다.

"최근 완공된 서울 ○○동의 한 아파트 내붑니다. 보시는 것처럼 벽에 금이 가서 시멘트가루가 방바닥에 떨어져 있습니다. 욕실 벽에 붙어 있던 이 타일은 반쯤 떨어져 나갔습니다"

이런 식으로 말이다. 하지만 모든 걸 다 스탠드업으로 하면 기사에 반영할 게 부족해질 수 있다. 현장에서 뭘 스탠드업으로 보여주고 뭘 기사로 보여줄 것인지 판단해야 한다. 스탠드업을 여러 개 찍어놓고 나중에 선택하는 것도 방법이다.

다음 리포트에서의 스탠드업은 한강이 얼었다는 뉴스에서 얼음이 얼마나 두꺼운지 기자가 돌을 던져서 확인해보는 모습을 담은 장면이다.

'얼음꽃 핀 한강'…하늘에서 보니 (헬로TV뉴스)

*https://www.youtube.com/watch?v=HKnv7or6maE&feature=youtu.be*

손성혜 기자가 한강이 얼마나 꽁꽁 얼었는지 돌을 던져보고 있다.

QR 코드를 찍으면
영상을 확인할 수 있다.

# Q 38. 점잖게 서서 하는 게 좋은가요? 움직이는 게 좋은가요?
## A 움직이는 게 역동적이다.

스탠드업은 기자가 한 곳에 가만히 서서 하는 형식과 걸으면서 하는 형식, 일어선 상태에서 앉거나 앉은 상태에서 일어서는 형식도 있다. 또 멀리서 줌으로 당긴 채 찍었다가 줌아웃하면서 드넓은 모습을 보여주는 방식도 있다. ENG카메라와 드론 카메라를 동시에 활용하는 방법도 있고 스테디캠[46]을 활용하는 방식도 있다. 액션캠[47], 수중카메라 활용 등 방법은 무궁무진하다.

가만히 서서 스탠드업을 하는 것은 일반적으로 청와대와 각 정부 부처 발 기사를 쓸 때 춘추관을 배경으로, 외교부나 국방부 등 부처 또는 경기도, 인천시 등 지자체의 간판(현판)을 배경으로 하는 경우가 있다. 매번 같은 곳에서 비슷한 앵글로 서서 하는 것은 식상하다. 하지만 그렇다고 매번 관련 현장에 가서 촬영하는 것도 품이 많이 든다. 좀더 다양한 장소와 앵글을 고민해보자.

그런 행정기관 발 기사가 아니라면 현장에서 스탠드업을 찍는 것이 당연하다. 그럴 땐 지형지물을 잘 활용해야 하고 특히 기자가 현장에서 움직이는 것이 좋다. 움직이면서 손으로 가리키거나 시선을 돌릴 때 카메라 렌즈도 함께 따라가주면 효과가 배가될 것이다.

Jtbc의 밀착 카메라를 보면 카메라 워킹의 속도가 매우 빠른 걸 느낄 수 있다. 기자의 스탠드업 동선도 상당히 길고 호흡이 빠르다. 시청자가 어지럽게 느낄 수도 있지만 생동감이 있어

---

46) 움직이면서 촬영하더라도 흔들리지 않고 부드럽고 안정감 있게 촬영할 수 있는 카메라를 말한다. ENG 카메라를 몸에 장착하는 대형 스테디캠도 있고 DSLR이나 스마트폰을 장착하는 소형 짐벌카메라도 있다.
47) 주로 스포츠와 같은 역동적 장면 촬영에 쓰이는 소형 카메라를 말한다.

몰입도를 높일 수 있다.

아래 사진은 기초의회의 예산 심사 관련 갈등을 다룬 리포트로, 기자가 의회 상임위원회의 장에서 위원장석 쪽을 향해 걸으며 스탠드업을 하는 장면이다. 카메라 기자는 뒷걸음질치며 취재 기자를 촬영하면서 마지막 멘트 직전에 카메라 렌즈를 돌려 위원장석 의사봉을 클로즈 업하는 것으로 리포트를 마무리했다.

https://www.youtube.com/watch?v=LOjEbAnw1jU

은평구의회 예산 심사 관련 갈등 '반복'...해법은? (헬로TV뉴스)

QR 코드를 찍으면
영상을 확인할 수 있다.

# Q 39. 도구를 활용하는 방법도 있을까요?
# A 시계도 훌륭한 장치가 될 수 있다.

경우에 따라서는 손목시계 (혹은 스마트폰 시계)를 활용해 효과를 높일 수 있다. 아래의 데스크 사례를 보자.

"이곳은 공항과 인접해 있어 2분에 한번씩 비행기가 이륙하는 모습을 관찰할 수 있습니다"

이 스탠드업보다
"현재 시간 낮 2십니다. 제가 20분간 이곳에서 관찰했는데 비행기 열 대가 굉음을 내며 날아갔습니다. 2분에 한 번 꼴이었습니다. 이런 비행기 소음은 하루 종일 계속됩니다"

이런 식으로 관찰, 체험, 실험 요소가 들어가면 더 신뢰도가 높아질 겁니다. 특히 데시벨 측정기를 빌릴 수 있다면 빌려서 측정해서 어느 정도로 소음이 심각한지를 보여준다면 그 효과는 훨씬 배가될 것입니다.

위의 글은 후배 기자가 쓴 기사를 필자가 데스크를 보면서 지적해준 내용이다. 이 밖에도 코로나19 확산에 따른 사회적 거리두기 강화 조치로 술집 등의 영업을 밤 9시로 제한했을 때를 생각해보자. 실제 밤 9시에 가게들 상황이 어떤지를 보여주는 리포트라면

(스마트폰에 표시된 시간을 보여주면서) "현재 시각 밤 9시입니다. 보시는 것처럼 이 가게에는 손님들이 한 명도 없습니다. 간판에도 조금 전 불이 꺼졌습니다"

이런 식으로도 할 수 있다.
녹조가 심한 강에서 스탠드업을 할 때는 투명한 컵에 강물을 담아 올려 녹색 빛을 띠는 모

습을 클로즈업으로 보여주면 효과가 배가된다.

"강물이 온통 녹색 빛으로 변해버렸습니다. 제가 지금 투명한 컵을 들고 있는데요, 강물을 담아보겠습니다. 이것 보십시오. 거의 녹차처럼 보입니다"

# Q A

## 40. 스탠드업에 CG는 어떻게 활용하나요?
**사전에 기획을 해야 한다.**

가장 기본적인 것이 여백을 두고 촬영하고 나중에 CG를 입히는 방법이다. 어떤 CG를 넣을지 미리 구상해야 한다.

아래의 경우는 필자가 2012년 동일본대지진 발생 1년에 즈음해 후쿠시마 원전 인근을 취재한 리포트 중 일부다. 후쿠시마 원전으로 향하는 길목에서 반경 20km는 통제돼 있다는 내용으로 멘트를 했고 남겨뒀던 빈 공간에 해당 내용을 나중에 CG로 입힌 것이다. 이런 스탠드업은 흔히 볼 수 있는데, 미리 정밀하게 구상하는 것이 필요하다. 그리고 손으로 일부러 빈 공간을 가리키는 것이 오히려 어색하게 보일 때도 있으니 자연스럽게 하거나 아예 하지 않는 게 나을 수도 있다.

## 41. 카메라 기자가 없을 때는 어떻게 하나요?
## A '셀카'로도 훌륭한 스탠드업을 찍을 수 있다.

아래 사진은 필자가 위에서 언급한 3 · 11 동일본 대지진 1년에 즈음한 취재 당시 현지 주민의 경트럭[48]을 얻어 타고 가면서 캠코더의 액정화면을 거꾸로 젖히고 촬영한 셀카 스탠드업이다. 그걸 PIP[49]로 편집했다. 당시 함께 취재간 카메라 기자 2명은 경트럭에 탈 수 없어 취재기자 (당시 채널A 국제부장이었던 필자) 혼자서만 탈 수 있었다. 당시 필자는 후쿠시마 원전인근 10km 지점 주변을 혼자서 캠코더로 다 촬영했다.

차를 타고 지나가며 마을 번화가를 찍고 있었는데 (주행촬영[50]) 갑자기 검은 소 한 마리가 눈 앞에 나타났다. 나도 모르게 자연스럽게 멘트를 날렸고 그 멘트와 눈앞에 펼쳐진 장면은 고스란히 카메라에 담겼다.

---

48) 운전석과 조수석만 있고 뒷부분은 화물칸인, 승용차 크기의 작은 트럭을 일본에서는 경트럭이라고 한다.

49) Picture in picture의 약자로, 사진 속의 사진 즉, 화면 속에 다른 화면을 넣는 편집 기법이다.

50) 자동차를 타고 달리면서 찍는 촬영 기법을 말한다. 달리(dolly) 촬영이라고도 한다.

"아, 지금 검은 소 한 마리가 나타났습니다. 주인 잃은 소가 거리를 헤매고 있습니다"

QR 코드를 찍으면
영상을 확인할 수 있다.

# Q A
## 42. 기자 두 명이 동시에 나오는 스탠드업도 있던데요?
### '교차 스탠드업'도 효과적이다.

jtbc에서 처음으로 선보인 것으로 기억된다. 두 기자의 리포트가 연속 방송될 때 첫 리포트 기자의 클로징 스탠드업과 두 번째 리포트 기자의 오프닝 스탠드업이 연결되는 것이다. 한 장소에서 두 기자가 순서대로 등장해 자연스럽게 연결되는 형태인데, 당시에는 꽤 파격적이었다. 요즘도 가끔 활용된다.

너무 작위적이라는 느낌이 들어서 자주 사용하는 것은 오히려 효과를 떨어뜨릴 수 있다. 하지만 두 꼭지로 나누어 제작하는 리포트의 경우 현장성을 잘 살리고 색다른 연출과 카메라 워킹이 역동적이라면 가끔씩 해볼만한 시도다.

QR 코드를 찍으면
영상을 확인할 수 있다.

# Q 43. 어떻게 하면 톡톡 튀는 스탠드업을 할 수 있을까요?
# A 창의적 발상을 끊임 없이 연구해야 한다.

채널A 김범석 기자 (2021년 5월 현재 도쿄특파원)는 독특한 스탠드업을 연구하는 것으로 정평이 나 있었다. 필자가 문화과학부장을 할 때 함께 했던 후배 기자인데 아주 영특하다. 원래는 동아일보 기자인데 채널A로 파견된 후 방송기자로 잘 자리잡은 대표적인 사례다. 항상 자신의 모습을 어떤 구성으로 시청자들의 눈을 사로잡을지 고민하는 모습이 역력했다. 아래 사진은 비틀즈 결성 50년, 국내에서도 비틀즈 열풍이 분다는 내용의 리포트였는데 비틀즈 멤버가 4명인 것에 착안해 직접 기타를 치고 드럼을 치는 것을 각각 찍은 후 합성한 스탠드업을 연출했다. 기자이면서 동시에 프로듀서의 마인드를 가진 기자였기에 가능한 스탠드업이었다. 이뿐 아니라 싸이의 강남스타일이 유튜브 조회 수 신기록을 세웠다는 리포트에서는 본인이 유튜브 틀에 출연하는 것처럼 CG를 활용해 만든 스탠드업을 하기도 했다. 창의적 발상으로 만들어내는 스탠드업은 시청자들의 뇌리에 강렬하게 남을 수밖에 없다.

채널A 뉴스 화면

# [ Chapter 6. ]
# 기사 작성

# Q 44. 어떤 방송기사가 가장 좋은 기사인가요?
## A 방송기사는 말하듯이 쓴 기사가 제일 좋다.

　방송 기사는 내가 알고 있는 사실을 누군가에게 말하듯이 써야 한다. 그렇다고 친구나 아이들한테 이야기하듯 반말로 해서는 안 될 것이다. 특정 주제에 대해 자신이 보고 들은 내용을 이웃에게 설명하듯 쓰는 게 좋다. 혹은 읽은 책 내용을 학교에서 발표하듯 쓰자. 아니면 자신이 맡은 프로젝트와 관련해 계획한 내용을 회사 상사와 동료들에게 설명하는 것을 상상하면 될 듯하다.

　그러므로 어미는 경어, ~습니다 ~입니다 투로 쓰는 것이 일반적이다. 또한 듣는 이가 잘 알아들을 수 있도록 간결하게 써야 한다. 복잡하게 말하면 듣는 사람이 헷갈릴 수 있다. 문장을 그만큼 짧게 쓰고 복문 대신 단문으로 쓰는 것이 좋다. 아울러 논리적이어야 한다. 그래야 듣는 사람이 고개를 끄덕이게 된다. 논리도 없이 복잡하게 무슨 얘기를 하려는 것인지 알아들을 수 없게 말하면 듣는 사람은 집중력을 잃고 딴 생각을 하게 될 것이다. 그래서 방송 기사를 쓸 때 지켜야 할 가장 중요한 원칙 4가지가 있다.

# Q 45. 방송 기사를 작성하는 원칙에는 무엇이 있나요?
## A − 원칙 ① 간결하고 짤막하게 써라.

방송 기사는 최대한 간결하게 쓰는 것이 좋다. 그래야 듣는 사람이 이해하기 쉽다. 한 문장에 주어와 술어가 여러 개씩 들어 있으면 듣다가 뭐가 주어였는지 헷갈릴 수가 있다. 예를 들어 볼까?

다음은 헤드라인 문장이다.

> 대구에 올해 첫 폭염특보가 내려지는 등 본격적인 무더위가 시작된 가운데, 온열질환에 걸리지 않게 주의해야 합니다. 폭염 특보가 내려졌을 땐, 가능한 야외활동을 자제하는 것이 좋겠습니다.

위 두 문장은 사실은 5개 문장으로 구성되어 있다.

① 대구에 올해 첫 폭염특보가 내려졌습니다.
② 본격적인 무더위가 시작됐습니다.
③ 온열질환에 걸리지 않게 주의해야 합니다.
④ 폭염특보가 내려졌습니다.
⑤ 야외활동을 자제하는 게 좋겠습니다.

복잡하다. 단순화해야 한다. '~한 가운데'는 두 문장을 연결시켜주는 것이므로 헤드라인에서는 피하는 게 좋다. 핵심 메시지는 '폭염에 따른 온열질환 비상'으로 좁힐 수 있을 것이다. 그래서 다음과 같이 고쳤다.

> 대구에 온열질환 비상이 걸렸습니다. 폭염 특보 땐 노약자들의 야외활동 자제가 요구됩니다.

한 가지 예를 더 살펴보자. 다음은 리포트 원고 중 한 문장이다.

> 대구시와 경상북도가 군위군에 군 영외관사 배치, 군위군의 대구시 편입 등 지원책을 분명히 하고, 대구·경북 국회의원 모두의 서명을 받으면서까지 이를 약속했던 점이 마음을 돌리는데 유효했다고 분석됩니다.

이 문장을 들을 때 귀에 쏙 들어올까? 한 문장에 너무 많은 주어와 술어, 팩트가 담겨 있다. 때문에 앞 문장을 제대로 들었다고 해도 알아듣기 어려울 것이다. 복문은 단문으로 쪼개자. 팩트를 다 나열하지 말고 줄이자. 짧막하게 압축하자.

> 대구시와 경상북도가 제시한 당근이 효과를 발휘했습니다.
> 군위군에 군 영외관사 배치 등 선물을 안겨준 겁니다.
> 특히 대구·경북 국회의원 전원의 서명을 받아 지원책을 약속했습니다.
> 이 점이 김 군수의 마음을 돌린 것으로 분석됩니다.

간결하게 써야 하는 또 다른 이유는 시간 제약 때문이다. 정해진 뉴스 시간 안에 전달해야 하는 만큼 핵심 내용을 추려야 한다.

# Q&A

## 45. 방송 기사를 작성하는 원칙에는 무엇이 있나요?
### - 원칙 ② 알기 쉽게 써라.

방송 기사는 듣는 사람, 보는 사람 중심이어야 한다. 방송은 한 번 듣고 혹 지나가는 것이다. 다시 읽어볼 수 있는 신문 기사와는 다르다. 눈으로 보고 귀로 들으며 바로 이해할 수 있도록 하려면 기사를 최대한 쉽게 써야 한다. 그러기 위해서는 어려운 전문 용어, 행정 용어도 쉽게 풀어서 써줘야 한다, 영어식, 한자투 어휘는 지양해야 한다, 흔히 뉴스 원고는 중학생들도 알아듣게 써야 한다고 말한다.

(예) 밀양시가 연이은 두 번의 태풍으로 인한 각종 피해를 조기 복구하기 위해 행정력을 집중합니다. 밀양시는 밀양에만 2381가구 911.5ha가 침수와 도복, 낙과 피해를 입었고 공공시설의 경우 지방도 1077호선 사면 토사가 유실되는 등 피해가 컸던 만큼 오는 11일까지 응급 복구를 마무리하고 향후 시설물 별 자체 복구 계획을 세울 예정입니다.

'도복'이란 말을 알아들을 수 있는 사람이 몇 명이나 될까? 도복은 한자로 倒伏이다. 넘어질 도, 엎드릴 복, 국어사전에는 〈생육(生育) 중(中)인 작물(作物)이 비·바람으로 쓰러지는 일〉이라고 풀이되어 있다. 주로 벼가 강한 바람에 넘어지는 것을 말한다. 이렇게 평소 잘 쓰이지 않는 농업 용어를 기사에 그대로 쓰는 건 곤란하다. '벼 쓰러짐' 정도로 알기 쉽게 써야 한다.

또 911.5ha가 어느 정도 넓이일지 듣고 바로 짐작할 수 있는 사람이 몇 명이나 될까. 머리 속에 그려질 수 있도록 축구장 크기, 여의도 면적과 비교해서 풀어주는 게 좋다.

(예) 교육청은 사회적 거리두기 2단계 조치에 따라 확진자 발생 인근 지역 내 미휴원 학원에 휴원을 권고하는 한편….

미휴원? 어려운 한자투는 쓰지 않는 게 좋다. 한편? 평소 말할 때 쓰지 않는 문어체, 신문체는 버리는 게 좋다. 그래서 다음과 같이 고쳤다.

교육청은 사회적 거리두기 2단계 조치에 따라 확진자 발생 인근 지역 학원 중 문을 연 곳에 대해 휴원을 권고했습니다.

또 다른 예를 살펴보자.

(예) 〈 "봉화은어 '반값' 드라이브 스루로 판매〉
코로나19로 차에서 물건을 사는 이른바 '드라이브 스루' 방식이 인기를 끌고 있는데요. 봉화군이 특산물 은어를 이 드라이브스루 방식으로 반값에 판매합니다.

▼▼▼

〈'반값' 봉화은어 '차 탄 채' 산다〉
코로나19의 영향으로 차에 탄 채 물건을 사는 방식이 인기를 끌고 있는데요. 봉화군이 특산물 은어를 이 방식으로 반값에 판매합니다.

그 외 '알기 쉽게' 쓴 문장들

농약을 사용하지 않고 6년 동안 기른 친환경 인삼입니다. 올해 수확 면적은 축구장 크기와 비슷한 6천 6백 제곱미터.

농작물 피해도 어마어마합니다. 과일이 떨어지거나 벼가 눕는 등 축구장 크기 3천 3백 개에 달하는 면적이 타격을 받았습니다.

여의도 면적의 1.5배에 달하는 농경지가 물에 잠겼고, 가축 3천 여 마리가 폐사했습니다.

국방부가 군사시설 보호구역에서 해제하기로 한 땅은 1억 67만여 제곱미터 규모입니다. 여의도 면적의 34배가 넘습니다.

다시 말하지만 방송 기사는 쓰는 사람, 말하는 사람 중심이 되어서는 안 된다. 시청자가 중심이 되어야 한다.

# Q
## 45. 방송 기사를 작성하는 원칙에는 무엇이 있나요?
## A - 원칙 ③ 품위 있게 써라.

당연한 이야기지만 방송기사에도 격식이 있다. 비어, 속어, 은어, 잔재 일본어를 써서는 안 된다. 꼭 써야 할 경우엔 '속칭', '이른바' 따위의 수식어를 사용해야 한다. 신조어, 유행어도 가급적 자제하는 게 좋다. 아주 보수적으로 접근하면 '역대급'이란 표현도 사용하지 않는 게 좋다는 게 필자의 생각이다. '존예'와 같은 표현을 쓰지 못함은 두 말할 필요도 없을 것이다. 경찰이 발표하는 보도자료에 '함바집 비리'라고 써 있어도 '공사장 밥집 비리' 혹은 '공사장 식당 비리'라고 고쳐 쓸 줄 알아야 한다.

문장의 마무리는 ~합니다. ~입니다. 로 맺어야 하는 것이 보통이다. 하지만 출연해서 앵커와 대화할 때는~한데요 라고 말해도 무방하다. 그것이 오히려 자연스럽게 들릴 때도 있기 때문이다.

# Q A 45. 방송 기사를 작성하는 원칙에는 무엇이 있나요?
## – 원칙 ④ 신속, 정확, 공정하게 써라.

뉴스는 속성상 빠르게 전달해야 한다. 빠르게 전해야 할 새로운 내용이 아니면 그건 이미 뉴스가 아니다. News 자체가 새로운 소식이라는 의미이기 때문이다. 또한 뉴스의 내용은 정확해야 한다. 사실이어야 한다. 틀린 내용이 담기면 안 된다는 뜻이다. 세월호 침몰 사고 직후 "전원 구조" 오보 참사를 떠올리면 이해하기 쉬울 것이다. 인명 피해가 발생했을 때 초기에 사망자와, 부상자 수는 정확하게 파악하기 어려운 게 현실이다. 따라서 신속과 정확을 동시에 구현하기란 좀처럼 쉬운 일이 아니다. 그럼에도 공신력 있는 언론이라면 정확성을 추구해야 한다. 그렇기 때문에 확인에 또 확인이 필요하다. 또한 이해관계가 대립한 사안을 다룰 경우 균형을 맞춰야 한다. 한쪽의 입장만 일방적으로 유리하게 전달해서는 안 된다. 공정하게 중립적으로 다루는 것이 제대로 된 언론의 기본 원칙이다. 반론권 보장은 기본이다. 이를 소홀히 했다가는 자칫 소송에 휘말릴 수 있다.

# Q 46. 단신과 리포트는 어떻게 다른가요?

## A 단신은 앵커가 읽는 것이고 리포트는 기자가 만드는 것이다.

단신 기사는 뉴스 앵커나 아나운서가 읽는 기사이다. 그렇다고 앵커가 쓰는 건 아니다. 모든 기사는 기자가 쓴다. 단신 기사는 보통 짧게 쓴다. 의미 부여나 분석, 전망, 논평, 해설이 거의 들어가지 않는다. 단신 기사라고 무조건 짧은 건 아니다. 방금 발생한 중요한 뉴스의 경우 리포트 길이만큼 길게 쓰는 경우도 있다. 리포트를 제작하기까지 시간이 걸리기 때문에 많은 정보를 담아서 뉴스에 내보낼 필요가 있을 때는 길게 쓴다.

일본 NHK 뉴스는 리포트보다는 단신 중심이다. 아나운서가 전하는 단신 기사가 2분 넘는 게 수두룩하다. 단신 속에 인터뷰가 들어가기도 한다. 국내 방송뉴스 중에 '인터뷰 단신'이라는 포맷도 있지만 이는 짧은 단신 기사에 인터뷰 하나 정도 넣는 게 보통이다. 하지만 NHK는 다르다. 도중에 인터뷰가 여러 개 들어가는 경우도 적지 않다. 그만큼 정교한 방송 진행이 필요하다.

리포트는 기자의 내레이션과 때로는 스탠드업도 들어간 완성된 영상물이다. 길이는 통상 1분 20초에서 1분 40초가 일반적이었지만 최근에는 심층뉴스가 늘어나면서 길어지는 추세다. 경우에 따라서는 7분이 넘는 리포트도 있다.

뉴스 앵커가 리포트의 주요 내용을 소개하는 '앵커멘트'를 하고 기자의 리포트가 방송된다. 앵커멘트에서 "○○○ 기자가 보도합니다"로 이어주고 리포트 맨 끝에는 "KBS뉴스 홍길동입니다" 처럼 언론사명과 기자 이름이 들어간다.

# Q 47. 단신기사는 어떻게 써야 하나요?
# A 역피라미드형으로 써라.

중요한 것부터 써야 한다. 단신 기사는 대체로 두 세 문장의 짧은 것부터 예닐곱 문장의 긴 것도 있다. 뉴스에서 시간 조절용으로 단신 후반부 문장을 잘라내는 경우가 적지 않다. 중요한 것부터 앞에서 써줘야 하는 이유가 여기에 있다. 특히 시청자의 이목을 집중시키기 위해서 첫 문장, 리드 문장을 잘 써야 한다. 리드 문장에 그 기사의 핵심 메시지를 압축적으로 담아야 한다.

우선 6하 원칙을 중요한 순서대로 담아라. 단순하게 누가 언제 어디서 무엇을 왜 어떻게 했는지를 그 순서대로 쓰는 게 아니다. 그 6가지 구성 요건 가운데 특이한 것, 중요한 것 순으로 기사를 쓰는 게 좋다. 시청자 입장에서 귀에 솔깃한 것부터 써줘야 몰입하게 된다. 뺑소니 사건인데 뺑소니라는 걸 뒷부분에서 이야기하면 되겠나. 사람이 목숨을 잃었는데 인명 피해 내용을 뒤에 배치하면 되겠나. 이름만 들어도 알만한 유명 인사 (연예인이나 정치인, 스포츠 선수 등)가 사고를 냈는데 그 사실을 뒤에서 얘기하면 되겠나. 상식적으로 판단해보자. 그래서 앞에서 언급한 것과 같은 특이한 사항을 핵심 메시지로 삼아 리드 문장에 던져 주자. 그런 다음 중요한 사실 순으로 기사를 전개해 나가는 것이 바람직하다.

예를 들어 공사장에서 붕괴 사고로 작업자 2명이 사망했다는 기사라면 다음과 같이 쓸 수 있을 것이다.

공사장에서 붕괴 사고가 발생해 2명이 숨지고 5명이 다쳤습니다. **(리드)**

사고는 오늘 오전 10시쯤 서울 양천구 신월동의 한 상가 신축 현장에서 거푸집이 갑자기 무너지면서 일어났습니다. **(언제/어디서/어떻게)**

사고 직후 40대 한국인 근로자와 50대 중국인 근로자가 매몰됐다가 숨진 채 발견됐습니다. **(사망자는 누구)**

또 현장 공사 감독관 등 5명이 크게 다쳐 인근 병원으로 옮겨져 치료를 받고 있습니다. **(부상자는 누구고 상태는?)**

경찰은 안전수칙을 지켰는지 조사하고 있습니다 **(사고 원인 또는 경찰 수사 내용)**

이와 같은 기본 원칙을 알고 다음 기사를 들여다보자. 왼쪽은 데스크를 보기 전 기사이고 오른쪽은 데스크를 본 이후의 기사다.

**사례 1**

| Before | After |
|---|---|
| 아파트 건물 박고 차량 전도…2명 부상 ||
| ① 동구 초량동 한 아파트 주차장에서 차량 전도 사고가 발생했습니다. | 동구 초량동의 한 아파트 주차장에서 차량이 옆으로 쓰러져 2명이 다쳤습니다. |
| ② 동부경찰서는 20일 오전 8시 경 동구 초량동의 한 아파트 내부 지상 공간에서 차량이 건물을 들이받고 옆으로 쓰러지는 사고가 발생했다고 밝혔습니다. | 동부경찰서는 20일 아침 8시쯤 초량동의 한 아파트 단지에서 승용차 1대가 돌진하면서 아파트 건물을 들이받고 옆으로 쓰러지는 사고가 발생했다고 밝혔습니다. |
| 이 사고로 60대 운전자와 동승자가 병원으로 이송됐습니다.<br><br>경찰은 "아파트 앞 도로를 주행하다 갑자기 차가 제대로 작동하지 않으면서 사고가 발생했다"는 운전자 진술을 토대로 정확한 사고 경위를 조사하고 있습니다. | 이 사고로 60대 운전자와 동승자가 다쳐 (크게 다쳤는지, 경상을 입었는지도 취재해서 구체화하는 게 좋다) 병원으로 옮겨졌습니다.<br><br>경찰은 "아파트 앞 도로를 주행하다 갑자기 차가 제대로 작동하지 않으면서 사고가 발생했다"는 운전자 진술을 토대로 정확한 사고 경위를 조사하고 있습니다. |

① ▷ 언론계 용어로 '야마'[51] 라고 한다. 기사의 핵심 메시지를 잘 잡아야 한다.

단신의 첫 문장(리드 문장)이 중요하다. 사람이 다친 것이 가장 중요한 팩트일 것이다.

▷ 전도(顚倒)라는 한자어보다는 옆으로 쓰러진다는 우리말 표현이 좋다. 전복(顚覆)은 뒤
집히는 것이다.


② ▷ 새벽, 오전, 아침을 잘 가려 쓰면 좋겠다. 딱히 정해진 건 없지만 새벽은 한밤을 지나
동트기 전, 아침은 동튼 후 일상생활이 시작되기 전 정도의 느낌일 것이다. 오전은 0시부터
12시까지로 오후의 반대말. 08시면 오전도 무난하지만 아침이 더 어울릴 거란 느낌이 든다.

▷ 그리고 몇 시'경'이라는 한자어보다는 쯤이라는 우리말이 좋겠다.

▷ 차량은 어떤 차량이고

▷ 건물은 무슨 건물인지 구체적으로 써줘야 한다.


**사례 2**

| Before | After |
|---|---|
| ① 개금동 오피스텔 화재…주민 50명 대피 | 고양이가 인덕션 켰다? … 화재 원인 논란 |
| ② 부산진구 개금동 소재의 한 오피스텔에서 불이 났습니다. | 고양이만 있던 빈 오피스텔에서 불이 나 화재 원인을 놓고 논란이 일고 있습니다. |
| ③ 부산진경찰서는 자정을 조금 넘긴 시각 화재가 발생했으며, 집 주인이 출근을 한 뒤, 이웃이 불이 난 사실을 인지하고 신고해 15분 만에 불을 껐다고 밝혔습니다. | 오늘 새벽 0시쯤 부산 진구 개금동에 있는 한 오피스텔에서 불이 났습니다. |
| ④ 화재 당시 주민 50여 명이 대피했는데 다행히 인명 피해는 없으며, 40만 원 상당의 재산피해가 발생했습니다. | 불이 나자 인근 주민 50여 명이 놀라 대피했습니다. |

---

51)  잔재 일본어로, 핵심 메시지라는 뜻

| ⑤ 경찰은 집에서 키우는 고양이가 **인덕션**을 누르면서 과열로 불이 난 것으로 추정하고 있습니다.<br><br>하지만 인덕션 회사 측에서 고양이의 인덕션 작동은 불가능 하다는 입장을 밝혀 이를 토대로 정확한 화재 원인을 조사 중입니다. | 경찰은 화재가 난 집에서 키우는 고양이가 **전기 가열기구인 인덕션** 스위치를 누르면서 과열로 불이 난 것으로 추정하고 정확한 화재 원인을 조사하고 있습니다.<br>하지만 인덕션 제조회사 측은 고양이가 인덕션을 작동시킨다는 것은 불가능 하다는 입장을 밝혀 논란이 일고 있습니다. |
| --- | --- |

① ▷제목에 핵심 메시지가 담겨야 한다. 그리고 눈길을 끌어야 한다.

② ▷ 첫 문장 역시 핵심 메시지를 무엇으로 잡느냐가 중요하다. 단순히 오피스텔에 불이 난 게 중요한 메시지일까?

③ ▷시점은 현재 시점에서 가장 가까운 시점으로 써주는 게 좋다. 자정은 어제 기준 자정이다. 오늘 기준으로는 새벽 0시다.

④ ▷화재로 인한 재산피해가 40만 원이면 아주 미미한 것이다. 굳이 써줄 필요가 없다.

⑤ ▷인덕션을 사용하는 사람들이 늘어나면서 대부분 알고 있겠지만 모르는 사람들을 위해 인덕션이 뭔지 간략하게 설명해줄 필요도 있다. 참고로 필자의 경우 인덕션의 존재를 안 건 6~7년 정도 된 듯 하다.

**사례 3**

**현대제철, 당진시에 장학금 50억 기탁**

당진 장학회와 현대제철이 23일 당진시청에서 장학금 기탁 협약을 맺었습니다. 이날 행사에는 김홍장 당진시장과 현대제철 안동일 사장, 강태순 장학회 사무국장 등이 참석했습니다. 이번 협약에 따라 현대제철은 2020년부터 2029년까지 10년 동안 매년 5억 원씩 모두 50억 원의 장학금을 장학회에 기탁하게 됩니다.

→ 기본적으로 이 기사는 행사 기사처럼 썼다. 협약을 맺은 것 자체보다는 장학금을 기탁하기로 한 게 중요한 '사실'일 것이다. 그런데 누가 장학금을 받을 수 있는지에 대한 정보가 없다. 그래서 아래와 같이 고쳤다.

현대제철이 당진 장학회에 장학금 50억 원을 기탁하기로 했습니다. 당진 장학회와 현대제철은 어제(23일) 당진시청에서 이런 내용의 협약을 맺었습니다. 협약에 따라 현대제철은 내년부터 10년동안 매년 장학금 5억 원씩 기탁하게 됩니다. 당진 장학회는 기탁받는 장학금을 당진시내 청소년 가장을 비롯한 취약 계층 학생들을 위해 쓰겠다고 밝혔습니다.

# Q 48. 뉴스 문장에서도 다양한 표현을 쓰는 게 좋은가요?
# A 물론이다. 같은 표현을 반복하지 마라.

스포츠 기사를 잘 보면 매우 다양한 표현이 사용되는 걸 발견할 수 있다. 이겼다라는 표현만 해도 한 두 가지가 아니다.

이겼다, 눌렀다, 꺾었다. 제쳤다. 눕혔다. 격파했다. 물리쳤다. 승리했다, 우승했다……

사회 기사든 정치 기사든 이처럼 다양한 표현을 사용할 줄 알아야 읽는 맛이 나고 듣는 맛이 난다. 동의어 반복 금지의 원칙에 충실할수록 문장이 빛난다.

비와 관련한 표현을 보자.
비를 표현하는 방법 역시 매우 다양하다.

봄비, 가을비, 겨울비, 장맛비

이와 같이 계절을 붙여 표현할 수도 있다. 비의 양을 가지고도 다양하게 쓸 수 있다.

가랑비, 이슬비, 굵은 비, 가는 비, 장대비, 세찬 비, 폭우, 물폭탄.

또 갑자기 쏟아지는 소나기, 지나가는 비, 눈과 섞여 내리는 진눈깨비도 있다. 비가 내리는 모양만 해도

부슬부슬 비가 내린다.

추적추적 비가 온다.

장대비가 세차게 쏟아진다.

굵은 빗방울이 내리친다.

하늘에 구멍이라도 난 듯 물폭탄이 쏟아진다.

하늘이 폭우를 퍼부었다.


열거한 것처럼 얼마든지 다양하게 표현을 할 수 있다.

눈도 마찬가지다.


밤 사이 함박눈이 소복이 쌓였습니다.

나뭇가지마다 눈꽃이 피었습니다.

아이들은 눈싸움에 여념이 없습니다.

새벽에 쏟아진 기습 폭설에 도로가 마비됐습니다.

제설작업을 제때 못해 눈길은 빙판길로 변했습니다.

설악산이 겨울 옷으로 갈아입었습니다.

소나무며 전나무며 상고대가 주렁주렁 열렸습니다.

대설에 세상은 온통 설국으로 변신했습니다.

철길 위를 달리는 열차는 영화 설국열차를 떠올리게 합니다.

강원도의 한 빙벽, 겨울왕국이 따로 없습니다.

얼어버린 폭포와 눈이 어우러져 장관을 이룹니다.


맛의 표현법도 매우 다양하다.


달다, 달콤하다. 달짝지근하다. 꿀맛이다. 감미롭다

시다, 시큼하다, 새콤하다,

짜다, 짭짤하다, 짭조름하다

맵다, 매콤하다, 매큼하다, 얼얼하다, 맵디맵다, 칼칼하다

한 기사에 같은 표현을 여러 차례 반복하는 것은 좋은 글쓰기가 아니다. 동어반복 금지의 원칙을 지키자. 그러려면 사전 찾아보기를 귀찮아하지 말자. 평소에 여러 가지 표현을 익혀서 사용하자. 사전에서 유의어를 찾아보면 도움이 될 것이다.

# Q 49. 너무 딱딱하지 않게 쓰려면 어떻게 해야 하나요?
# A 소통공감형으로 써라.

기사라는 것이 대개 딱딱하다. 아나운서나 앵커가 일방적으로 전달하는 느낌이다. 좀 더 친밀감 있게 시청자에 직접 말하듯 전달할 수는 없을까? 일방통행이 아닌 쌍방향식 어법은 안 될까? 이런 고민 끝에 탄생한 것이 소통공감형[52]이다. 시청자와 소통하고 공감을 불러일으키는 전달 방식이다. 소통공감형 앵커멘트는 원앵커형과 코앵커형으로 나눌 수 있다.

아래 단신의 예를 보자.

---

의정부시보건소 무료 치매조기검진 실시

의정부시보건소에서 무료 치매조기검진을 실시합니다.
대상은 의정부시에 거주하는 만 60세 이상 주민들이며 31일까지 진행합니다.
치매조기검진을 원하는 만 60세 이상 주민은
보건소와 권역별 치매안심센터를 방문하면 됩니다.

---

이를 소통공감형으로 바꿔보자.

---

52)  뉴스 앵커끼리 주고 받는 대화 형식, 혹은 앵커가 시청자에게 말을 걸듯이 자연스럽고 부드러운 형식의 대화체를 '소통공감형'이라고 필자가 명명했다.

자막1: 무료 치매 검진 받으세요!
자막2: 의정부시 보건소
         무료 치매 조기 검진 실시

고령화 사회에 접어들면서 치매환자 또한 늘고 있죠.
그런데 가끔 물건을 어디다 뒀는지 깜박 생각이 안 나거나 해서
"어, 나 혹시 치매인가" 하는 걱정하는 분들도 주변에서 가끔씩 보는데요,
검진을 받아보면 어떨까요?
의정부시 보건소에서 무료로 검진을 해준다고 합니다.
의정부시에 사는 만 60세 이상 주민이면 누구나 검진받을 수 있습니다.
마감은 이달 31일까지니까요 시간 내서 가보시면 좋겠습니다.
보건소 뿐 아니라 권역별 치매안심센터를 방문하시면
치매조기검진을 무료로 받을 수 있습니다.

예2)

양주시, 회천4동 행정복지센터 인근 공영주차장 무료 개방

양주시가 회천4동행정복지센터 인근 공영주차장을 무료로 개방했습니다.
주차장 규모는 3천8백여 ㎡로, 총 131면을 조성했습니다.
시 관계자는 "도시 팽창에 따른 주차공간 부족 문제 해결을 위해
최선을 다할 것"이라고 밝혔습니다.

자막1: 양주시, 공영 주차장 무료 개방
자막2: 회천 4동 복지센터 인근 131면 제공

주택가 주차난, 심각한 사회문제죠?
지자체가 공영주차장을 주민들에게 무료로 제공하는 사례가 있어 소개합니다.
양주시 이야기인데요,
회천4동 행정복지센터 인근의 공영주차장을 무료로 개방했습니다.
넓이가 3천8백여 ㎡로, 자동차 131대를 세울 수 있습니다.
양주시 관계자는 "도시 팽창에 따른 주차공간 부족 문제 해결을 위해
최선을 다할 것"이라고 밝혔는데요,
다른 지자체도 이렇게 주차난 해소 노력을 해줬으면 좋겠네요.

 기사가 다소 길어지긴 했지만 진행자가 시청자에게 말을 건네듯 친근감 있게 전달하는 방식이다.

# Q  50. 앵커멘트는 어떻게 쓰는 게 잘 쓰는 건가요?
## A  <u>귀에 솔깃한 어휘를 골라서 써라.</u>

앵커멘트는 리포트를 소개하는 일종의 '안내'이다. 가게로 치면 간판이라고 할까? 어떤 물건, 어떤 음식을 파는지 손님에게 알려주는 기능을 한다. 그 가게의 특색을 인상 깊게 전달해야 손님이 가게 안으로 들어갈 것이다. 마찬가지로 앵커멘트는 시청자를 리포트 속으로 유인하도록 써야 한다. 때문에 귀에 솔깃한 어휘를 골라서 쓰는 게 중요하다.

# Q

## 51. 앵커멘트에 유형이 있나요?

# A

## ① 정보 압축형

리포트에 담긴 내용을 압축적으로 핵심만 정리해 소개하는 것이다. 가장 일반적인 유형이다. 가장 중요한 사실을 적시해야 한다. 교통사고 기사라면 사고의 핵심 개요와 인명피해를 적어줘야 한다. 핵심 개요 중에서도 가장 큰 특징을 써줘라. 원인도 써주는 게 기본이다. 평가와 분석, 전망 등을 담을 때도 있다.

ⓐ 서해안 고속도로에서 백중 추돌 사고가 일어나 사상자 20여 명이 발생했습니다.
자욱한 안개에 안전거리를 확보하지 않은 차량이 많아 피해가 컸습니다.
홍길동 기자의 보돕니다.

ⓑ 한밤중 37층짜리 주상복합 건물에서 불이 나 일가족 3명이 숨지고 백여 명이 긴급 대피했습니다. 샌드위치 패널이 불쏘시개 역할을 했습니다.
홍길동 기자가 전해드립니다.

ⓒ 공사장에서 타워크레인이 쓰러져 상가를 덮쳤습니다. 영업 준비를 하던 음식점 종업원 3명이 그 자리에서 목숨을 잃었습니다.
홍길동 기자가 취재했습니다.

ⓓ 36시간동안 진행된 00자동차 노사협상이 끝내 결렬됐습니다. 노조는 총파업을 예고했고 사측은 직장폐쇄로 맞섰습니다. 자동차 수출 시장에 빨간 불이 켜졌습니다.
홍길동 기자의 보도합니다.

ⓔ 북한이 평화협정 체결을 전제로 핵무기 폐기 논의가 가능하다고 밝혔습니다. 꽉 막혔던 북미 핵 협상에 물꼬가 트였습니다.

홍길동 기자가 전합니다.


ⓕ 수도권 쓰레기 매립장 건설을 추진하던 인천시가 돌연 소각장 건설로 방향을 바꿨습니다.

그 배경을 홍길동 기자가 분석해드립니다.


실제 방송됐던 뉴스를 몇 가지 살펴보자.


[앵커]

폐기물 17만 톤을 불법 매립한 업자들이 적발됐습니다. 전·현직 공무원 10여 명은 뇌물을 받고 눈을 감아준 혐의로 경찰 수사를 받고 있습니다. 신준명 기자입니다. (2021.2.24. YTN 뉴스나이트)

[앵커]

윤석열 검찰총장이 오늘(4일) 자리에서 물러났습니다. 여당이 추진하는 중대범죄수사청을 막을 수 있다면 100번이라도 직을 걸겠다고 한 지 사흘 만입니다. 윤 총장은 검찰과 반부패 시스템이 무너지는 것을 더 볼 수 없었다고 사퇴의 변을 남겼습니다. 이재희 기자가 전해드립니다. (KBS 9시뉴스. 2021.3.4)

【 앵커멘트 】

인천에서 초등학교 3학년 딸을 학대하고 숨지게 한 혐의로 체포된 20대 부부가 이틀 전 체포됐는데요. 부부는 과거 일부 학대사실은 인정하면서도 아이가 숨진 당일엔 아무 일도 없었다며 학대치사 혐의를 전면 부인했습니다. 노승환 기자가 보도합니다. (MBN 종합뉴스 2021.3.4)

◀ 앵커 ▶

백신 접종에 속도가 붙으면서 어제까지 엿새 동안 15만 명 넘게 1차 접종을 마쳤습니다. 접종자가 늘면서 이상 반응과 사망 신고도 늘고 있는데요, 정부는 불안해 하지 말라고 거듭 당부했고 문재인 대통령도 이달 말쯤 아스트라제네카 백신을 접종할 예정입니다. 김미희 기자가 보도합니다. (MBC 뉴스데스크. 2021.3.4)

# Q 51. 앵커멘트에 유형이 있나요?
## A ② 녹취(인터뷰) 활용형

앵커멘트에서 녹취 혹은 인터뷰를 들려주는 유형이다. 통상 인터뷰는 리포트 안에 들어가지만 시청자들의 눈길을 붙잡아 두기 위한 시도로 다양한 앵커멘트 유형이 사용된다. 앵커의 배경에 자리잡은 대형 모니터에 뉴스메이커의 인상적인 인터뷰나 브리핑 내용, 녹취를 보여주는 형식이다. 이 때 앵커는 카메라가 아닌 모니터를 본다. 자칫 부자연스러운 시선으로 비치는 것을 피하기 위해서다.

뉴스에서 활용된 사례는 아래와 같다.

[앵커]

직업군인으로, 성 전환 수술을 받았다가 강제 전역된 변희수 전 하사가 어젯(3일)밤 숨진 채 발견됐습니다. 군으로 돌아가는 날까지 싸우겠다며, 자신을 드러낸 게 지난해 1월이었습니다. [고 변희수 전 하사/지난해 1월 : "성별 정체성을 떠나 제가 이 나라를 지키는 훌륭한 군인 중 하나가 될 수 있다는 것을 모두에게 보여주고 싶습니다. 제게 그 기회를 주십시오."]

기회를 달라... 여기에 대한 답을 얻지 못한 채 삶을 마무리한 변 전 하사, 스물 세 살이었습니다. 군대라는, 어찌보면 성별 개념이 가장 강한 조직에 성정체성에 따른 차별 문제를 물은 지 1년이 넘는 시간. 우리 사회는 얼마나 고민해 봤을까요? 지형철 기자가 짚어봅니다. (KBS 9

시뉴스. 2021.3.4)

◀앵커▶

윤석열 검찰 총장이 끝내 사퇴했습니다.

[윤석열 검찰총장] "정의와 상식이 무너지는 것을 더는 두고 볼 수 없다, 검찰에서 할 일은 여기까지다. 어떤 위치에 있든 자유 민주주의를 지키고 국민 보호를 위해 힘을 다하겠다" 그가 사표를 던진 이유를 들어 보면 사실상 정치권에 뛰어들겠다는 출사표를 던진 거라는 해석이 중론입니다. 먼저, 임현주 기자가 보도합니다.

(MBC뉴스데스크 2021.3.4)

# Q 51. 앵커멘트에 유형이 있나요?
## A ③ 영상활용형

앵커가 영상을 보여주며 설명하는 형식이다. CCTV에 잡힌 영상이나 심각한 재난의 현장 혹은 사건 사고 현장의 모습 등 해당 뉴스와 관련한 인상적 핵심 영상을 먼저 보여주는 것이다. 앵커멘트에 생동감을 불어넣는 효과가 있다. 마찬가지로 천편일률적인 앵커멘트의 형식에서 탈피하고자 이와 같은 여러 가지 포맷의 앵커멘트가 사용된다.

다음 사례를 보자.


**[앵커]**

이 영상을 보시죠. 늦은 밤에 한 남성이 경찰관의 멱살을 잡고 있습니다. 술에 취해 대리기사를 폭행하고 출동한 경찰관에게까지 이렇게 하고 있습니다. 누구인가 봤더니, 한 달 전까지 더불어민주당의 윤리심판원 부위원장을 맡았던 변호사입니다. 경찰관들에겐 이럴 때 으레 등장하는 바로 그 말을 했다고 합니다. 박태인 기자입니다. (JTBC 뉴스룸 2021.2.26)

# Q
## 51. 앵커멘트에 유형이 있나요?
## A ④ 안내형

리포트 내용을 간략하게 소개한 뒤 현장으로 가보자며 안내하는 유형의 앵커멘트다. 콘서트장, 전시회장, 축제의 현장, 졸업식, 입학식 등 다양한 행사와 체험 리포트 그리고 휴일 스케치, 날씨 스케치 리포트에 많이 쓰인다.

ⓐ 빛의 향연이 펼쳐진 현장으로 홍길동 기자가 안내합니다.
ⓑ 봄 내음 가득한 화훼시장에 홍길동 기자가 다녀왔습니다.
ⓒ 오감으로 즐길 수 있는 영화관을 홍길동 기자가 소개합니다.
ⓓ 재활용 쓰레기 분리 작업을 홍길동 기자가 해봤습니다.

뉴스에 방송된 사례는 다음과 같다.

[앵커]
미 항공우주국 NASA가 지난 18일 화성에 안착한 탐사 차량 '퍼서비어런스'가 보내온 화성의 바람 소리를 공개했습니다. 희미하게 들리는 화성의 바람 소리, 또 추가로 공개된 생생한 착륙 장면을 보시죠. 김정회 기자입니다. (YTN 뉴스나이트. 2021.1.23)

【 앵커멘트 】
오늘 전국 초·중·고등학교에서 새 학기가 시작됐습니다. 코로나19의 긴장은 이어지고 있지만, 학생들의 얼굴엔 모처럼 설렘이 가득했습니다. 등교 현장을 유호정 기자가 다녀왔습니다. (MBN 종합뉴스 2021.3.2)

**[앵커]**

해군의 정예 부대인, 해난구조대가 혹한기 훈련에 들어갔습니다. 얼음장처럼 차가운 바닷속으로 몸을 던지고, 해난 구조 훈련을 위해 수중용접도 거뜬히 해냅니다. <u>윤동빈 기자가 담아왔습니다.</u> (TV조선 뉴스9. 2021.1.22)

# Q 51. 앵커멘트에 유형이 있나요?
# A ⑤ 인터뷰 소개형

주로 인터뷰 기사에 쓰인다. 화제의 주인공을 만나서 직접 이야기를 들어본 리포트의 경우, 기자가 해당 뉴스메이커를 만나서 인터뷰했다고 소개하는 것이다. 인터뷰이가 유명 인사의 경우에 많이 쓰이지만 꼭 그런 것은 아니다.

ⓐ 헌혈 가끔 하시나요? 1년에 백 번이나 헌혈을 하는 사람이 있습니다. 지난 10년 간 천 번 넘게 피를 나눠준 헌혈왕을 홍길동 기자가 만나봤습니다.

ⓑ 국민 가수 나훈아가 화려하게 컴백했습니다. 10년 만의 콘서트에 팬 5만 명이 몰려들었는데요, 돌아온 가왕을 홍길동 기자가 인터뷰했습니다.

다음 뉴스를 보자.

〈앵커〉

바이올린의 거장 정경화 씨가 젊은 피아니스트 김선욱 씨와 함께 공연을 열었습니다. 이 공연은 일찌감치 매진됐지만, 온라인에서는 무료로 볼 수 있었는데요. 모두가 힘든 시기인 만큼, 많은 사람에게 음악으로 사랑을 전하고 싶다는 정경화 씨를 김수현 기자가 만나봤습니다. (SBS 8뉴스 2021.1.23)

〈앵커〉

코로나19로 중국 우한이 처음 봉쇄된 지 오늘(23일)로 1년 되는 날입니다. 76일의 봉쇄 기간 동안 숨진 우한 시민은 중국 전체 사망자의 80%에 달합니다. 당시 우한에 있던 우리 교민들은 이 시기를 어떻게 견뎌냈는지, 김지성 특파원이 그들을 만나고 왔습니다. (SBS 8뉴스 2021.1.23)

# Q Q. 51. 앵커멘트에 유형이 있나요?
## A ⑥ 궁금증 유발형

　앵커멘트에서 살짝 던져만 주고 궁금증을 유발함으로써 리포트를 보게 하는 유형이다. 그러므로 리포트의 핵심 내용을 압축해 넣을 필요가 없다. "궁금해? 궁금하면 오백 원!" 이라는 예전 개그콘서트 유행어를 생각하면 될 듯하다.

　ⓐ 서울의 한 아파트에서 백골 상태의 시신 두 구가 발견돼 경찰이 수사에 착수했습니다. 시신은 은퇴한 교사 부부가 살던 집에서 발견됐는데, 무슨 일이 있었던 걸까요?
　홍길동 기자가 취재했습니다.

　ⓑ 응암동 야산이 온통 벌레로 뒤덮였습니다. 한여름 대벌레의 습격, 원인은 뭘까요?
　홍길동 기자가 알아봤습니다.

　ⓒ 뜨거운 걸 만지면 흔히들 손으로 귓볼을 잡죠? 실제 귓볼이 다른 신체 부위보다 체온이 낮은 걸까요?
　홍길동 기자가 알아봤습니다.

　ⓓ 꺼진 줄 알았던 강릉 산불이 되살아나 주민들이 밤사이 두려움에 떨었죠. 솔잎이 불쏘시개 역할을 했다고 하는데요, 솔잎과 산불. 무슨 관계일까요?
　홍길동 기자가 취재했습니다.

　ⓔ 서울로 출근하는 김포 시민들, 오늘 집단 지각사태를 빚었습니다. 김포 지하철이 승객한 명 때문에 2시간이나 멈춰 섰기 때문인데요, 도대체 무슨 일이 있었던 걸까요?

홍길동 기잡니다.

ⓕ 비만 오면 잠기는 곳이 있습니다. 부산의 한 지하차도인데요, 알고 보니 황당한 이유가 있었습니다.
홍길동 기자가 취재했습니다.

# Q 51. 앵커멘트에 유형이 있나요?
## A ⑦ 소통공감형

LG헬로비전은 '코앵커[53]'로 진행하는 뉴스에서 이른바 '소통공감형' 앵커멘트를 시도했다. 두 진행자끼리 대화하듯 이야기를 나누는 방식으로 시청자와의 소통을 시도하고 공감을 이끌어내기 위한 것이 목적이다. 또한 기존의 딱딱하고 일방적인 멘트에서 벗어나 부드러운 분위기를 연출하려는 의도도 담겨 있다. 가장 중요한 것은 시청자의 몰입도를 높이고자 함이다. 아래 사례를 살펴보자.

**"원격수업 시대……올해 미래학교 기반 구축"**

남) 지난해 코로나19 때문에 학교에서도 많은 변화가 있었는데요. 성춘향 아나운서, 학생들은 집에서 온라인으로 수업을 들었잖아요?

여) 네, 학생들도 그렇고 선생님들도 익숙하지 않아서 처음에 다들 힘들었다고 들었어요.

남) 코로나19가 언제 끝날지 모르는 상황에서 원격수업은 이제 필수가 되었는데요. 충남도교육청이 앞으로 이를 더욱 체계적으로 운영하겠다고 합니다.

여) 올해 충남지역 교육정책이 발표됐는데요. 홍길동 기자가 전해드립니다.

**"카메라 옮겨야"…당진 과속 단속장비 논란**

남) 성춘향 아나운서, 운전하다 과속 단속 카메라 보면 어떻게 하세요?

여) (웃으며) 저는 항상 규정 속도를 지키기 때문에 달리던 대로 갑니다.

남) 과속으로 달린다고 치고 갑자기 카메라가 나타나면 어떻게 하겠냐고요?

여) 놀라서 일단 브레이크부터 밟겠죠.

---

53)  두 명의 앵커가 진행하는 것을 말한다. 더블MC라고도 한다.

남) 대부분의 운전자들이 그러겠지요. 그러다가 사고가 많이 나는 곳이 있습니다.

여) 어딘가요?

남) 당진인데요, 단속 카메라의 위치 때문에 민원이 많은 곳, 홍길동 기자가 현장에 다녀왔습니다.

### 구급차에서 새 생명…임산부 119 서비스

남) 성춘향 아나운서, 요즘 아기 울음 소리 듣기 어렵지 않나요?

여) 네, 출산율이 떨어지다 보니까, 동네에서 아이들 노는 소리도 잘 안 들리더라고요.

남) 충남의 합계 출산율이 1.11명이라고 합니다.

여) 가임 여성 한 명이 아이 한 명 낳는다는 말이군요.

남) 네, 특히 농어촌 지역에는 산부인과가 없는 것도 문제인 것 같아요.

여) 그래서 충청남도가 임산부를 위한 119 구급 서비스를 운영하고 있답니다.

남) 그래요?

여) 산파 역할까지 한다고 하는데요, 자세한 소식은 홍길동 기자가 전해드립니다.

# Q 52. 리포트 첫 문장은 어떻게 시작하는 게 좋은가요?
# A 그림을 충분히 활용하라!

    사건 사고 기사와 스케치 기사의 경우 리포트 원고의 도입부는 그림 스케치 (묘사)로 시작하는 것이 좋다. TV 뉴스는 시각과 청각을 동원해 보고 듣는 것이다. 때문에 기자가 말하는 것과 화면이 일치하거나 비슷할 때 시청자의 이해도와 몰입도가 높아진다. 그래서 딱딱한 정치, 경제 기사 외에는 이렇게 스케치로 리포트를 시작하는 경우가 많다.

    교통사고, 폭발사고, 붕괴사고, 화재, 수해 관련 기사는 현장의 생생한 그림이 눈길을 끌기 마련이다. 그러므로 인상적인 그림부터 설명하는 식으로 기사를 전개해나가야 한다. 그리고 나서 중요한 팩트를 쓰자. 사건 기사도 도난 현장, 폭행 현장에서 찍힌 CCTV를 입수해 해당 그림부터 설명해줘야 시선을 끌 수 있다. CCTV가 아니더라도 사건이 벌어졌던 현장의 그림을 찍어 그 그림부터 설명하는 게 좋다. 경우에 따라서는 소셜 미디어의 게시글이나 댓글, 사진, 영상으로 시작하는 것도 좋은 방법이다. 현장 고발 기사라면 현장 그림부터 들어가줘야 한다.

    아래 기사를 보자.

**[앵커멘트]**

김해 여중생 폭행 사건의 파문이 커지는 가운데 경찰이 수사를 확대하고 있습니다.

경찰 조사에서 이들 가해 여중생은 다른 폭행사건에도 연루된 혐의가 포착됐습니다.

성춘향 기자가 취재했습니다.

[리포트]

한 여학생이 무릎을 꿇고 앉아 있습니다.

옆에 서있던 여학생이 프라이팬에 든 액체를 피해 여학생 머리 위로 붓습니다.

그리고는 돌연 뺨을 때리기 시작합니다.

폭행을 지켜보던 남학생들은 말리기는커녕 욕설에 더해 웃기까지 합니다.

sync〉 19초~ 20초 / 22초~25초
아 XX 물 내한테 튄다. / 웃는 소리 + XX

SNS를 통해 급격히 퍼지면서 충격을 주고 있는 30초가량의 이 영상.

동네에서 알고 지낸 중학생들의 폭행이었습니다.

2학년 가해 학생들이 직접 영상을 촬영해 자신들끼리 공유하다 유출됐습니다.

피해 학생인 중학교 1학년 A 양은 전치 3주의 상처를 입고 입원했습니다.

int〉 피해 학생 지인
들어가자마자 2시간 동안 무릎 꿇게 하고 발로 차고, 손으로 때리고 막 그래서
몸에 피멍 들고 귀 붓고 얼굴 붓고...

가해 학생 2명은 최근 다른 폭행 사건에도 연루된 것으로 나타났습니다.

경찰은 1월 중순쯤 자신들의 흉을 봤다는 이유로 상가 계단 등에서
다른 중학생의 뺨을 때린 혐의로 2명을 조사 중이라고 밝혔습니다.

가해 학생들은 만 14세가 넘어 형사 처벌 대상입니다.

경찰은 이들 2명을 불구속 입건했습니다.

int〉박병준 / 경남지방청 여성청소년 수사계장
범행 장소인 친구 집에 피해 학생의 친구들이 허락 없이 놀러갔었다,
그리고 그 장소를 어질러놓고 갔었다. 거기에 대해서 혼을 내려고 불렀다.
이렇게 진술하고 있습니다.

경찰은 당시 피해 학생과 함께 불려간 학생이 4명 더 있는 것으로 파악하고
당시 현장에 있었던 학생들 중 범행을 교사하거나 추가 폭행이 있었는지를
조사할 계획입니다.

헬로티비뉴스 성춘향입니다.

☞ 문제의 영상 스케치로 시작해 그림과 영상 설명과 녹취를 충실히 담았다. 이어 피해자
측 증인 인터뷰와 수사중인 경찰관 인터뷰를 담았다. 매우 잘 구성한 리포트다. 이처럼 사건
사고, 재난, 휴일 스케치 기사는 의미 있는 영상, 좋은 영상으로 기사를 시작하는 게 좋다.

# Q A
**53. 앵커멘트에 쓴 문장을 리포트 원고에 써도 되나요?**
첫 문장에는 쓰지 마라.

앵커멘트와 리포트 첫 문장 중복 금지의 원칙이 있다. 리포트 원고를 쓸 때 가장 주의할 것이 앵커멘트와 겹치지 않게 하는 것이다. 이미 앵커가 소개한 내용을 기자가 도입부에 그대로 전할 이유가 없다. 다음의 예를 보자.

[앵커멘트]

김해신공항에 대한 국무총리실 검증을 앞두고 있는데요. 부산울산경남지역 주민들은 올해 안에 총리실 검증이 마무리돼야 한다는 의견을 내놨습니다. 동남권관문공항추진위원회가 부.울.경 지역민들을 대상으로 여론조사를 해 그 결과를 발표했는데요. 재검증에 대한 기대감도 높았습니다. 홍길동 기잡니다.

[기사]

동남권관문공항추진위원회가 부울경 시.도민 여론조사 결과를 발표했습니다.

··· (이하 생략)

앵커멘트에 있는 내용을 리포트 첫 문장에 쓰는 건 좋은 도입이 아니다. 불필요한 문장이다. 여론조사 결과의 핵심 내용부터 들어가는 게 좋다.

여론조사 결과는 예상대로였습니다. 응답자의 80%가 연내 검증 마무리를 택했습니다.

이런 식으로 말이다.

# Q 54. 방송기사 작성 시 지켜야 할 기본 원칙은 무엇인가요?
## A ① 한자투를 버려라.

방송기자는 우리말 전도사가 되어야 한다. 어려운 한자(漢字)보다는 우리말로 된 언어를 써야 한다. 시청자 입장에서도 우리말이 더 알아듣기 쉽다. 흔히 뉴스 문장은 중학교 2학년이 알아듣게 써야 한다고 말한다. 그만큼 쉬운 어휘를 선택해서 써야 시청자가 쉽게 이해할 수 있다는 이야기다. 우리가 쓰는 말 가운데 한자로 된 말이 태반인 게 사실이다. 그래도 될 수 있으면 순 우리말로 바꿔 써주는 게 방송기자의 의무이다.

아래 표를 참고하라.

| 한자어 | 우리말 |
| --- | --- |
| 내외 | 안팎 |
| 작년 | 지난해 |
| 전년동기대비 | 지난해 같은 기간에 비해 |
| 10내지 20% | 10에서 20퍼센트 |
| 도복 | 쓰러짐 |
| 즉사했다 | 그 자리에서 숨겼다 |
| 갈등이 재점화되고 있다 | 갈등이 다시 불붙고 있다 |
| 재채용하다 | 다시 채용하다 |
| 1시경 | 1시쯤 |
| 53세 | 53살(쉰세 살) |
| 60세 | 60살(예순 살) |
| 독거노인 | 혼자 사는 어르신 |

# Q
## A
### 54. 방송기사 작성 시 지켜야 할 기본 원칙은 무엇인가요?
② 신문투(문어체)를 버려라.

방송기사는 신문기사가 아니다. 신문 기사는 딱딱한 문어체로 쓰지만 방송기사는 부드러운 구어체로 써야 한다. 그래야 보고 듣는 사람이 편하고 쉽게 이해할 수 있다. 그리고 자연스럽다. 신문 기사는 어려운 용어를 쓰는 경우가 많다. 하지만 방송에서는 될수록 쉬운 용어로 써야 한다. 신문은 읽다가 잘 이해가 가지 않으면 다시 읽으면 된다. 그러나 방송은 한 번에 훅 지나간다. 물론 인터넷 기사로 다시 읽을 수는 있지만 TV로 볼 땐 다르다. 그렇기 때문에 어려운 말은 가급적 피하는 것이 좋다. 한자투를 버려야 하듯이 신문투, 문어체를 버려라.

한 가지 에피소드를 소개한다. 필자가 도쿄특파원 시절 일본인 친구와 코리아타운으로 불리는 신주쿠의 한 한국 슈퍼마켓 앞에서 만나기로 했다. 그 친구가 오기 전 필자는 국제전화를 걸 때 사용하는 전용 전화 카드를 샀다. 나중에 온 일본인 친구에게 그 카드를 보여주자 그는 자신도 그 카드를 사야 한다며 슈퍼마켓 안으로 들어갔다. 1분쯤 지나고 카드를 든 채 나오며 그 친구는 분을 삭이지 못했다. "무슨 일이냐"고 물었더니, 가게 점원이 "얼마짜리 전화 카드를 줄까요" 라고 물어서 "1만 엔짜리"라고 한국말로 답했더니 직원이 바로 일본말로 응대하더라는 것이다. 서울특파원을 역임했던 사람이라 한국어가 능숙하지만 바로 그 한 마디 '일만 엔'이라는 말에 한국인 점원은 그가 일본인이라는 걸 곧바로 알아차리고 일본말로 응대했던 것이다. 일본어로는 "일만 엔 (일본어 발음: 이치망엔)"이라고 하지만 한국어로는 "만 엔"이라고 하는 걸 그가 깜박했던 것이었다.

과일가게에 가서 사과 "만 원어치 넣어주세요" 라고 하지 "일만 원어치 주세요"라고 말하지 않는다. 기사를 쓸 때도 마찬가지다. 1만 명이라고 하지 않고 만 명이라고 써야 한다. 다만 자막은 1만 명으로 표기하는 방송사도 있다. 신문의 영향인 듯 하다. 필자는 자막 표기도 '만 명'

이라고 해야 한다고 주장한다.

'및'도 마찬가지다. 우리가 말할 때 쓰지 않는다. 글에서만 접하는 표현이다. 때문에 방송기사에서는 '및'을 쓰지 않는 게 원칙이다. '한편'도 말할 때 쓰는 사람을 본 일이 있는가? 아마 거의 없을 것이다. 글에서나 보는 표현이다.

다음 사례를 참고하라.

| 신문체 | 우리말 |
|---|---|
| 및 | 와 / 과 |
| 한편 | 굳이 없어도 말이 될 때는 생략하거나<br>'이런 가운데'로 대체 |
| **한편 교육청은**<br>학생 수가 1,000명 이상인 과대학교는 격일이나 격주 또는 분반수업을 통해 학교 내 밀집도를 낮추도록 했습니다 | **(이런 가운데) 교육청은**<br>학생 수가 1,000명 이상인 과대학교는 격일이나 격주 또는 분반수업을 통해 학교 내 밀집도를 낮추도록 했습니다. |
| 이 같은 | 이런 |
| 1만 명 | 만 명 |
| 만리포해수욕장 개장…**1만여 명** 몰려 | 만리포해수욕장 개장…**만여 명** 몰려 |
| 어린이 교통사고는 해마다 **1만 건** 이상 발생합니다. | 어린이 교통사고는 해마다 만 건 이상 발생합니다. |
| 1만2천 원짜리 수박 | 만2천 원짜리 수박 |

# Q 54. 방송기사 작성 시 지켜야 할 기본 원칙은 무엇인가요?
## A ③ 일본어투를 버려라.

일본어투를 버리자는 건 굳이 설명하지 않아도 될 것이다. 하지만 의외로 많은 이들이 일본어투를 일본어투인줄 모르고 쓰는 게 문제다. 일제 강점기 우리말 사용을 금지하고 일본어를 강요한 데서 비롯된 우리말 속 일본어 찌꺼기는 의외로 많다. 손톱깎이를 뜻하는 '쓰메키리', 윗도리를 말하는 '우와기' 같은 일본말은 다행히 이제 거의 사라졌다. 그러나 군대 '고참', 은행 '잔고', 가게 '매상'과 같은 말은 여전히 사용되고 있다.

단어뿐이 아니다. ~에 따르면, ~적과 같은 표현도 일본식 표현이다. '새빨간 거짓말' '마각을 드러내다' '십팔번' '특수'도 사실 일본말을 그대로 들여와 쓰는 말이다. 특히 특수라는 말은 써서는 안 되는 말이다. 6·25전쟁으로 미국이 엄청난 양의 군수물자를 가까운 일본에 주문했고 그 덕에 일본이 고도성장의 발판을 마련했다. 이것을 일본은 '조선전쟁 특별수요'라 불렀고 이를 줄여 '특수'라고 했던 것이다. 민족상잔의 비극인 6·25로 인해 일본이 호황을 누리면서 탄생한 '특수'라는 말을 우리가 긍정적인 의미로 쓰는 것이 온당하겠는가?

일본어투는 얼마든지 우리말로 고쳐서 쓸 수 있다. 방송기자는 바르고 고운 우리말을 쓰는 게 원칙이다.

| 일본어투 | 우리말 |
|---|---|
| ~에 따르면<br>(일본어 ~によりますと 형식에서 차용)<br><br>(예시)<br>1) 경찰에 따르면 피의자는 정신질환을 앓고 있습니다.<br>2) 통계청에 따르면 | ~는 ~라고 밝혔다<br>~가 발표한 자료를 보면<br><br>1) 경찰은 피의자가 정신질환을 앓고 있다고 밝혔습니다.<br>2) 통계청이 발표한 자료를 보면 |

| | |
|---|---|
| 국회에 등원했다<br>등원(登院): 원에 간다는 것. 중의원, 참의원, 상원, 하원 등 원에 붙이는 표현. | 국회에 출석했다 |
| 망년회 | 송년회 |
| 견습 | 수습 |
| 가처분 | 임시 처분 |
| 익일 | 다음 날 |
| 고참 | 선임 |
| 곤색 | 감색, 감청색 |
| 세대 | 가구 |
| 구좌 | 계좌 |
| 잔고 | 잔액 |
| 운전수 | 운전사 |
| 역전 | 역 앞 |
| 유도리 | 융통성<br>(유도리 (ゆとり) 는 '여유'라는 뜻의 일본어인데 한국에서는 흔히 융통성이란 뜻으로 잘못 사용되고 있다) |
| 나가리 | 무산 |
| 나와바리 | 구역 |
| 땡땡이 | 물방울 |
| 와사비 | 고추냉이 |
| 스시 | 초밥 |
| 사시미 | 회 |
| 세꼬시 | 뼈째회 |
| 지리 | 맑은탕 |
| 노가다 | 막노동 |
| 나시 | 민소매 |
| 무데뽀 | 막무가내 |
| 와꾸 | 틀 |
| 히키코모리 | 폐쇄은둔족 |

# Q 54. 방송기사 작성 시 지켜야 할 기본 원칙은 무엇인가요?
## A ④ 영어투를 버려라.

촛불집회가 한창인 광화문광장에 시민들이 구름처럼 모여들었다고 하자. 대략 2만 명이 모였다고 가정하자. "2만 명의 시민이 광화문광장을 가득 메웠습니다"가 맞는 표현인가? 엄밀히 따지면 이는 영어식 표현이다. Twenty thousand citizens인 셈이다. "시민 2만 명이"가 맞는 표현이다.

| | |
|---|---|
| 2천여 명의 시위대 | 시위대 2천여 명 |
| 백여 명의 학생 | 학생 백여 명 |
| 3만여 명의 군중 | 군중 3만여 명 |

일제강점기의 영향으로 일본어가 우리말에 많이 침투했듯이 6·25전쟁과 주한미군, 글로벌화의 영향일까? 우리말이 점점 영어로 오염되고 있다. 과학기술, 학문이 앞선 미국의 영향을 어쩔 수 없다고 하더라도 우리말로 대체하려는 노력이 필요하다.

국립국어원은 외래어를 지속적으로 다듬고 있다. 국립국어원이 최근 발표한 다듬은 말 중에 몇 가지를 보자.

| | |
|---|---|
| 로컬 크리에이터 | 지역 가치 창출가 |
| 워케이션 | 휴가지 원격 근무 |
| 코로나 쇼크 | 코로나 충격 |
| 리빙 랩 | 생활 실험실 |
| 콜키지 | 주류 반입비 |
| 웰 에이징 | 건강 노년맞이 |

| | |
|---|---|
| 리클라이너 | 각도 조절 푹신 의자 |
| 메디컬 푸어 | 의료 빈곤층 |

영어에 익숙하다 보면 이렇게 다듬은 말이 되레 어색하게 느껴질 수 있다. 하지만 다듬은 말을 자꾸 쓰다 보면 이 또한 익숙해지지 마련이다. 언론은 외래어로부터 우리말을 지켜야 할 의무가 있다. 기사에서 자주 사용되는 외래어 중 다듬어서 사용할 말을 살펴보면 다음과 같다.

국립국어원의 '다듬은 말'에서 발췌한 것이다.

| | |
|---|---|
| 포스트 코로나 | 코로나 이후 |
| 코로나 블루 | 코로나 우울 |
| 코로나 블랙 | 코로나 절망 |
| 코로나 레드 | 코로나 분노 |
| 언택트 | 비대면, 비접촉 |
| 온택트 | 영상 대면, 화상 대면 |
| 팬데믹 | (감염병) 세계적 유행 |
| 트윈데믹 | 감염병 동시 유행 |
| 윈도 스루 검진 | 투명창 검진 |
| 위드 코로나 시대 | 코로나 일상 |
| 빈지 워칭 | 몰아 보기 |
| 네티즌 | 누리꾼 |
| 노이즈 마케팅 | 구설수 홍보 |
| 로드킬 | 동물 교통사고 |
| 롤모델 | 본보기상 |
| 메신저 | 쪽지창 |

| | |
|---|---|
| 멘토 | (인생) 길잡이 |
| 무빙워크 | 자동길 |
| 미디어 파사드 | 외벽 영상 |
| 버킷 리스트 | 소망 목록 |
| 벤치마킹 | 본따르기 |
| 보이스 피싱 | 사기 전화 |
| 브랜드파워 | 상표경쟁력 |
| VOD | 주문형 비디오, 다시보기 |
| 블라인드 채용 | 정보 가림 채용 |
| 블랙 아이스 | 노면 살얼음 |
| 블랙 컨슈머 | 악덕 소비자 |
| 블루오션 | 대안시장 |
| 스미싱 | 문자결재사기 |
| 스카이라운지 | 하늘쉼터 |
| 스크린도어 | 안전문 |
| 스타트업 | 새싹기업 |
| 싱크홀 | 함몰 구멍, 땅꺼짐 |
| 워터파크 | 물놀이공원 |
| 원스트라이크 아웃제 | 즉시퇴출제 |
| 컨벤션 효과 | 행사 효과 |
| 컨트롤타워 | 지휘본부 |
| 트라우마 | 사고후유장애 |
| 파트너십 | 동반관계 |
| 텀블러 | 통컵 |
| 포퓰리즘 | 대중 영합주의 |

그 외 부록 참고 (331p)

# Q 55. 장애인 비하 표현은 어떻게 조심해야 하나요?
# A '눈뜬 장님'이란 표현도 쓰지 마라.

장애인이 차별 받는 시대는 막을 내려야 한다. 장애인 인권 의식이 갈수록 높아지고 있다. 정상인과 장애인이란 표현도 쓰면 안 된다. 장애인이 비정상인이라는 뜻이 되기 때문이다. 노조의 파업으로 버스나 지하철이 절름발이 운행이라고 해도 안 된다. 심지어 벙어리장갑이란 단어도 피해야 한다. 꿀 먹은 벙어리, 장님 코끼리 만지기 이런 표현도 요즘은 써서는 안 되는 말로 꼽힌다. 다음의 사례를 잘 보고 그냥 외우는 게 상책이다.

| | |
|---|---|
| 절름발이 운행 | 파행운행 |
| 장님, 애꾸눈 | 시각장애인 |
| 귀머거리 | 청각장애인 |
| 벙어리, 농아 | 언어장애인 |
| 벙어리장갑 | 손모아장갑 |
| 앉은뱅이 | 하반신 장애인 |
| 불구 | 장애인, 신체장애인 |
| 장애인과 일반인, 정상인 | 장애인과 비장애인 |
| 정신지체자 | 지적 장애인 |
| 정신병자 | 정신질환자 |
| 눈먼 돈 | 관리 안 되는 돈 |
| 눈뜬 장님 | 보고도 판단을 못하다 |
| 꿀 먹은 벙어리 | 말문이 막히다, 말을 못하다 |
| 벙어리 냉가슴 | 말도 못하고 답답하다 |
| 장님 코끼리 만지기 | 전체를 모른 채 어리석은 판단 |
| 귀머거리 삼년, 벙어리 삼년 | 인내의 시간을 보내다 |

# Q 56. 성별 차별, 민족 차별로 비치는 표현 어떤 걸 조심해야 하나요?
# A '여경' '여교사' '조선족'도 쓰지 마라.

남성 중심, 가부장적 시대는 끝났다. 양성평등의 시대다. 성인지 감수성이 문제 되는 시대다. 남자 경찰관을 남경이라고 하지 않는다. 여자 경찰관을 여경이라고 하지 마라.

"퇴근 후 주점서 아르바이트한 여경 정직 처분"

이 제목이 무엇을 풍기는지 생각해봐라. 여성 경찰관은 아르바이트하면 안 되고 남성 경찰관은 된다는 듯한 인상을 줄 수 있다. 또한 주점과 여경을 연결시켜 무엇인가를 연상하도록 한다.

흔히 '여직원' 하면 그다지 중요하지 않은 일을 하는 직원을 떠올리기 십상이다. 여직원 남직원 따지지 말고 그냥 직원이라고 써라. 교사도 마찬가지다. 남교사라고 하지 않듯 여교사라고 쓰지 마라. 남성인지 여성인지 성별을 구별할 필요가 있을 때만 써라. 신중하게 선택하라.

| 여경 | 경찰관 |
| --- | --- |
| 여기자 | 기자 |
| 여학생 | 학생 |
| 여교사 | 교사 |
| 여직원 | 직원 |

### 용감한 여대생, 여주인, 엽기녀

▷ 굳이 여성임을 알려줘야 할 필요가 있을지 신중하게 생각하고 어휘를 선택해야 한다.

### 이희호 여사 vs. 이희호 이사장

▷ 김대중 전 대통령의 배우자로 볼 것인가, 이희호 라는 인격체로 볼 것인가

### 효자상품, 신사협정, 얼굴마담

▷ 효녀상품, 숙녀협정, 얼굴사장이라고 쓰지는 않지 않느냐며 문제 삼는 이들도 있다.

### 신랑신부, 장인장모, 선남선녀

▷ 남자를 우선시 하는 표현이라는 지적이 있다.

아래처럼 고쳐서 쓰자

| 바지사장 | 명의사장 |
|---|---|
| 집사람 | 아내 |
| 처녀작 | 첫작품 |
| 처녀지 | 미개척지 |
| 조선족 | 재중국동포 |
| 저출산 | 저출생 |

저출산을 마치 여성의 책임으로 돌리는 듯한 인상을 줄 수 있다는 지적이 있다.

# Q 57. 조심해야 할 존댓말이 있나요?

## A '많으시다'라는 말은 없다.

"주말에 등산하는 분들 많으시죠?" 많으시다라는 말이 있을까?

'많다'의 존댓말을 없다. '있다'의 존댓말은 '계시다'이므로 '많이 계시다'가 맞는 표현이다. "많이 계시죠?"

'나이 많으신 분들'도 틀린 표현이다. '나이 많은 분들'이 맞는 표현이다.

공공기관이나 사설업체에서 청소나 경비업을 하시는 분들의 경우 상대적으로 <u>나이가 많으신 분들이 많은데요,</u>

▷ 공공기관이나 사설업체에서 청소나 경비업을 하시는 분들의 경우 상대적으로 <u>어르신들이 많은데요,</u>

'계시다'를 쓸 때는 주어가 사람이어야 한다. "경험이 계시다"는 틀린 말이다.

이런 경험 <u>있으신가요?</u> ▷ 이런 경험 <u>있나요?</u>

전통시장 활성화를 위해 계획하고 있는 사업들이 <u>더 있으실까요?</u>

▷ 계획하고 계신 사업들이 <u>더 있나요?</u>

이런 잘못된 표현이 의외로 많이 쓰인다. 패스트푸드점이나 커피전문점에서도 자주 듣는다.

"주문하신 아메리카노 <u>나오셨습니다</u>"

"2만5천 원 <u>되시겠습니다</u>"

참으로 웃지 못할 일이다.

# Q 58. 순화해야 할 표현에는 어떤 게 있나요?
## A '강간' '자살'은 될 수 있으면 쓰지 마라.

기사에서 사용하는 어휘는 될 수 있으면 순화해서 써야 한다. 기사가 미칠 영향을 고려해야 한다. 괴테의 소설 '젊은 베르테르의 슬픔'이 인기를 끈 후 유럽에서 젊은이들의 권총 자살이 잇따른 데서 붙여진 '베르테르 효과'가 있다. 언론 기사의 역효과 중 하나로 꼽힌다. 그렇다고 아예 보도를 하지 않을 수는 없다. 그래서 직접적인 표현 대신 순화한 표현을 사용하는 것이 관례다.

'자살' 대신 '극단적 선택'이란 표현을 쓴다. '스스로 목숨을 끊는다', '자살' 이 두 가지 표현은 가치중립적이라고 할까 어떤 감정도 들어 있지 않다. 반면 '극단적 선택'이라는 표현에는 최후의 선택, 해서는 안될 선택이라는 뉘앙스가 담겨 있다.

### 자살 ▷ 극단적 선택

'강간'이란 표현은 방송기사에서 사라진 지 오래다. 너무 직접적인 표현이어서 순화한 '성폭행'이라는 말로 대체하고 있다.

### 강간 ▷ 성폭행

'미망인'은 써서는 안 되는 말이다. 미망인(未亡人)은 '아직 죽지 못한 사람'이란 뜻으로, 옛날 중국 순장제도에서 온 말이다. 죽은 남편을 따라 죽어야 하는데 죽지 못한 부인이란 뜻이니 절대 쓰지 마라.

미망인 ▷ 고인의 부인


　몰래카메라, 음란물은 범죄의 심각성을 담아내지 못하는 표현이므로 불법촬영 또는 디지털 성범죄라는 표현으로 불법, 범죄라는 인식을 확실히 심어주는 단어로 바꿔 써야 한다는 주장이 제기되고 있다. 리벤지포르노 역시 불법 촬영과 유통이 범죄라는 의식을 흐리게 할 염려가 있는 표현으로 지적된다.


몰카 ▷ 불법촬영 디지털성범죄

음란물 ▷ 성착취물

리벤지포르노 ▷ 보복성 불법 촬영물

# Q 59. 상투적 표현에는 뭐가 있나요?
# A '실시하다' '벌이다' '진행하다' 는 안 쓰는 게 좋다.

기사에 자주 등장하지만 너무 상투적인 표현이다. 우리가 말할 때를 생각해보자.

종무식을 진행했다고 말하나? 교육을 실시했다고 말하나? 조사를 벌였다고 말하나? 그런 표현을 전혀 쓰지 않는 것은 아니지만 그다지 많이 쓰는 표현이 아니다. 그냥 말하듯이 기사를 쓰는 게 훨씬 좋다.

| | |
|---|---|
| 시무식을 진행했습니다 | 시무식을 했습니다. |
| 교육을 실시했습니다 | 교육했습니다. |
| 조사를 벌였습니다 | 조사했습니다. |
| 수사에 나섰습니다 | 수사를 시작했습니다. |

# Q 60. 숫자 표기는 정확하게 써야 하나요?
## A 복잡한 숫자는 어림수로 써라.

듣는 사람이 정확한 숫자를 다 기억할 수 없다. 대략적인 숫자로 충분히 전달이 된다. 방송 기사는 특별한 경우가 아니면 한 자릿수까지 정확하게 숫자를 써주지 않는다. 예를 들어 수능 응시생이 정확하게 42만 2천4백83명이라면 42만여 명이라고 해도 무방하다. 지난해에 비해 만여 명 줄었다고 하는 게 알아듣기 쉽다. 정확하게 만523명 줄었다고 하는 게 큰 의미가 있겠는가? 시청자를 편하게 해주는 게 좋다. 또 헥타르나 평방미터와 같은 단위를 쓸 때 해당 면적을 머릿속에 그릴 수 있도록 해줘야 한다. 축구장의 100배 크기, 여의도 면적의 12배가 대표적이다.

| 원문 | 수정 |
|---|---|
| 980만 원어치 | 천만 원어치 |
| 20,580명 | 2만여 명 |
| 113차례 | 백여 차례 |
| 오전 9시 14분쯤 | 오전 9시 10분쯤 |

**Tip!** 시간은 분 단위가 중요할 때는 정확한 분을 써주지만 그렇지 않을 때는 10분 단위로 끊어주는 게 좋다. 최대한 단순하게! 그래야 귀에 잘 들어온다.

# Q 61. 숫자는 어떻게 읽어야 하나요?
## A 우리말로 읽어라.

숫자는 우리말로 읽는 게 원칙이다.

어린이 5명 (오 명X, 다섯 명O)

어른 12명 (십이 명X 열두 명O)

중학생 367명 (삼백육십칠 명X 삼백예순일곱 명O)

| 18곳 | 열 여덟 곳 |
|------|-----------|
| 79명 | 일흔 아홉 명 |
| 53세 | 쉰세 살 |

하지만 금액은 숫자로 읽는다.

12달러 (열두 달러X, 십이 달러O)

147만 원 (백마흔일곱만 원X, 백사십칠만 원O)

'여'가 붙으면 숫자로 읽는다.

30여 대 (서른여 대X, 삼십여 대O)

40여 명 (마흔여 명X, 사십여 명O)

# Q 62. 같은 말을 여러 번 써야 할 때는 어떻게 하는 게 좋은가요?
# A 동어 반복은 피하는 게 원칙이다.

같은 단어, 같은 표현을 반복해서 쓰는 기사는 좋은 기사가 아니다. 비슷한 표현을 찾아서 써야 한다. 스포츠 기사를 쓸 때 이겼다, 승리했다, 꺾었다, 눌렀다, 제쳤다, 따돌렸다 따위와 같이 다양한 표현을 찾아내듯이 동의어사전을 활용하면 도움이 된다.

말했습니다. 밝혔습니다. 언급했습니다. 강조했습니다. 힘주어 말했습니다. 설명했습니다. 주장했습니다. 덧붙였습니다… 이렇게 다양한 표현을 구사해야 한다.

같은 단어는 아니더라도 비슷한 말을 두 번 하는 경우도 있다.

**예)** 전남지역 <u>학교에 남아 있는 친일 잔재를</u> 청산하기 위한 활동이 진행되고 있는데요,
▷ 잔재라는 단어가 남아있다는 뜻이므로 '남아 있는 잔재'는 틀린 표현이다.

> **잔재²** (殘滓)
>   [명사]
>   1. 쓰고 남은 찌꺼기.
>   2. 과거의 낡은 사고방식이나 생활 양식의 찌꺼기.
>   [유의어] 자국1, 찌꺼기
> **잔재¹** (殘在)
>   [명사] 남아 있음.

'전남지역 학교의 친일 잔재를 청산하기 위한'으로 써야 한다.

'호응이 좋다' 도 틀린 말이다. 호응이라는 말 자체가 부름이나 호소에 응답하다, 반응이 좋다는 뜻이다. '반응이 좋다' '호응을 얻고 있다'로 써야 한다.

부평구가 최우수상을 수상했습니다.

상을 수상했다는 틀린 말이다. '최우수상을 받았습니다'가 맞는 표현이다.

# Q 63. 기사를 얼마나 구체적으로 써야 하나요?

# A 모호하면 안 된다. 궁금증이 남지 않을 정도로 써라.

---

① 깜깜한 도로 위로 갑자기 등장한 한 물체.
미처 속도를 줄이지 못한 차량이 물체를 그대로 들이받습니다.
〈현장음〉
"멧돼지, 멧돼지, 멧돼지."

---

② 지난 9월 덕평나들목에서 발생한 사고 영상에는
아찔했던 당시 순간이 그대로 담겼습니다.

---

③ 지난달 23일 새벽에는 경부고속도로를 지나던 한 차량이 멧돼지를 들이받는 사고가 발생했습니다.
인명피해는 없었지만, 차량 앞 범퍼가 부서졌습니다.
그 이틀 전 인근 국도에서도 도로를 지나던 멧돼지 3마리와 한 차량이 충돌하는
사고가 발생했습니다.

---

④ 그렇다면 멧돼지로 피해를 보았을 경우, 보상을 받을 수 있을까?
농작물 피해나 인명피해는 보상이 가능합니다.
〈CG1〉
농작물 피해보상금은 산정된 피해액의 80% 이내로 최대 500만 원까지 보상 가능합니다.
〈CG2〉
신체상해 시 보상금은 최대 500만 원, 사망 시 보상금은 최대 1,000만 원입니다.

---

⑤ 피해 발생 5일 이내에 관련 서류를 시·군청으로 제출하면 됩니다.

멧돼지로 인한 교통사고 발생 시 차량 파손은 보상받을 수 없습니다.

---

①▷ 위에서 말한 물체가 결국 멧돼지인데 생명체를 물체라고 해서는 안 된다.

☞ 깜깜한 도로 위에 갑자기 무언가가 나타납니다.
운전자는 속도를 줄이지 못한 채 이를 그대로 들이받습니다.

②▷어느 고속도로 어디쯤에 있는 건지 구체적 정보를 넣어줘야 한다.

③▷경부고속도로 어디쯤을 지나던 무슨 차량인지, 승용차? SUV? 승합차? 화물차? 여부를 구체적으로 써주는 게 좋다.

④▷보험에 들지 않아도 보상받을 수 있는 건지? 그렇다면 그런 설명이 필요하다. 보험에 들어있어야 보상금을 받을 수 있다면 무슨 보험에 들어야 하는지 구체적 내용을 담아줘야 한다.

⑤▷자동차보험 중 자차 보험에 가입했더라도 보상받을 수 없는 건지, 그 이유는 뭔지 구체적 내용을 넣어줘야 한다.

# Q 64. 면적 표기는 어떻게 하는 게 좋은가요?
## A 머리 속에 그려지게 써라.

면적 단위는 제곱미터, 헥타르 등이 쓰이는데, 숫자로만 쓰면 쉽게 머리 속에 떠오르지 않는다. 축구장 10개 크기, 축구장 백 개 면적, 여의도 면적의 세 배, 제주도 면적과 맞먹는 크기처럼 쓰면 머리 속에서 그림이 그려지고 짐작이 간다. 방송 기사는 그렇게 써야 한다.

| | |
|---|---|
| 청송군은 올 가을까지 파천면 용전천 제방 **13만 5천여 제곱미터** 부지에 백일홍 꽃밭인 '산소카페 청송정원'을 조성합니다. | 청송군은 올 가을까지 파천면 용전천 제방 **13만 5천여 제곱미터, 축구장 19개 크기 부지에** 백일홍 꽃밭인 '산소카페 청송정원'을 조성합니다. |

$$Q \quad A$$

**65. 방송기사 작성할 때 맞춤법이 너무 헷갈려요. 어떤 방법이 있나요?**
자주 틀리는 맞춤법을 철저히 암기해라.

리더십을 리더쉽으로 쓰는 사례가 아직도 이따금씩 발견된다. 심지어 동고동락을 동거동락이라고 쓰는 경우도 봤다. 특히 띄어쓰기가 많이 틀린다. 맞춤법 틀린 자막이 노출되면 신뢰도에 치명적 타격을 줄 수 있다. 때문에 기본적인 맞춤법은 철저하게 외워둬야 한다. 자신 없으면 항상 사전을 찾아보고 확인해라. 달리 방도가 없다. 다음은 데스크 과정에서 자주 발견되는 맞춤법 오류 사례다. 무조건 외워둬야 하는 것들이다.

| | |
|---|---|
| 집합금지 명령 **첫 날**, 노래방·**피씨방** 등 12곳 적발 | **첫날** PC방 = **피시방** (O) 피씨방 (x) |
| 부산시가 21일 0시부터 고위험 시설에 대한 집합금지 명령을 내렸지만 밤사이 *여러곳이* 적발됐습니다. | **여러 곳** |
| *지난 달* 문을 연 상점 | 지난달 문을 연 상점 |
| *장마비가 주룩주룩* | **장맛비가 주룩주룩** |
| **한달은** 족히 *걸릴듯* | **한 달은** 족히 **걸릴 듯** |
| **두달** 연속 파업 | **두 달** 연속 파업 |
| *석달 간*의 파견 의료 지원 | **석 달간**의 파견 의료 지원 |
| *중단한지* 2주일 넘게 | **중단한 지** 2주일 넘게 |
| *지은지* 3년 지난 | 지은 지 3년 지난 |
| *다음달* 열릴 예정 | **다음 달** 열릴 예정 |
| *열다섯살* 소녀 | **열다섯 살** 소녀 |
| 팔십살 노인 | **여든 살** 노인 |
| 상황이 *이렇다보니* | 상황이 **이렇다 보니** |
| 하는 *것 조차* 어렵습니다 | 하는 **것조차** 어렵습니다 |
| 그것 밖에 없다 | **그것밖에** 없다 |

| | |
|---|---|
| 경기장 열기가 **후끈 후끈** | 경기장 열기가 **후끈후끈** |
| **수차례** 연기 끝에 | **수 차례** 연기 끝에 |
| 하루 **한두차례** | 하루 **한두 차례** |
| **8억원이** 넘는 | **8억 원이** 넘는 |
| **5년 째** 독신 생활 | **5년째** 독신 생활 |
| 거의 다 **되갑니다** | 거의 다 **돼갑니다** |
| **천정에** 그린 그림 | **천장에** 그린 그림 |
| **여러가지** 재료들 | **여러 가지** 재료들 |
| 월세를 내고 **있는데다** | 월세를 내고 **있는 데다** |
| 합격해야 **할텐데** | 합격해야 **할 텐데** |
| **12월 쯤이면** 끝날 것 | **12월쯤이면** 끝날 것 |
| 강력한 **리더쉽** | 강력한 **리더십** |
| 젊은 시절 **동거동락한** 사이 | 젊은 시절 **동고동락한** 사이 |
| 차량들이 **거북이 운행을 하고** | 차량들이 **거북운행**을 하고 |
| 집안이 **풍지박살나** | 집안이 **풍비박산해** |

# Q66. 외래어 표기법도 너무 어려워요. 어떤 기준이 있나요?

# A 국립국어원에서 정한 표기법을 따라야 한다.

우리 말에는 F와 V 발음이 없기 때문에 P, F 발음은 ㅍ으로, B, V 발음은 ㅂ으로 표기해야 한다. 또 짧은 모음 다음의 어말 무성 파열음([p], [t], [k])은 받침으로 적는다.

gap[gæp] 갭  cat[kæt] 캣  book[buk] 북

국립국어원은 이와 같이 외래어 표기 세칙을 정해놓았다. 이 또한 자주 쓰는 외래어는 외워놓는 게 상책이다. 아니면 그때 그때 사전을 찾아볼 것을 권장한다.

기사 쓸 때 자주 틀리는 외래어 표기 일부를 살펴보면 다음과 같다.

| | |
|---|---|
| 애들립 | 애드리브 |
| 악세사리 | 액세서리 |
| 어플리케이션 | 애플리케이션 |
| 뱃지 | 배지 |
| 발란스 | 밸런스 |
| 가디건 | 카디건 |
| 캐롤 | 캐럴 |
| 캡쳐 | 캡처 |
| 카운셀러 | 카운슬러 |
| 코메디 | 코미디 |
| 컨셉 | 콘셉트 |
| 컨텐츠 | 콘텐츠 |

| | |
|---|---|
| 도너츠 | 도넛 |
| 환타지 | 판타지 |
| 훼리 | 페리 |
| 후라이 | 프라이 |
| 리더쉽 | 리더십 |
| 미스테리 | 미스터리 |
| 나레이션 | 내레이션 |
| 넌센스 | 난센스 |
| 아울렛 | 아웃렛 |
| 팜플렛 | 팸플릿 |
| 팬더 | 판다 |
| 플랑카드 | 플래카드 |
| 프로포즈 | 프러포즈 |
| 링겔 | 링거 |
| 로보트 | 로봇 |
| 로맨티스트 | 로맨티시스트 |
| 쇼파 | 소파 |
| 스폰지 | 스펀지 |
| 스프링쿨러 | 스프링클러 |
| 수퍼맨 | 슈퍼맨 |
| 스탭 | 스태프 |
| 심볼 | 심벌 |
| 타겟 | 타깃 |
| 초콜렛 | 초콜릿 |
| 케잌 | 케이크 |
| 보이코트 | 보이콧 |
| 헐리웃 | 할리우드 |
| 팀웍 | 팀워크 |
| 쉐프 | 셰프 |

| 앵콜 | 앙코르 |
| --- | --- |
| 삐에로 | 피에로 |

(부록 337p 참고)

**Q** 67. 리포트 작성 시 문장을 나눠 내용을 끊어 쓰면 기사가 간결하지만 문장마다 주어를 써야 하는 단점이 있습니다. 이럴 때는 어떻게 쓰는 게 매끄러운 기사가 될까요?

**A** 방송 기사는 짧을수록 좋다.

방송뉴스는 한 번 들려주고 지나간다. 시청자가 '다시 보기'로 돌려보지 않는 한 그냥 지나가는 뉴스다. 그러므로 시청자가 알아듣기 쉽게 써야 한다. 긴 문장은 귀에 잘 들어오지 않는다. 복문이 그렇다. 주어와 술어가 여러 개 들어가는 문장은 듣는 사람을 헷갈리게 한다. 무슨 소리인지 잘 못 알아듣게 한다. 단문은 다르다. 주어와 술어가 각 한 개씩인 문장은 귀에 잘 꽂힌다. 시청자가 듣기에 편하다.

단문으로 쓸 경우 주어를 반복해야 하는 문제점이 있다고 했는데, 과연 그럴까? 주어를 과감하게 생략하면 문제가 해결된다. 굳이 문장마다 같은 주어를 쓸 이유가 없다. 첫 문장에 쓴 주어가 다음 문장에도 자동적으로 적용된다고 시청자가 생각하게끔 써주면 된다.

예를 들어보자.

> 민선 7기를 시작하며 성과로 평가 받는, 일 잘하는 시장이 되겠다고 약속한 정현복 광양시장.
> 지난 2년은 '제2의 경제도약'을 위한 전환점이었다고 자평했습니다.
> 특히 관광과 지역경제 발전에 중요한 교통망을 확충하는 데 성과가 있었다고 말했습니다.
>
> 〈인터뷰〉 정현복 / 광양시장
> '광양항~율촌산단 연결 교량'은 광양만권 광역교통망 체계를 개선해 생활권과 경제권을 확장시키고, 광양항 활성화의 마중물이 될 것입니다.

또 지난해 12월, '진주~광양간 전철화 사업'을 착공한 점도 강조했습니다.
오는 2022년이면 고속전철시대를 열게 된다는 겁니다.
정 시장은 이것이 산업단지 활성화와 광양읍권 발전에 획기적인 전환점이 될 것이라며 기대감을 나타냈습니다.

관광분야의 청사진도 제시했습니다. 지난해 10월 '광양 관광 도약의 원년'을 지난 5월 '관광 브랜드'를 선포한 점을 들었습니다.
정현복 시장은 특히 남은 2년을 일자리 창출과 경제 활성화에 집중하겠다고 밝혔습니다.
방점은 신산업 육성에 찍혔습니다.

〈인터뷰〉 정현복 / 광양시장
철강이 '산업의 쌀'이었다면, 2차 전지는 '미래 산업의 쌀'입니다. 포스코케미칼 양극재 공장과 연계하여 2차전지 핵심소재 생산 공장과 폐 2차전지 재활용 설비 시설을 유치하고, '2차전지 클러스터'를 구축하겠습니다.

위에서 본 것처럼 모든 문장마다 같은 주어를 쓰지 않고도 기사를 쓸 수 있다. 시청자들은 위의 뉴스를 보고 들으면서 주어가 없다고 이상하게 느끼지 않을 것이다. 도대체 누가 그랬다는 거야? 이런 얘기는 하지 않을 것이다.

TV뉴스는 그림과 소리가 함께 어우러지는 시청각이기 때문이다.

# Q 68. 정확한 설문조사나 통계 없이 여론이 이렇다 저렇다고 말할 수 있는 건가요? 다른 의견을 가진 침묵하는 사람도 있지 않나요?

# A 선거 관련 여론은 철저하게 여론조사에 근거해서 써야 한다.

필수고지항목도 빠트리지 말고 다 써주는 게 원칙이다. 그렇지 않으면 심의규정 위반이다. 선거 관련 여론은 첨예한 이해관계가 걸려 있기 때문에 근거 없이 짐작만으로 써선 안 된다. 기자 개인의 추측도 금물이다. 특정 인사 몇 명의 의견만 가지고 써도 안 된다.

다만 〈여론은 지금[54]〉 코너와 같이 지역 이슈에 관한 인터뷰 중심의 리포트는 가능하다. 하지만 여기서도 일방적인 입장 전달만 해서는 곤란하고 반대 목소리도 넣어서 객관성을 유지해줘야 한다. 특히 이해관계가 걸린 특정 사안의 경우에는 언론이 어느 한쪽 편을 드는 것처럼 보여서는 곤란하다.

예를 들어 [창원 스타필드 입주 찬반 논란]을 다루는 경우 스타필드 입주 시 일자리가 늘어나고 주변 편의성 증대에 따른 부동산 가격 상승, 주민들의 자산 가치 상승으로 인해 찬성파가 있을 수 있다. 반면 대형쇼핑몰의 출현에 따른 골목상권 붕괴를 우려하는 소상공인 중심의 반대파가 있을 수 있다. 이 때 한쪽 의견만 들어서 전달하면 객관성을 잃는 것이다. 그러므로 양쪽 의견을 균형 있게 전달해야 한다는 얘기다.

코로나19로 인해 개학이 늦춰지고 있을 때 감염확산 예방을 위해 개학 추가 연기가 필요하다는 의견이 있는가 하면 현실적으로 아이들 맡길 곳이 없는 맞벌이 부부들의 사정과 학력저하 문제로 개학을 더 이상 미룰 수 없다는 의견이 갈릴 때도 마찬가지다. 공신력 있는 여론조

---

54) 헬로TV뉴스의 한 코너로 특정 이슈에 관한 시민들의 의견을 모은 리포트이다.

사나 설문조사 결과가 없는 한, 특정 여론을 지배적인 여론인 것처럼 보여줄 수는 없다. 객관성을 지키기 위해 균형 있게 인터뷰를 따서 배치해야 한다.

그런데 상식적으로 한쪽 여론에 무게가 많이 실리는 경우에는 이야기가 달라진다. 예를 들어 [대중교통 이용 시 마스크 착용 의무화]에 대한 여론을 다룰 때 타인에 대한 배려, 감염 차단을 위한 사회 전체의 노력이 필요하다는 점에서 많은 이들이 찬성을 하는 게 상식적인 판단이다. 불편하고 착용 여부는 개인의 자유라며 국가가 개인의 자유를 제한하는 것은 위헌이라는 의견을 가진 사람이 있다고 해도 소수의견에 불과하다. 이런 경우엔 일각에선 이런 의견도 내놓고 있다 정도로 붙여줘야 한다.

명확한 기준을 설정하기는 어렵다. 상식적으로 판단하되 정치적, 사회적으로 예민하게 받아들여질 수 있다고 생각하면 객관성을 지키려는 노력을 하는 것이 기본이라고 할 수 있겠다.

# Q 69. 리포트 클로징 멘트의 유형은 어떤 것들이 있나요?

리포트 원고를 매듭지을 때가 가장 고민되는 순간이다. 어떻게 하면 좀더 인상적으로 마지막 문장을 쓸 수 있을까? 어떻게 결론을 내려야 할지 고민을 거듭하게 된다. 썼다 지우기를 반복하기 일쑤다. 뭔가 멋진 표현 없을까? 아예 팩트로 문장을 끝낼까. 인터뷰로 끝낼까. 현장음으로 끝낼까. 곱씹어 보면서도 마음에 드는 문장으로 끝내기가 좀처럼 쉬운 일이 아니다.

그런데 맺음말 유형을 알아두면 편리하다. 그 가운데 무난한 유형을 골라 쓰는 것도 나쁘지 않다. 일반적으로 어떤 유형이 있는지 알아보기 위해 KBS 9시뉴스와 MBC 뉴스데스크의 리포트를 분석해 보았다. 그 결과 8가지의 유형이 있는 것을 발견했다.

2020년 7월 6일 KBS 9시뉴스에 방송된 리포트 14꼭지의 클로징 멘트를 보자.
(출연과 현장 중계, 스포츠뉴스는 제외)

# A - 1 밝혔다형

| 마스크 쓰기와 발열 체크, 거리 두기 등 방역 수칙을 철저히 지키는 것이 추가 확진을 막는 가장 확실한 방법이라고 강조했습니다. |
| --- |
| 이와 함께 박 시장은 강남과 강북의 격차를 줄이기 위해 강남의 개발이익을 강북 개발에 사용할 수 있도록 국토부에 시행령 개정을 촉구했습니다. |
| 법무부는 검사장 회의 결과에 대해 윤 총장의 공식 입장이 나오지 않는 한 밝힐 내용이 없다고 했습니다. |

# A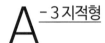−2 예정·예고형

또 확진자가 동선을 허위 진술할 경우, 강력한 조치를 내리기로 했습니다.

내일(7일)부터는 대전 서구에 있는 유치원 26곳이 추가로 원격수업에 들어갑니다.

교육부는 지원 사업 내용을 각 대학에 알린 뒤 이달 중으로 구체적인 계획안을 마련할 방침입니다.

대구 지검도 특별수사팀을 구성해 진실을 밝히기로 했습니다.

# A−3 지적형

다주택 보유 의원들에 대해 각 당이 어떤 입장을 취할지도 부동산 정책의 방향과 강도를 가늠하는 잣대가 될 수 있습니다. (→ 평가)

이스타항공 주식을 둘러싸고 끊임없이 이어지는 수상한 거래들, 보다 구체적인 진상 규명이 필요한 부분입니다. (→ 촉구)

# A−4 팩트서술형

횡령 등 경제 범죄를 시인한 일종의 '자백 진술서'인데, 이 문건이 작성된 2018년 2월 이후 박 씨가 형사처벌을 받았다는 흔적은 확인되지 않았습니다.

한편 문체부 장관과 대한체육회장 등 늑장 대처로 비판 받은 관계자들이 국회에 나와 고개를 숙였지만 뚜렷한 대책은 내놓지 못했습니다.

한편 오늘(6일) 결정을 내린 재판장의 대법관 후보 자격을 박탈해달라는 국민청원엔 20만 명 이상 동의하는 등 반발도 확산되고 있습니다.

# A-5 주목형

논란이 되는 한미워킹그룹과 관련해 어떤 논의가 이뤄질지 그리고 새로 짜이는 우리 측 대북라인과의 접촉에서 어떤 협의가 있을지 관심이 쏠리고 있습니다.

위 13개 중 11개가 팩트를 서술하는 문장이다. 그 중 2개는 한편이라는 접속사를 사용해 관련이 있지만 살짝 다른 이야기를 덧붙여 마무리했다. 팩트가 아닌 3개 문장 중 잣대가 될 수 있다는 말로 하나는 평가 또는 의미 부여로 볼 수 있고 하나는 어떻게 될지 관심이 쏠린다는 상투적 표현을 썼다. 또 하나는 진상 규명이 필요한 부분이라는 말로 사실상 진상 규명을 촉구했다.

상투적인 클로징 멘트를 살펴보자.

| 구분 | 멘트 |
|------|------|
| 밝혔다형 | ~라고 밝혔다. 말했다. 강조했다. 덧붙였다. 설명했다. 촉구했다, 강조했다 등 |
| 주목형 | ~일지 주목된다. 귀추가 주목된다. 관심이 모아진다. 관심이 쏠린다. 관심이 집중된다. 이목이 집중된다. 이목이 쏠린다 등 |
| 분석형 | ~라는 평가다. ~라는 평가가 나온다. ~라고 평가된다. ~라는 분석이다 ~라고 분석된다. ~라는 해석이다 ~라고 해석된다 등 |

| 전망형 | ~할 전망이다. ~할 것으로 보인다. ~일 것으로 보여진다. ~라는 전망이 우세하다. ~로 예상된다. ~예상이 지배적이다. ~로 예측된다. ~로 점쳐진다 등 |
|---|---|
| 지적형 | ~라는 지적이다. ~라는 지적이 나온다 ~할 때이다.  ~할 시점이다. ~가 시급한 과제로 떠오르고 있다. ~가 필요하다. 필요해 보인다 등 |

상투적이라고 해서 써서는 안 된다는 것은 아니다. 너무 자주 쓰지 말라는 이야기다. 같은 뉴스에서 전망형 클로징이 3개 이상 나올 때도 있다. 뉴스 소비자에게는 이런 상투적 표현이 거슬릴 수 있다.


같은 날 MBC 뉴스데스크 기사를 보자.


# 밝혔다형

| |
|---|
| 기자회견을 연 미래통합당 이 용 의원은 두 선수를 포함해 추가 피해자가 6명 확인됐으며, 이들이 가해자들을 추가 고소할 계획이라고 밝혔습니다. |
| 지옥 같은 시간이 몇 년이나 이어졌지만 모두가 쉬쉬해 그게 운동선수들의 사회인줄 알았다'면서 뒤늦게 용기를 냈다고 밝혔습니다. |
| 너무도 예상 밖의 답변에 놀랐다는 선수들과 가족들은 고 최숙현 선수가 마지막으로 호소한 진실이 밝혀질 수 있도록 끝까지 법적 대응하겠다고 밝혔습니다. |
| 다만 소규모 감염이 잇따르는 데다, 감염경로를 알 수 없는 사례도 늘어난 만큼, 상황을 예의주시하고 있다고 설명했습니다. |
| 식약처 관계자는 "어느 부분에서든 KF-AD 마스크에서 물이 새는 것은 문제"라며, "해당제품이 생산된 경위를 조사한 뒤 그 결과에 따라 회수 명령을 내릴 수 있다"고 밝혔습니다. |

스타벅스 측은 손님을 진정시키는 데 집중하다 보니 직원에 소홀했다며 정확한 사실 관계를 파악하고 있다고 밝혔습니다.

전문가들은 인체를 교란하고 속이는 코로나19의 특성상 당분간은 마스크와 거리두기를 지키는 물리적 면역만큼 확실한 예방법은 없다고 강조했습니다.

독점적 기반 위에 안정적인 수익을 내면서 전관 영입과 노조 탄압에 공을 들인다는 논란의 회사. 인천시는 취재가 시작되자 특혜성 계약을 연장하지 않겠다는 입장을 알려왔습니다.

40여개 시민단체도 국회에서 기자회견을 열어 최숙현 선수 사망을 '사회적 타살'로 규정하고 권위적인 체육계의 구조 개혁을 요구했습니다.

디지털교도소 운영자는 지난 3월부터 SNS를통해 신상을 공개했는데, 댓글에 대한고소와 협박이 이어져 최근 사이트도 열었다며 서버는 동유럽에, 보안 서비스는 미국을 이용해 추적이 불가능하다고 주장했습니다.

## A<sup>-6</sup> 전망형

민주당은 징벌적 수준의 과세 법안을 7월 임시국회 안에 처리하겠다는 목표를 세웠습니다. 이번 주 당·정협의회를 열어 세부적인 세율을 조정할 것으로 보입니다.

## A<sup>-7</sup> 진단형

정부 여당은 가급적 이 달 안에 '임대차 3법'을 통과시킨다는 방침이지만, 전월세 시장의 판도를 바꿔놓을 법안인 만큼 어느 때보다 세밀한 사전 준비가 필요해 보입니다.

하지만, 사회적 거리두기 1단계 상황에서 민간에 인원 제한이나 강제력을 행사하기가 쉽지 않아 현실적인 대책 마련이 시급합니다.

우리 사회가 성범죄에 얼마나 관대했는지 보여주는 반증입니다.

## # 예정 · 예고형

구속영장이 청구된 김재현 대표 등 4명의 구속여부는 이르면 내일 밤 결정됩니다.

금융감독원은 조만간 회계법인과 함께 실사에 착수해 회수 가능한 자산이 얼마나 있는지 확인할 계획입니다.

## # 팩트서술형

손 씨는 앞으로 범죄수익 은닉 혐의로 수사를 받게 될 것으로 보이지만, 국내법상 손씨에게 적용될 최대 형량은 미국의 4분의 1 수준인 5년 이하의 징역입니다.

이런 가운데 이태원 클럽을 다녀온 뒤 직업과 동선을 속여 지난 5월 인천시로부터 고발 당한 학원강사는 코로나19는 완치됐지만 다른 질환으로 입원해 경찰 조사가 미뤄지고 있습니다.

향년 91세인 모리코네는 생전 본인의 뜻에 따라 가족들만 참석한 가운데 그가 사랑했던 '시네마 천국'으로 떠났습니다.

전염병 확산에 따른 잇따른 봉쇄로 그간 중국 내 거의 모든 지역이 여행 제한과 해제 조치가 반복된 가운데 이제 내몽고 지역이 여행 제한 순서에 오르게 됐습니다.

# A⁻8 인터뷰 맺음형

> [피해 선수 가족]
> (가해자들로 지목된 사람들의 태도는 어떠신 거 같으세요?)
> "사람이 아니죠… 사람이."

> [이창복/'인혁당 간첩조작' 피해자]
> "우리 노친네들을 이 집에서 내쫓는다고 한다면 그것이 나라다운 나라라고 할 수 있을까요? 양심… 양심을 나는 믿고 싶어요."

> [사망 환자 아들]
> "무거운 처벌 내려 주시고 다시는 이런 일 없게끔, 그거 하나에요. 어머니가 살아 돌아오는 것도 아니고… 다시는 이런 일이 없었으면 하는 바람뿐이에요."

MBC 뉴스 리포트 클로징의 특징은 '밝혔다형'이 압도적으로 많다는 것을 우선 꼽을 수 있겠다. 또 인터뷰형도 적지 않다는 점을 들 수 있다. 어떤 유형이 좋다고 말할 수는 없다. 다만 밝혔다형도 팩트서술형처럼 팩트로 끝낸다는 공통점을 갖고 있다. 군이 의미를 부여하거나 분석 또는 해설하려 하지 않고 사실을 던져줌으로써 판단은 시청자에게 맡기는 유형이 일반적이다.

물론 단순정보 전달형 리포트가 아니라 특정 사안에 대한 분석과 해설, 전망이 필요한 리포트들도 있다. 그런 리포트라 하더라도 가능하면 상투적 표현에서 벗어나 창의적 표현을 구사할 수 있도록 연구하는 게 좋겠다.

미담기사의 경우 주인공의 인터뷰로 리포트를 마무리하는 것도 좋은 방법이다. 화면을 슬로로 편집하고 적당히 어울리는 BGM[55]을 깔면 시청자의 가슴을 짠하게 만들 것이다.

20여 년 전 일본 민방 뉴스에서 본 아주 인상적이었던 클로징도 인터뷰샷이었다. 그런데 매우 특이했다. 한 인터뷰이의 육성이 그의 그림자를 배경으로 흘러나오는 샷이었다. 그 마지막 샷이 워낙 인상적이어서 지금도 잊혀지지 않는다.

마지막 클로징 멘트를 어떻게 간결하면서 임팩트 있게 쓸 것인가. 위에 열거한 유형들을 숙지하고 상황에 맞게 고르자. 시청자의 인상에 남도록 할 수 있는 멘트가 무엇인지 고민하고 써보자. 정답은 없다. 자신만의 특이한 유형도 개발할 수 있을 것이다.

---

55) background music. 배경음악. 사실을 전하는 뉴스 리포트에도 전달력을 높이기 위해 분위기에 어울리는 음악을 활용한다.

**Q** **70. 복잡한 내용을 취재할 때 내용을 쉽게 설명하기 위해 기사를 길게 쓰면 꼭 영상이 부족해집니다. 기사 내용이 우선인가요, 확보한 영상 길이에 맞춰 쓰는 게 중요한가요?**

**A** 리포트 원고는 간결하게 <u>쓰고</u> 짧게 압축하라!

이것이 일반적인 방송 뉴스 리포트 원고 작성 원칙이다.

어려운 말은 피하고 될 수 있으면 쉬운 말로 써라
복잡한 내용은 최대한 단순하게 그리고 친절하게 설명하라!

이 역시 리포트 원고 작성 원칙에 속한다.

위의 원칙과 아래의 원칙이 상충한다. 간결하게 압축해서 쓰라더니 단순하게 친절하게 설명하라니? 도대체 어떻게 하라는 말이냐? 볼멘 소리가 들린다. 질문에서 나온 것처럼 그림도 부족한데 복잡한 내용을 풀어서 쉽게 설명하려다 보니 원고가 길어져 골치가 아프다.

일단은 방송은 신문과 다르다는 점을 강조하고자 한다. 신문은 통상 지면의 제한이 방송보다는 적은 게 사실이다. 그래서 충분히 길게 쓸 수 있다. 설명도 길게, 복잡한 내용을 자세히 짚어줄 수 있다. 하지만 방송은 다르다. 시간 제약이 따른다. 물론 심층 취재물의 경우 긴 시간이 주어질 수도 있지만 일반적 뉴스 리포트라면 기껏해야 2분 반이다. 아무리 길어도 3분을 넘으면 곤란하다. 다른 뉴스도 방송되어야 하기 때문이다. 그 안에 승부를 봐야 한다.

그렇기 때문에 리포트 안에 미주알고주알 다 설명해줄 수는 없는 노릇이다. 시청자 입장에서 어떤 사건을 최대한 알기 쉽게 설명해 주기 위한 범위 안에서 기사가 작성되어야 한다. 과감히 버릴 줄도 알아야 한다.

그렇다면 도대체 어떤 것이 미주알고주알이란 말이냐? 빼도 대세에 지장이 없는 것을 미주 알고주알이라고 하자. 기사에 꼭 넣지 않아도 이야기 전개에 문제가 없고 시청자가 알아듣는 데 문제가 없다면 빼자는 얘기다.

일단 어휘는 가급적 중학교 2학년이 알아들을만한 용어를 선택하자. 그것이 TV 기사의 기 본이다. 쓸데없이 영어나 한자어가 섞인 어려운 말을 쓰면서 잘난 척할 필요가 없다. 방송기 사는 기자의 지식을 자랑하기 위한 글이 아니다.

애초 취재 단계부터 복잡한 내용을 쉽게 풀어야 하는 상황이 인지되면 관련 그림을 만들어 서 찍어야 한다. 있는 그대로 눈에 보이는 현상만 찍는 것이 아니라 리포트 구성을 구상하며 만들어야 한다.

예를 들어 특정 인물이 검찰 수사를 받는 상황이라면 출석할 때의 그림과 검찰청사 외경은 기본이 될 것이다. 그리고 해당 인물과 사건에 관련한 그림도 당연히 필요할 것이다. 그리고 때에 따라서는 피의자 자격으로 조사받는 인물이 검찰청 몇 호실에서 조사를 받는지도 파악 해 건너편 건물에서 해당 조사실을 '뻗치기'[56] 해서 찍는다든지 하는 시도를 한다면 뭔가 건질 수도 있다.

수사관과 피의자가 격의 없이 웃으며 악수하거나 혹은 짜장면을 시켜놓고 함께 먹는다거 나 검사가 피의자 앞에 서류를 내리치며 다그치는 모습, 이런 것들이 기사가 되는 경우가 많 다. 하지만 이런 취재와 편집은 때로는 인권침해 논란으로 이어질 수 있다.

---

56)  같은 장소에서 오랫동안 취재원을 기다리거나 특정 그림을 잡기 위해 대기하는 걸 뻗치기라고 한다

# Q 71. 카메라 기자와 잘 소통할 수 있는 방법은 무엇인가요?
# A 초기부터 함께 기획하라.

취재기자 혼자서 취재한 내용과 앞으로 취재할 내용을 카메라기자와 공유하는 게 좋다. 어떻게 효과적으로 전달할 건지, 어떻게 모자라는 그림을 만들어낼 것인지 논의하라. 스탠드업은 어디서 어떤 앵글로 하는 게 효과적일지 등 시시콜콜한 것까지 의논하다 보면 더 좋은 결과물이 나오게 되어 있다.

그림이 모자라는 문제는 CG로 커버할 수 있다. 특정 사건의 경우 가계도나 사건의 개요 등을 도표로 그리는 것이 시청자 입장에서 훨씬 이해가 빠를 수 있다. 방송기자는 컴퓨터 그래픽으로 표현하는 것이 훨씬 시각적인 효과를 높일 수 있다는 걸 늘 염두에 둬야 한다. 현장성 있는 그림 외에 어떤 CG를 쓸 것인지 현장에서부터 끊임 없이 고민해야 한다. 특정 건물을 배경으로 입체적 글씨를 눕혔다가 세우는 CG도 있을 수 있고 낮은 고도의 드론 촬영 그림을 배경으로 글자든, 기호든, 숫자든 뭔가를 얹어서 만드는 CG도 있을 수 있다. 이런 것들을 사전에 구상해야 그에 어울리는 그림을 촬영할 수 있다. 카메라 기자와 항상 상의해야 하는 이유다.

또한 그래픽 디자이너와의 소통도 중요하다. CG 담당자와 논의해서 효과를 극대화할 수 있는 CG로 모자라는 그림을 커버하라. 방송은 협업이다. 취재기자 혼자서는 아무것도 할 수 없는 것이 방송뉴스제작이다. 명심하라.

[ Chapter 7. ]

# 영상 테크닉

# Q A
## 72. 영상 편집할 때 현장음이 많이 중요한가요?
### 현장음 없는 뉴스는 죽은 뉴스다.

　방송뉴스는 시청각이다. 상상해보자. 비디오만 있고 아무런 소리가 없는 모습을. 소나기가 세차게 쏟아지는데 무음이다. 목장에서 소들이 풀을 뜯고 있는데 음메~ 소리 하나 들리지 않는다. 휴일 놀이동산에 나들이 인파가 모였다는 리포트에서 롤러코스터를 보여주는데 열차 바퀴 굴러가는 소리도 없다. "꺄~" 하는 탑승객들의 공포, 즐거운 비명도 없다. 고적대 행렬을 보여주는데 악기 연주 소리가 없다. 항공기 소음에 관한 뉴스인데 지나가는 비행기만 보이고 아무런 소리가 들리지 않는다면 어떻겠는가?

　유명한 광고 이야기다. 제습기 광고. 한여름 장마철 장대비가 세차게 쏟아진다. 거친 빗소리와 함께. 이런 자막이 깔린다. '하루 종일 비' '습도 91%' 그리고 거실에서 조인성이 창 밖의 비를 바라보는 모습이다. '쾌적한 제습이란 듣는 것'이란 자막과 함께.

QR 코드를 찍으면
영상을 확인할 수 있다.

이어서 다 마른 빨래를 펄럭이고 아내가 보송보송 베개를 매만지고 역시 보송보송 소파에서 뛰노는 딸의 모습이 비쳐진다. '바스락' 샤아악' 등의 자막과 함께 책 종이 넘기는 장면, 겉옷 입는 장면 '휘리릭' 와이셔츠 입는 모습, '삭' 넥타이 매는 장면이 뒤따른다. 그리고는 팝송과 함께 조인성의 목소리에 자막이 등장한다. '제습이란 가장 뽀송한 소리를 느끼는 것' '제습의 기준을 만든다 위닉스 뽀송'. 이 30초짜리 광고가 주는 메시지는 강렬하다. 습한 장마철이 제습기 하나만 있으면 기분 좋게 지낼 수 있다는 것. 그걸 그림과 소리로 보여주고 들려준 것이다. 만일 여기에 소리가 없다고 가정해보자. 그림만 본다면 효과는 반의 반에도 미치지 못할 것이다. 그만큼 소리가, 청각이 주는 효과가 크다는 것이다.

뉴스도 마찬가지다. 뉴스 영상이 보여주는 그림만 있고 소리가 없을 때 현장감은 뚝 떨어질 수밖에 없다. 보통 기자의 내레이션 오디오를 채널1, 현장음을 채널2에 실어서 편집하는데 때로는 현장음 만을 들려줄 필요가 있다. 지진 뉴스라고 치자. 기자 목소리만 죽 들려주는 것보다 CCTV에 잡힌 지진 발생 당시 진열대에서 상품 떨어져 깨지는 소리를 잘 살려주는 게 훨씬 임팩트가 크다. 종군기자가 포탄이 떨어지고 총격전이 벌어지는 현장을 전하는데, 아무런 현장음이 없다고 치자. 느낌이 반의 반 이하로 줄어들 것이다. 가을철 잘 익은 벼를 수확하는 그림을 보여줄 때 농기계 돌아가는 소리가 어우러져야 한다. 시원한 파도를 가르는 바나나보트를 보여줄 땐 엔진 소리와 파도 가르는 소리, 탑승자들의 비명 소리가 어우러져야 제 맛이 난다.

# Q 73. BGM은 어떤 효과가 있나요?
## A 시청자의 감정·감성을 움직인다.

리포트의 배경 음악 BGM(Background Music)은 시청자의 몰입도를 높여주는 장치이다. 뉴스는 사실을 전하는 것이기는 하지만 때로는 보는 이들의 감정, 감성을 움직이게도 한다.

흐드러지게 핀 벚꽃의 향연을 전하는 리포트에 '벚꽃엔딩'을 깔면 어떨까, 훨씬 분위기가 생동감 있게 살 것이다.

*"봄바람 휘날리며*
*흩날리는 벚꽃 잎이*
*울려 퍼질 이 거리를*
*( UhUh ) 둘이 걸어요"*

여수의 축제나 여름 밤 풍경을 스케치한 리포트에는 '여수 밤바다' 노래를 입혀주면 몰입도와 공감도를 한껏 높일 수 있을 것이다.

*"여수 밤바다 이 조명에 담긴 아름다운 얘기가 있어*
*네게 들려주고파 전화 걸어 뭐하고 있냐고*
*나는 지금 여수 밤바다 여수 밤바다"*

스승의 날 스케치 리포트라면 '스승의 은혜'를 깔아보자.

*"스승의 은혜는 하늘 같아서*
*우러러 볼 수록 높아만지네.*

참 되거라 잘 되거라 가르쳐주신

스승의 은혜는 어버이시다"

어린이 날 스케치 리포트에는 동심을 자극할 수 있는 동요 한 곡 어떨까?

*"파란 하늘 파란 하늘 꿈이 드리운 푸른 언덕에*

*아기 염소 여럿이 풀을 뜯고 놀아요"*

뜨거운 태양, 파랗게 펼쳐진 바다, 사람들이 가득한 여름 해변 스케치를 담은 리포트라면 '해변으로 가요' '해변의 여인' 혹은 Surfin' U.S.A'를 들려주자.

*"별이 쏟아지는 해변으로 가요 (해변으로 가요)*

*젊음이 넘치는 해변으로 가요 (해변으로 가요)"*

*"와우 여름이다!!!*

*이게 뭐야 이 여름에 방안에만 쳐박혀 있어*

*안되겠어 우리 그냥 이쯤에서 헤어져 버려"*

한 막내 기자는 젊은이들의 감각에 맞게 UN의 '파도', 싹쓰리의 '다시 여기 바닷가', Mike perry의 'The Ocean'도 좋겠다는 의견을 제시했다. 뭐든 좋다. 대중이 알만한 친근한 노래, 해당 리포트와 어울리는 곡을 골라 넣어보자.

노래 만이 아니다. 고발 리포트에는 긴장감 흐르는 BGM을 깔아보자. 긴장감이 한층 고조될 것이다. 시청자들의 긴장도도 높아지고 뉴스의 스토리 전개도 긴장감 있게 이뤄질 것이다. 미술 전시회를 소개하는 리포트에서는 주목할 만한 그림들을 디졸브[57]로 이어 보여주면서 잔잔한 음악을 깔아보자. 만일 그 전시 그림들이 피카소의 그림처럼 약간 형이상학적이라면 좀 기묘한 느낌의 음악을 사용해보자. 훈훈한 미담 기사, 역경을 헤치고 성공한 사람의 스토리도 BGM과 어우러질 때 보는 이들의 감동을 배가시킬 것이다.

다음은 필자가 리포트 사후 데스크를 보면서 지적한 사항들이다.

① 억새 평원으로 초대합니다…합천 황매산 억새 '절정'

https://www.youtube.com/watch?v=fRewHPtu-sE

'억새 평원' 원문

▷ 그림이 참 좋다. 그런데,

- 처음에 BGM깔고 그림을 4~5초 보여주는 구성(effect)을 넣어서 편집했더라면 하는 아쉬움이 있다.
- 끝부분에도 음악을 넣어서 분위기를 고조시켰더라면 좋았겠다.
  이런 스케치 리포트는 1. 도입부 그림 구성 2. 뒷부분 적절한 음악 + 슬로 이런 편집효과를 써주기 바란다.
- 기사에 "가을바람이 지날 때마다 은빛물결이 일렁이는 장관…" 이런 표현이 있는데 가을 바람 소리가 전혀 없는 것은 문제. 촬영 때부터 의도적으로 가을 바람 소리, 바람에 일렁이는 갈대 소리 이런 걸 담아야 하고 편집할 때 꼭 살려서 넣어야 한다.

② '공항 소음 공포' 농가는 내년에도 '지원 불가'

https://www.youtube.com/watch?v=pLXccrVONug

'공항 소음' 원문

---

57)　앞의 화면과 뒤 화면이 오버랩되는 것을 '디졸브'라고 한다.

▷ 기사의 핵심이 공항소음이라면 기본적으로 리포트 첫 부분에 비행기 소음을 넣었어야 마땅하지 않을까?

4초 안팎으로 비행기 지나가는 것과 소음을 보여주고 들려주고 기자 오디오가 시작하는 게 훨씬 임팩트가 있을 것이다.

# Q 74. 극적인 화면 효과를 나타내는 방법이 있나요?
## A 타임랩스와 슬로 비디오, 그리고 스틸을 활용해라.

타임랩스는 어떤 빌딩이나 시설물의 건축 과정, 꽃이 피는 과정, 하늘의 변화무쌍한 날씨, 밤하늘 별들의 이동, 거리 행인들의 지나가는 모습, 차량의 이동을 담은 도로 모습을 표현할 때 유용한 촬영 기법이다. 다큐멘터리에 간혹 사용되는 기법인데 짧은 시간 내에 취재해야 하는 뉴스에서는 담기 쉽지 않은 게 현실이다. 그렇다 하더라도 가끔씩 이런 촬영 기법을 활용하면 영상미와 더불어 어떤 특정한 사실을 부각시킬 때 매우 효과적 요소로 작용할 수 있다.

예를 들어 코로나19로 인해 번화가의 유동인구가 감소했다는 리포트를 제작할 경우 점심시간 1시간만 투자해서 타임랩스로 거리를 찍어보자. 빠르게 지나가는 사람들의 모습을 보여주고 특히 가능하다면 코로나 이전의 같은 장소, 같은 시간대 화면과 비교해서 보여줄 수 있다면 시청자들의 이해도를 높일 수 있을 것이다. 또한 정월대보름 스케치 리포트에 달이 떠서 움직이는 모습을 두 시간 정도 타임랩스로 촬영해 보여주는 것도 효과가 크다. 들이는 공만큼 리포트 품질을 높일 수 있다.

슬로 비디오는 뉴스의 특정 주인공을 부각시킬 때 사용할 수 있는 편집 기법이다. 안타까운 사연의 뉴스메이커가 눈물을 훔치는 모습을 슬로비디오로 보여주거나 올림픽 금메달리스트가 우승을 거머쥐는 환희의 순간, 코로나 환자 돌봄으로 지친 의료진이 방호복을 벗으며 깊게 숨을 내쉬는 장면을 슬로 비디오로 편집해보자.

이런 슬로 비디오 편집은 BGM을 곁들이면 효과가 배가된다. 시청자의 공감을 얻는 뉴스, 함께 슬퍼하고 함께 기뻐하며 함께 감동하는 순간을 위해 편집에 공을 들여야 한다. 또한 사건 사고의 장면을 보여줄 때 너무 빠르게 이뤄지는 것이라 다시 보여주거나 천천히 보여줄 필요가 있을 때도 슬로 비디오 편집 기법이 사용된다.

그러나 이 때 주의할 점이 있다. 예를 들어 교통사고의 경우 직접 자동차가 사람, 또는 오토바이를 들이받는 충돌 또는 추돌 사고의 경우 충돌과 그 이후의 모습까지 자세히 보여주는 것은 곤란하다. 방송은 끔찍한 장면은 보여주지 않는 게 원칙이다. 충돌 직전까지만 보여주고 화면을 정지(still)시킨 채 보여줘야 한다.

폭행 장면도 마찬가지다. 과거 어린이집 교사가 아이의 뺨을 후려치는 장면을 여과 없이 반복 편집해서 보여줬다가 여론의 뭇매를 맞은 적이 있다. 학교 폭력과 관련해서도 학생들 여러 명이 집단으로 한 학생을 폭행하는 장면이 담긴 CCTV를 여과 없이 노출했던 뉴스도 거센 비판을 받았다.

뉴스가 사실을 보도하는 것이지만 선정적이고 자극적인 화면은 노출을 최대한 자제해야 한다는 것이 사회적 합의이다. 그래서 폭행 장면은 실제 폭행이 이뤄지기 직전에 화면을 정지시키는 스틸샷(still shot)으로 편집해야 한다.

# Q 75. 카메라 장비는 어떻게 활용하나요?
# A 다양한 장비로 영상미를 구현하라.

　TV뉴스는 시청각으로 보고 듣는 것이므로 영상이 주는 메시지의 영향력이 크다. 강렬한 영상이 시청자의 눈길을 끌고 머릿속에 오래 남아 있도록 해야 뉴스의 파급력이 크다. 스케치 기사와 현장 고발 기사는 촬영 장비를 다양하게 활용해서 효과를 극대화할 필요가 있다. 수년 전부터 각광받는 장비가 드론이다. 드론이 등장하기 전에는 헬기 촬영 밖에 방법이 없었고 이는 일부 지상파만 운용했기 때문에 보기 드문 화면이었다. 그러나 지금은 드론 촬영이 비교적 손쉽게 이뤄지는 세상이 되었다. 그래서 많은 방송사, 심지어 1인 미디어 운영자도 시원한 항공샷을 보여줄 수 있게 됐다. 지상에서 보여주는 데는 한계가 있고 높은 건물이나 고지대에서 부감샷을 잡는 것보다 훨씬 시각적 효과를 높여줄 수 있는 것이 드론 촬영이다. 물론 드론 촬영이 허가가 필요한 곳이 있으므로 주의해야 한다.

그 밖에 ENG 카메라 외에 짐벌[58]도 유용하다. 취재기자도 스마트폰을 이 짐벌에 장착해 걸 으며 현장을 촬영할 수 있다. 스태빌라이저 기능을 활용해 흔들림 없는 깔끔한 영상을 얻을 수 있다. 또 액션캠[59]도 훌륭한 촬영 보조 장비다. 자전거도로의 위험성을 알리는 취재라면 실제 기자가 헬멧에 액션캠을 달고 자전거로 달리며 촬영해보자. 또는 자전거에 장착해 촬영 하는 것도 생동감 넘치는 그림을 얻을 수 있다. 수중촬영에도 이 액션캠을 활용할 수 있다. 스 마트폰 하나만으로도 훌륭한 영상을 얻을 수 있음은 물론이다. 급할 땐 누구든 스마트폰으로 사건 사고, 재난 현장을 찍어서 바로 전송하고 뉴스에 내보낼 수 있는 세상이다. 실제 LG헬로 비전에서는 몇 해 전부터 취재 기자가 스마트폰으로 영상을 찍고 인터뷰를 해서 리포트를 제 작하는 '스마트폰 출동' 코너를 운영해오고 있다. 부산방송의 김한식 기자가 대표적인 '스마트 폰 출동' 기자다.

---

58) 손 떨림 방지 기능을 갖춘 카메라 장비. 이를 이용하면 흔들림을 최소화하고 안정적 화면을 촬영할 수 있다.

59) 자전거나 헬멧, 신체에 부착한 채 촬영할 수 있는 소형 카메라. 주로 활동성 많은 스포츠 액티비티 촬영에 유용하게 사용된다. 대 표적인 브랜드로 '고프로'가 있다.

# Q 76. 초상권 침해가 우려될 때는 어떻게 하나요?
## A 반드시 블러 처리를 하라.

화면을 블러로 처리하는 첫 번째 이유는 초상권 보호를 위해서다. 특정 인물의 초상권을 침해할 염려가 있을 경우에 사용한다. 예를 들어 〈무단횡단 성행… 시민의식 실종〉 이라는 제목의 리포트라면 실제 횡단보도가 아닌 곳에서 무단 횡단을 하는 시민을 카메라에 포착했다고 하자. 그 행위 자체가 불법이겠지만 당사자의 얼굴을 그대로 노출하는 것은 초상권 침해에 해당한다. 그가 불법을 저질렀더라고 그의 동의 없이 얼굴을 만천하에 공개할 권리가 언론사에게 주어진 것은 아니다.

하지만 공인이라면 이야기가 달라진다. 공인의 공개된 행위가 언론에 노출될 경우 초상권 침해로 법적 소송을 걸거나 법원에서 초상권을 인정받은 사례를 본 일은 없다.

자동차 번호판도 블러 대상이다. 뉴스에 관련 있는 차량이든 없는 차량이든 번호판이 노출되는 것은 초상권과 마찬가지로 개인정보 노출로 볼 수 있기 때문이다.

학교 폭력이나 어린이집 교사의 아동 학대 등 특정 범죄 행위를 다룰 때 CCTV에 포착된 장면의 경우도 피해자나 가해자 모두 블러 처리하는 것이 원칙이다.

이 경우도 마찬가지로 공인의 경우에는 예외다. 과거 서세원 서정희 폭행 사건의 경우 두 사람은 얼굴이 공개되고 주변 인물들은 블러 처리한 것도 그와 같은 이유에서다.

'블러'는 피사체가 명확하게 보이지 않도록 화면 처리를 하는 것으로, 모자이크라고도 한다. 작은 사각형으로 화면을 잘게 쪼개는 형식의 모자이크보다는 그림을 뭉개거나 초점을 흐릿하게 하는 방식이 많이 사용되어 모자이크라는 용어보다는 블러라는 용어가 많이 쓰이고 있다.

# Q 77. 잔인한 장면은 어디까지 노출해야 하나요?
## A 잔인하고 혐오감 주는 화면은 사용하지 마라.

잔인한 장면, 끔찍한 장면, 혐오감을 줄 수 있는 장면을 그대로 노출해서는 안 된다. 시신이나 동물 사체를 여과 없이 보여주는 것도 시청자에 대한 예의가 아니다. 부상 정도가 심한 상태도 마찬가지다. 앞서 밝힌 바와 같이 사망이나 큰 부상의 결과로 이어지는 교통사고 장면도 그렇다.

온 가족이 모여 밥을 먹으면서 뉴스를 본다고 가정해보자. 그런 끔찍하고 혐오스러운 장면이 뉴스에 나온다면 밥이 넘어가겠는가? 상식적으로 판단하면 답이 나올 것이다. 때문에 그런 장면 역시 블러 처리를 해 주는 것이 원칙이다.

# Q 78. 범행 도구는 노출해도 되나요?
# A 흉기가 노출되면 안 된다.

과거 종편이 출범한 지 얼마 안 된 시점에 황당한 사건이 있었다. 서울 종로의 한 유명 빌딩 옥상에서 한 남성이 자살 위협을 하고 있었다. 서울시장 후보 단일화를 촉구하는 정치적 주장을 하면서 투신하겠다고 위협한 것이었다. 구조대와 경찰이 현장에 급파됐고 시청률 올리기에 혈안이었던 종편 방송사들이 경쟁적으로 현장을 생중계했다.

당시 그 남성은 칼을 들고 있었는데, 그대로 TV화면에 노출됐다. 뿐만 아니라 방송사들이 그 남성과 실시간 전화 인터뷰까지 하며 생방송으로 내보냈다. 참으로 무책임한 방송의 본보기였다.

기사를 쓸 때도 흉기를 구체적으로 묘사하거나 살인 방법을 묘사하는 것도 바람직하지 않다. 참고로 일본 언론은 흉기가 어떤 종류의 칼이고 길이는 몇 센티미터이고 피해자 신체의 어느 부위를 몇 번 찔렀는지 매우 구체적으로 보도한다. 필자는 그걸 보고 경악했다. 일본 미디어들은 그런 자극적 요소를 여과 없이 기사에 반영하며 독자와 시청자들을 끌어들이려 애를 쓴다. 언론은 그런 흥미 요소에 휘둘러서는 안 된다.

국회의원에게 원한을 품은 사람이 흉기 혹은 비둘기 사체를 소포로 보냈다는 뉴스도 마찬가지다. 화면을 써야 할 경우엔 블러 처리를 해야 한다.

# Q 79. PIP를 어떻게 활용하나요?
## A 관련 그림이 풍성한 데 넣을 공간이 적을 때 효과적이다.

그림 속의 그림이란 뜻의 PIP[60]는 한 화면에 또 다른 화면을 넣는 편집 기법이다. 화면 분할과는 다른 개념이다. 화면 분할은 아래 그림처럼 화면을 두 개 이상으로 나눠서 보여주는 것을 말한다. 싸이의 강남스타일 뮤직비디오를 보는 외국인들의 반응을 전할 때 여러 화면을 나눠서 보여주는 편집 기법이다.

또 어떤 이슈와 관련해 유사한 그림을 열거할 때 한 컷씩 보여주기보다 한 컷씩 나타나면서 4개를 한꺼번에 보여주고자 할 때도 사용할 수 있다.

---

60) PIP는 Picture in Picture의 약자다.

PIP는 주로 인터뷰 편집 때 사용한다. 관련 그림이 풍성한데 인터뷰를 화면 가득하게 편집하면 좋은 그림을 제대로 쓰지 못할 때 활용도를 높일 수 있다. 인터뷰이가 전체 화면 중 약 4분의 1 크기 이하로 들어가는 형태가 기본이다. 경우에 따라서는 먹이 번지는 모양의 효과를 줄 수도 있다. 뿐만 아니라 어느 건물의 유리창을 모니터처럼 활용해 인터뷰이를 넣는 방식도 있다. 심지어 TV모니터에 인터뷰이를 넣어 마치 TV로 인터뷰하는 것처럼 보이게 하는 방식도 있다. (위에 열거한 방식 중 다수는 LG헬로비전 경남방송 우성만 카메라기자가 고안해낸 효과다) 아이디어를 개발할수록 효과는 샘솟을 수 있다. 영상편집 프로그램에 있는 여러 가지 효과를 다양하게 사용해보자.

헬로TV뉴스 캡처

헬로TV뉴스 캡처

# Q 80. CG는 어떨 때 활용해야 효과적인가요?
# A 마땅한 그림이 없을 때, 요점 정리를 해줄 때 효과적이다.

CG는 리포트 화면을 구성하는 중요한 요소다. 물론 CG 없이 현장 그림만으로 충분히 혹은 전달력을 더 높일 수 있는 소재도 많다. 재난 현장, 휴일 나들이 장소, 전통시장, 번화가 등.

CG는 마땅한 그림이 없을 때 아주 긴요한 구성 요소로 쓸 수 있다. 특히 통계를 활용하는 기사라면 CG는 기본이다. 각종 데이터를 깔끔하게 시각적으로 전달하는 것이 목적이라면 기자의 목소리와 관련 화면만으로 전달하기보다는 CG 하나로 보여주는 것이 훨씬 효과가 높다. 파이 그래프, 막대 그래프 등 시각적 효과를 높일 수 있는 그래프 종류는 매우 다양하다. 특히 움직임이 없는 것보다는 막대가 늘어나거나 파이의 조각이 입체적으로 튀어나오는 식의 무빙을 주는 것이 눈에 더 잘 들어온다.

어떤 내용의 요점 정리를 해 줄 때도 CG는 효과적이다. 해당 단어나 이름이 하나씩 생성되는 움직임이 곁들여지면 효과가 배가된다. 이런 일반적인 CG 외에 특별한 구상을 통해 시각적 효과를 높이는 형식도 개발이 가능하다. 글씨를 입체적으로 만들어 화면에 입히는 방법이 대표적인 예이다.

헬로TV뉴스 캡처

삽화도 CG를 활용한 훌륭한 장치이다. 마땅한 그림이 없을 때 사용한다. 아래의 예를 보면 이해가 쉽게 갈 것이다.

김환기 그림 훔쳐 팔아 40억 챙긴 60대 징역 4년 (KBS)

'강남 묻지마 폭행' 인터넷 여론 밀려 재수사 (KBS)

작은 크기의 반투명 CG도 있다. 화면 전체를 채우는 게 아니라 화면의 4분의 1 이하 정도의 크기로 특정 내용을 넣을 수 있다. 생소한 용어를 설명할 때 유용하다. 혹은 해당 장소의 위치를 지도로 표시할 때도 효과적이다. 뿐만 아니라 스탠드업할 때 기자의 옆에 얹는 형식도 있다. 나중에 CG를 입힐 것을 염두에 두고 빈 공간을 손으로 가리키며 현장에서 스탠드업을 촬영한다.

스튜디오에서 제작하는 앵커리포트[61] 혹은 기자의 브리핑 형식의 경우도 CG는 매우 큰 역할을 한다. 요즘은 대형 고화질 '비디오월'[62]을 활용하는 것이 트렌드다. 헬로TV뉴스에서도 상암 스튜디오에 대형 비디오월을 설치한 이후 '헬로TV브리핑'이라는 코너를 신설해 활용도를 극대화하고 있다.

헬로TV뉴스 캡처

---

61) 앵커리포트에는 두 가지가 있다. 하나는 앵커가 스튜디오에서 비디오월 또는 크로마키를 활용해 특정 사안에 대해 설명해 주는 형식이다. 이를 앵커브리핑이라고도 한다. 또 한 가지는 앵커가 직접 뉴스의 현장에서 취재해 제작한 리포트다. 이 경우 앵커멘트는 "제가 현장에 다녀왔습니다" 라고 직접 소개하거나 옆의 다른 앵커가 "이 소식은 홍길동 앵커가 취재했습니다" 라고 소개하기도 한다.

62) 대형 모니터를 비디오월이라고 한다. 앵커의 뒷 배경에 뉴스 관련 화면과 자막을 배치해 시각적 효과를 높인다. 최근 스튜디오 내 모니터가 점차 대형화하는 추세이고 이를 활용하는 앵커브리핑, 기자 출연 코너 또한 증가하는 추세이다.

# Q 81. 영상편집에서 연출은 언제 어떻게 하나요?

## A 직접 촬영할 수 없는 장면을 만들 때 활용하라.

부부싸움, 학교폭력, 아동학대, 성폭력 범죄와 같은 것들은 직접 촬영할 수 없는 장면이다. 간혹 CCTV에 찍히기도 하지만 거의 드물다. 그래서 이런 장면은 이따금씩 대역 연출 화면을 촬영해 활용한다. 그렇다고 배우를 쓰지는 않는다. 기자들, 제작진을 대역으로 쓴다. 연기력은 필요 없다. 위에 열거한 폭력이나 범죄뿐 아니라 뇌물, 불법정치자금 수수, 해킹도 마찬가지로 연출을 통한 촬영 화면으로 대체가 가능하다.

검은 천과 조명을 이용해 돈다발을 박스에 담는 시늉을 하거나 차곡차곡 돈을 쌓는 모습, 컴퓨터 앞에서 누군가가 키보드를 두드리고 컴퓨터에서는 복잡한 숫자와 기호가 돌아가는 모습. 뉴스는 사실을 전하는 것이지만 때로는 이처럼 연출된 화면을 사용하기도 한다.

범행이나 사고현장에서 취재기자가 손으로 특정 장소나 물체를 가리키며 휘휘 젓는 행동은 하지 마라. 이런 연출은 수십 년 전부터 써오던 것인데 너무나도 상투적이어서 자연스럽지 못하다. 그냥 해당 장소에 기자가 있다는 것만 보여줘도 된다. 도주한 업체의 사무실 문이 굳게 닫혀 있다는 걸 보여주려고 문고리를 계속 돌리는 모습을 보여주는 것도 촌스럽기 그지없다.

# Q
## 82. 방송 시 발음은 어떻게 주의해야 하나요?
## A 부자연스럽더라도 바른 말을 지키자.

　방송기자는 출연할 때나 현장 중계 시, 리포트 기사 녹음 시 발음에도 신경을 써야 한다. 표준어를 구사해야 하는 것은 물론이고 바른 발음을 유지해야 한다. 말은 생기고 성장하며 소멸되는 것이기는 하지만 조금은 보수적으로 접근해야 한다는 것이 필자의 생각이다. TV는 만인에게 열려 있는 공공재의 성격이 강하기 때문에 남녀노소 모든 이들에게 영향을 미친다는 점을 방송인들은 늘 기억해야 한다.

　몇 년 전 인정된 발음인 '효꽈'를 보자. 대부분 말할 때 '효꽈'라고 말했지만 방송에서는 '효과'로 말하는 것이 바른 발음법이었다. 부자연스럽더라도 고운말 바른말을 지키기 위해서 방송 때는 항상 '효과'로 발음해야 했다. '자장면' 역시 마찬가지다. 열이면 열 모두 '짜장면'이라고 말하지, 자장면이라고 말하는 사람은 없었다. 그러자 국립국어원은 현실을 반영해 표기법이나 발음법 모두 짜장면을 표준으로 인정했다. 그래도 공식 인정받기 전까지 방송인들은 자장면이라고 쓰고 말하고 읽어야 했다.

　불법은 어떨까? 불법은 '불법'일까? '불뻡'일까? 不法이냐 佛法이냐에 따라 다르다. 佛法은 '불법'이고 不法은 '불법'과 '불뻡' 모두 맞다. 합법(合法)은 '합뻡'으로 발음한다. '논밭을'은 '논바틀'이 맞을까? '논바슬'이 맞을까? 꽃을은 '꼬츨'? '꼬슬'? 헷갈릴 땐 항상 사전을 찾아보자. 발음 표기까지 친절하게 설명되어 있다.

　논밭이[논바치] 논밭을[논바틀] 논밭만[논반만]
　꽃이[꼬치] 꽃만[꼰만]

# Q 83. 리포트 오디오 톤은 어떻게 잡아야 하나요?
# A 초년병 때 연습해 확실히 잡는 수밖에 없다.

기사가 완성된 후 오디오를 녹음할 때까지 방송기자는 긴장을 늦추지 말아야 한다. 오디오, 즉 기자의 목소리가 듣기 좋은지 듣기 거북한지에 따라 뉴스 리포트의 품질이 달라진다.

목소리 자체도 영향을 미치지만 해당 기사의 분위기에 어울리는 톤으로 녹음해야 한다. 유명 인사가 안타깝게 생을 마감했다는 소식을 전할 때는 톤을 좀 낮추어 무거운 톤으로 읽는 게 좋다. 사건 사고의 경우에는 약간 높은 톤으로 긴박하게 읽어야 한다.

그리고 이른바 '쪼'[63]를 없애야 한다. 일부 기자들은 특이한 '쪼'를 갖고 있는데 한 번 갖게 되면 고치기가 무척 어렵다. 그래서 초년병 때 제대로 된 오디오를 가질 수 있도록 끊임없이 연습해야 한다. 정확한 발음과 끊어 읽기, 강약 조절, 톤 조절. 성우는 아니지만 방송기자는 노력을 통해 전달력을 높여야 한다. 필자 또한 볼펜을 입에 물고 연습하기도 했다.

또 한 가지, 기사를 녹음하기 전에 스탠드업을 들어라. 스탠드업은 현장에서 하기 때문에 자신도 모르게 하이톤으로 말하는 경우가 생긴다. 주변 소음에 따라 톤이 달라질 수 있다. 이를 확인하지 않고 녹음하면 오디오 톤이 달라 튀기 십상이다. 반드시 스탠드업의 오디오 톤을 듣고 그에 맞춰 녹음해야 한다.

---

63) 기사를 녹음할 때 기자마다 스타일이 다른데 너무 튀는 억양, 듣기 거북한 억양을 '쪼'라고 일컫는다.

# [ Chapter 8. ]
# 뉴스 프로그램 제작

# Q 84. 뉴스란 무엇인가요?
## A 뉴스는 프로그램이다.

　뉴스는 개별 기사들을 잘 구성한 하나의 프로그램이다. 뉴스 프로그램도 하나의 스토리라인으로 구성된다. 헤드라인이 있고 타이틀이 있고 오프닝 멘트가 있고 브리지가 있고 스포츠 뉴스 코너가 있고 날씨가 있고 클로징 멘트와 후타이틀이 있다. 순서는 그날의 중요한 뉴스부터 배치된다. 주요 이슈 별 관련 뉴스가 하나의 블록을 형성한다. 심각한 뉴스 사이에 연성 뉴스를 배치해서 시청자들의 긴장을 풀어주기도 한다. 큐시트를 아무 원칙 없이 짜는 게 아니다.

# Q. 85. 뉴스 큐시트를 짜는 요령이 있나요?
# A. 톱뉴스 선택이 가장 중요하다.

큐시트는 헤드라인과 톱뉴스, 주요 뉴스, 연성 뉴스, 주요 단신, 스포츠뉴스, 날씨의 순서로 짜는 것이 일반적이다. 그날 가장 중요하다고 생각하는 뉴스를 톱뉴스에 배치한다. 이 톱뉴스는 대형 사건 사고 뉴스가 될 수도 있고 새롭게 발표된 정부나 지자체의 정책이 될 수도 있다. 톱뉴스를 결정하는 가장 큰 기준은 대중들의 입장에서 영향이 큰 것, 새로운 것이어야 한다. 코로나19의 영향이 큰 요즘 시대에는 거의 매일 코로나 관련 뉴스가 톱뉴스를 장식한다. 과거 최순실 국정농단이 한창일 때는 최순실, 박근혜 의혹, 광화문 촛불 시위 등이 거의 매일처럼 톱뉴스 단락에 배치됐다. 사드 문제, 선거 이슈, 북한의 핵실험, 일본 대지진, 미국 대선 등 국내외 뉴스 가운데 우리와 무관치 않은 뉴스 중에 굵직하고 큼직한 뉴스 순으로 배치한다.

그렇다고 너무 무거운 뉴스만 연속 배치하는 것은 시청자들을 피곤하게 만들 우려가 있다. 그래서 블록 편성을 활용한다. 관련 뉴스 꼭지를 4~5개 배치했다가 다른 이슈 관련 아이템을 배열하고 앞선 톱 단락과 관련된 이슈 꼭지를 후반부에 다시 배치하는 방식이다. 예를 들면 코로나 관련 뉴스 꼭지 4개를 톱 단락에 배치했다가 한미 2+2 회담 관련 꼭지 3개를 이어서 보도하고 LH직원 땅투기 의혹 관련 리포트, 그리고 주요 사건 사고 리포트를 배치한 뒤 다시 코로나 관련 아이템 블록을 편성하는 방식이다. 여기에 약간 쉬어가는 말랑말랑한 뉴스 꼭지를 중간에 배치하기도 한다. 시청자가 계속 긴장을 유지하면서 뉴스를 보도록 하지 않고 한 템포 쉴 수 있게 해주는 것이다.

# Q 86. 어깨걸이는 무엇인가요?
# A 기사의 제목이다.

전형적인 뉴스 프로그램은 리포트와 단신, 스튜디오 출연, 현장중계 등의 꼭지들로 구성된다. 과거 지상파 뉴스는 1분 30초짜리 리포트로 대부분 짜여졌지만 종편 출범 이후 기자 또는 전문가 출연, 현장 인터뷰 분량이 늘어났다. 여기서 앵커가 리포트를 소개하는 앵커멘트에서 제목을 자막으로 보여주는 것이 필요한데, 앵커 어깨 옆에 작은 창으로 보여준다고 해서 어깨걸이라고 불리었다. 혹은 '이팩트'라고도 했다. 모니터가 4대 3 사이즈였을 때까지는 이것이 대세였다. 그런데 16대 9로 바뀐 디지털화 이후 비디오월이 대형화하고 고화질이 구현되면서 트렌드가 바뀌기 시작했다. 앵커의 크기는 줄어들고 뉴스 관련 그림 (과거에 어깨걸이라고 부르던 것)의 크기가 커진 것이다.

KBS 9시 뉴스 캡처

KBS 9시 뉴스 캡처

KBS 9시 뉴스 캡처

　앵커의 진행 방식도 과거 천편일률적으로 앉아서 하던 것과 달리 요즘에는 스탠딩 진행이 트렌드다. 서서 시작했다가 중간에 앉아서 하기도 한다. 화면 사이즈에 변화를 주기도 한다. 앵커 얼굴보다는 리포트 관련 그림과 뉴스의 인물을 크게 부각시키는 디자인이 자주 쓰인다.

# Q 87. 뉴스에서 제목은 얼마나 중요한가요?
# A 제목은 울림이다.

기사의 제목이 중요하다는 것은 백 번을 강조해도 지나치지 않다. 특히 요즘처럼 기사가 홍수를 이룰 때 뉴스 소비자의 시선을 끌기 위해선 제목에 임팩트가 있어야 한다. 한 마디로 읽어보고 싶고 보고 싶어지게 하는 제목이어야 한다는 말이다. 경쟁이 치열하다 보니 낚시성[64] 제목이 크게 늘고 있는 폐해도 생긴다. '유명 여배우 A양 자택서 숨쉰 채 발견'이 대표적이다. '숨쉰 채'를 '숨진 채'로 착각해 기사를 클릭하게 만드는 것이다.

특히 연예 기사에는 자극적이고 선정적인 제목이 넘쳐난다.

| |
|---|
| 모델 신재은, 촬영 앞두고 드러낸 아찔한 보디라인 |
| 미스 맥심, 트럭 올라탄 채 '쩍벌' 포즈 |
| 새 비키니 여신, 수퍼모델 빰친 S라인 |
| 서예지 개미허리 어땠길래 관심 폭발!! |
| 제시, 섹시 하의실종 명품 뒷태로 아찔 |
| 권민아, 지민 사과에 "숙소에서 남자랑 XX" 폭로 |

이런 식이다.

---

64) 기사를 보게 하기 위해 제목을 선정적이고 자극적으로 만드는 경우가 많다. 물고기를 낚듯이 시청자와 독자를 끌어들이려 한다는 의미에서 '낚시성'이라는 표현을 썼다.

# Q 88. 뉴스에서 기사 제목의 유형화가 가능한가요?
# A 다섯 가지로 유형화가 가능하다.

포털 사이트에 올라온 다양한 매체들의 기사 제목을 다음의 5가지 유형으로 분류해봤다. 예시로 든 제목은 기존 매체의 실제 기사 제목이다.

## ① 워딩형

뉴스 메이커가 한 말이 제목이 된다. 대통령, 여당 대표, 유력 대선 후보, 또는 스포츠 선수와 같은 유명 인사가 한 말이 제목이 되는 경우는 흔히 볼 수 있다. 유명인이 아니더라도 이슈와 관련해 누군가가 의미 있는 이야기를 한 경우도 그 워딩(wording)을 따서 제목을 정할 수 있다.

| |
|---|
| 최숙현 동료 "주장이 정신병자 취급…옥상서 뛰어내리라 협박도" |
| '야당 패싱' 부담에 … 상임위장 독식 與 "돌려달라면 논의" |
| "내집 분양 받았는데, 잔금대출 줄어…입주 포기 고민" |
| 구급차 막은 택시기사에…유족 "당신도 부모가 있을 텐데" 분통 |
| 과학자들 "코로나 비말 아닌 공기로 전염돼" |
| 모친 빈소 도착 안희정 "자식 도리 할 수 있게 해줘 감사" |

이처럼 누군가가 한 말이 기사의 주요 내용일 때 귀에 꽂히는 핵심 발언을 제목에 넣어주는 것이다. 뉴스메이커의 중요한 발언이나 논란을 일으킨 말을 전할 때 많이 사용되는 유형이다.

## ② 중요 팩트 압축형

가장 많이 쓰이는 유형이다. 전달하고자 하는 기사의 핵심 메시지를 짧게 압축하는 형태다. 제목인 만큼 서술형이 아니라 명사로 끝내는 것이 일반적이다. 동사로 끝맺더라도 ~해 정도로 마무리한다.

| |
|---|
| 현대차, 수소전기차 7년만에 판매 1만 대 |
| 김포대교 인근 폭발물 터져 낚시하던 70대 부상 |
| 檢, 민경욱에 투표용지 건넨 제보자에 구속영장 청구 |
| 자산시장 거품 키우는 '헬리콥터 머니' …韓中日 집값 요동 |
| 유명 야구인 아들, 6억 사기혐의 구속…피해자 극단적 선택 |
| '아동 성착취물 사이트' 손정우 美송환 불허 |
| 文 지지율 49.8%…부동산 후속 대책에도 하락 |
| 스위스 동물원 호랑이 관람객 앞서 사육사 공격, 숨지게 해 |
| 만취 여성 태워 2시간 뺑뺑…성폭행 시도한 택시기사 |

## ③ 서술형

일반 문체처럼 서술어로 끝내는 유형이다. 이런 유형은 오히려 드물어 어떤 사안을 더 강조할 때 쓰인다.

| |
|---|
| 진중권-김경율 등 진보 진영인사들, '反 조국백서' 낸다 |
| 이태원·쿠팡·광륵사, 모두 유럽형 변종 코로나였다 |
| 아파트 제공도…입사하고 싶은 회사 여기 있다 |

## ④ 의성어 의태어 활용형

의성어 의태어를 쓰면 문장을 짧게 줄일 수 있다. 뿐만 아니라 독자나 시청자의 감성을 자극할 수 있다. '푹푹'이나 '후끈' '쿨쿨' '수두룩'과 같은 표현이 주는 이미지가 강렬하기 때문에 이 유형은 훨씬 와 닿는다. 그래서 매우 효과적이다.

| |
|---|
| 中 내몽골서 '페스트' 의심환자 발생 ··· **'발칵'** |
| 물놀이 구간 썰렁, 서핑 구간은 **후끈** |
| '역대급 무더위'에 에어컨 판매 **껑충**···가전업계, 7월 판촉 경쟁 **'후끈'** |
| 제주, 애조로 달리던 25톤 트럭서 화재 **'아찔'** |
| 마늘종 제거 작업에 구슬땀 **'뻘뻘'** |
| 장마 주춤 다시 더위···강원 영서 **'푹푹'** |
| 제주, **울퉁불퉁** 도로 보수공사···'해도 해도 끝이 없네' |
| 강남3구 다시 **'훨훨'**···마용성·노도강·금관구도 '신고가' 행진 |
| 갈 곳 잃은 수백조 뭉칫돈, 은행 금고서 **'쿨쿨'**···경기 불확실성··· |
| 초등학생 **'벌벌'** 떨게 만든 목줄 없는 대형견 |
| "동행 구해요"···해외 빗장 풀리자마자 '유럽여행' 들썩? |
| 유통업계, 한한령 해제 기대감에 **'방긋'**···코로나19 사태가 변수 |
| 살아있다' 2주 연속 1위···관객 수는 다시 **'뚝'** |
| 내일까지 5~20mm 비 내리며 낮 기온 **'뚝'** |
| 부동산 정책 좌우하는 국토위·기재위에 다주택자 **'수두룩'** |

## ⑤ 궁금증 유발형

물음으로 끝내거나 그 물음에 대한 대답은 기사를 읽어봐야 안다는 식으로 궁금증을 갖도록 하는 유형이다. 낚시성 (눈길을 사로잡기 위한 방식을 일컫는다) 으로 쓰이기도 하기 때문에 남발하는 것은 좋지 않다.

| |
|---|
| 김연자, 마이크 무릎까지 내렸다 다시 올리는 이유 알고 보니 |
| 취업 바늘구멍 뚫은 신입사원 40% '이 전공' |
| 정 총리가 우수 직원에 '접시' 선물한 까닭은? |
| 뺨 한 번 때렸는데 '반신불수'…50대 남성 '무죄' 왜? |
| 뚝 끊긴 공채 '금턴' 된 인턴 "난 왜 취준생일까" |

# Q 89. 방송사마다 제목 정하는 방법이 다른가요?
## A 스타일이 다르다.

| |
|---|
| 법원, '아동 성 착취물' 손정우 범죄인 인도 거절…"성 착취 수사에 필요" (YTN 홈페이지)<br>법원, '아동 성 착취물' 손정우 범죄인 인도 거절 (YTN뉴스 방송 자막) |
| 대검 "장관 지휘 부당" 정식보고…윤석열 최종 결정만 남아 (YTN 홈페이지)<br>"장관 지휘 부당" 정식보고…윤석열 결정만 남아 (YTN뉴스 방송 자막) |
| 35조 슈퍼 추경' 오늘부터 풀린다…'한국판 뉴딜'에는 5년간 100조 투입 (YTN 홈페이지)<br>'35조 슈퍼 추경' 오늘부터 풀려… 뉴딜엔 100조 투입 (YTN뉴스 방송 자막) |

YTN의 경우 홈페이지 기사 제목은 긴 반면 TV 뉴스 자막은 조금 짧은 경향이 있다. 인터넷용 제목에서 몇 단어를 빼는 식으로 글자 수를 줄이는 방식이다. 이에 반해 MBC는 인터넷에 올라간 제목과 방송 때 나간 자막이 동일하다. 그런데 다소 긴 편이다. 긴 제목은 내용을 충실히 담을 수는 있지만 보는 사람을 괴롭힌다. 많은 정보를 한꺼번에 머리 속에 담아야 하는 부담을 주는 것이다. 또 한 가지 특징은 '득실득실' '시들'과 같은 의태어가 방송에서 더 잘 쓰인다는 점이다. 그만큼 시청각 매체인 TV뉴스가 시청자의 감성에 호소하는 제목을 잘 쓴다는 이야기다.

| |
|---|
| 광주 오피스텔발 연쇄 확산…어린이집 1천여 곳 휴원 (MBC) |
| 전 세계 '21만 명' 확진…불꽃놀이 나선 트럼프 "중국 책임" (MBC) |
| 전국에 '득실득실'…매미나방 도심까지 파고든다 (MBC) |
| 뛰는 전셋값 나는 집값…6..17 약발 '시들' (MBC) |

반면 KBS는 인터넷 기사 제목과 TV뉴스 자막이 많이 다른 특징을 갖고 있다. 단어 몇 개 고

치거나 줄인 게 아니다. 언뜻 보면 다른 기사로 착각할 정도다. 역시 글자 수 제한 때문에 TV 뉴스 자막은 짧게 하되 인터넷 기사 제목과도 다르게 접근해 새로 뽑는다. 앵커백에 노출되는 그림과 사람 얼굴을 활용하기 때문에 이렇게 줄이고 다르게 제목을 뽑아도 내용 이해에는 문제가 없다.

---

"양성? 음성? 검사업무 피곤해요" 진단체계 문제 없나? *(KBS 홈페이지)*
'2차 대유행' 대비 검사 체계 개선해야 *(KBS 뉴스 자막)*

---

신규 확진 사흘째 60명대… "거리두기 2단계 전국 확대는 비효율" *(KBS 홈페이지)*
"엄중한 상황…'거리 두기' 격상은 아직" *(KBS 뉴스 자막)*

---

靑, 외교안보라인 개편…국정원장에 박지원 '파격' *(KBS 홈페이지)*
외교안보라인 개편…국정원장 박지원 내정 *(KBS 뉴스 자막)*

---

'물방울 2미터 넘게 날아가'…슬기로운 에어컨 사용법 *(KBS 홈페이지)*
에어컨 켜고 선풍기 틀었더니… *(KBS 뉴스 자막)*

---

위에서 살펴본 바와 같이 신문과 방송의 제목은 다른 경향을 지닌다. 같은 방송기사라도 인터넷 기사와 TV뉴스 자막은 다르게 뽑는 경향이 있다는 사실도 파악했을 것이다.


공통점은


1. 가급적 짧아야 한다는 점
2. 기사의 핵심을 담아야 한다는 점
3. 독자와 시청자를 유인하거나 궁금증을 유발해야 한다는 점
4. 의성어와 의태어를 활용해 감성적으로 뽑는다는 점을 들 수 있겠다.


제목을 잘 뽑는 역량이 하루 이틀에 쌓아지지 않는다. 신문사에는 제목 뽑기에 달인들이

적지 않다. 신문 레이아웃과 배열, 제목 뽑기가 전문인 편집기자가 따로 있기 때문이다. 방송은 편집기자를 따로 뽑는 경우는 없다. 뉴스 진행을 전문으로 하는 뉴스PD는 뽑아도 제목만 전문으로 뽑는 편집기자를 따로 채용하거나 육성하지는 않는다. 대개 취재기자가 부서 순환 배치의 원칙에 따라 편집부에 발령돼 1~2년 근무하다가 다시 취재부서로 가게 되는 일이 일반적이다. 그래서 방송기자들은 평소 신문이나 뉴스를 볼 때 제목을 잘 관찰할 필요가 있다. 또 소위 괜찮은 제목들은 메모해뒀다가 자신의 기사에 활용히는 것도 좋은 방법이다.

# Chapter 9

# 리스크 관리

# Q90. 취재원의 동의 없이 녹취한 통화를 리포트에 사용해도 되나요?
## A 원칙적으로 음성권 침해다.

녹취에는 두 가지 종류가 있다. ① 나와 타인의 대화, ② 타인끼리의 대화.

2번은 불법이다. 다른 사람들이 (2명이든 3명이든) 대화하는 것을 녹음해 방송에 사용하면 안 된다. 녹음하는 것 자체가 불법이다.

예전에 여당의 최고위원회의 때 벌어진 일이다. 당 대표와 최고위원들이 돌아가면서 한 마디씩 하는 공개 발언은 기자단에 공개된다. 이 때 한 방송사가 오디오를 잘 따려고 와이어리스 마이크(무선 마이크)를 앰프(스피커) 위에 올려놓았다. 최고위원들의 모두 발언이 끝나고 회의는 비공개로 전환됐다.

"언론인 여러분, 지금부터는 비공개회의입니다. 감사합니다" 회의장에서 나가달라는 부대변인의 안내였다. 기자들은 모두 퇴장했다. 그런데 3분 후 와이어리스 마이크를 회의장 앰프 위에 놓고 온 사실을 깨달은 방송사 기자. 곧바로 카메라기자에게 달려갔다. 그리고 카메라의 전원을 켰다. 취재기자의 이어폰에는 회의장에서 오가는 대화소리가 그대로 들렸다. 카메라 레코드 버튼이 곧바로 눌러졌다. 대화 내용은 고스란히 녹음되었다. 공개석상에서는 할 수 없는 민감함 발언들이 쏟아졌다. 고함소리도 들렸다.

통신비밀보호법이 생기기 전까지는 이것이 불법이 아니었다. 그러나 지금은 불법이다. 통신비밀보호법 위반이다. 형사처벌 대상이다.

실제 비슷한 사례가 있다. 한 기자가 모 장관과 휴대전화로 통화를 했다. 통화 도중 장관실 전화가 울렸다. 사무실 전화였다. 장관은 기자에게 다른 전화가 왔으니 다음에 통화를 하자고 하고 통화를 마무리했다. 그리고 사무실 전화기를 붙들고 제3자와의 통화를 시작했다. 그런데 기자가 들고 있던 휴대전화를 통해 장관의 통화 내용이 고스란히 들려왔다. 장관이 기자와의 통화를 마무리하자고 하고 인사는 했지만 휴대폰 통화중단 버튼을 누르는 것을 깜박했던 것이다. 장관은 그것도 모르고 기자가 들어서는 안 되는 비밀에 가까운 이야기를 제3자와 나눴다. 기자는 이 3자간의 대화가 들려오는 휴대전화기의 녹음버튼을 눌렀다.

통신비밀보호법을 어긴 불법 행위였다. 통신비밀보호법 제3조 제1항에는 공개되지 않은 타인간의 대화를 녹음 또는 청취하지 못한다고 규정돼 있다. 수사기관에 의해 이뤄진 녹음은 형사법원에서 증거로 사용될 수 없다. 민사적으로도 손해배상 책임을 질 수 있다. 타인간의 대화를 듣거나 녹음하는 건 명백한 불법이다. 절대 하지 말아야 한다.

그럼 1번은 어떨까, 기자 본인과 타인간의 대화를 녹음하는 것. 대화 중에 대화 상대방의 목소리를 동의 없이 녹음하는 것은 음성권 침해다. 원칙적으로는 위법이다. 실제로 2009년 대법원은 상대방의 음성을 동의 없이 녹음하는 것은 대화 상대방의 헌법상의 권리인 '음성권'을 침해할 수 있는 행위로 본다고 판결했다.

2016년 서울중앙지방법원은 "사람은 누구나 자신의 음성이 자기 의사에 반하여 함부로 녹음되거나 재생, 녹취, 방송 또는 복제·배포되지 아니할 권리를 가지는데, 이러한 음성권은 「헌법」 제10조 제1문에 의하여 헌법적으로도 보장되고 있는 인격권에 속하는 권리"라고 밝혔다.

그러나 동의 없이 녹음한다고 무조건 불법은 아니다. 대화 상대방의 승낙이 추정되거나 사회상규에 위배되지 않을 경우엔 불법이 아니다. 하지만 무엇이 불법이고 합법인지 모호한 점이 많은 게 사실이다. 때문에 특정인과의 전화통화 또는 대화 내용을 녹음해 사용할 때는 음성변조를 해서 당사자인지 아닌지 구별할 수 없도록 해야 한다. 그리고 그것이 공익을 위해 필요한 경우에 한해서 사용해야 한다는 것도 잊지 말아야겠다.

한 방송사의 리포터가 어느 사무실을 찾아가 직원에게 특정 사안에 대한 공식입장을 밝혀줄 사람이 있는지 물었다. 그러자 그 직원이 말했다 "전혀 안 계세요"

방송사는 이 녹취를 방송에 사용했다. 해당 직원은 동의 없이 촬영해 손해를 입었다며 소송을 제기했다. 그러나 법원은 음성권 침해로 인한 손해배상 책임을 인정하지 않았다.

(서울중앙지법 2016. 7. 21. 선고 2015가단5324874 판결)

동의 없이 대화 상대방의 음성을 녹취하였다 하더라도, 녹음 내용이 사소하거나 공익적 목적으로 공개된 경우에는 사회통념에 비춰 용인될 수 있어 손해배상 책임이 발생하지 않는다는 것이 법원의 판결이다.

# Q $\overbrace{\phantom{A}}^{}$ 91. 몰래 촬영은 어디까지 허용되나요?

## A 중대한 공익을 위한 것이라면 예외적으로 허용될 수도 있다.

뉴스를 보다 보면 촬영 대상자의 동의 없이 촬영한 것으로 보이는 장면이 이따금 나온다. 공무원이나 가게 직원 등의 다리만 나오거나 멀리서 뒤통수만 나오게 찍으면서 음성은 녹취가 되는 형태가 일반적이다. 흡연금지 구역에서 담배를 피우는 사람을 멀리서 찍는 경우를 떠올릴 수 있다. 녹색 신호가 켜지지 않았는데 무단 횡단하는 보행자를 촬영할 때도 있다. 모두 찍히는 사람들의 동의를 얻지 않고 촬영하는 것으로, 일종의 '몰래 촬영'이라고 할 수 있다. 이런 것들은 허용될까?

모든 개인은 음성권과 초상권을 침해 당하지 않을 권리가 있다. 하지만 언론은 언론의 자유, 알 권리 충족을 위해 필요할 경우 몰래 촬영을 한다. 언론의 자유와 개인의 프라이버시가 충돌하는 것인데, 과연 문제가 없는 것일까?

2019년 한국언론진흥재단에서 발행한 자료에 다음과 같은 친절한 설명이 있기에 소개한다.

*몰래카메라 보도 : 몰래카메라를 이용해 군부대 내부의 비리를 보도한 기자에게 유죄가 인정됐다. 2007년 군부대 내에 룸살롱이 운영되고 있다는 제보를 받은 방송기자는 장교로 재직 중이던 후배의 신분증을 빌려 군부대에 들어갔다. 이후 군 간부들이 부대 내 룸살롱에서 음주하는 장면을 몰래 촬영하여 방송 뉴스를 통해 내보냈다. 군사법원은 허위 신분증을 제시해 초소를 통과한 기자에게 군형법의 초소침입죄를 적용하여 징역 1년에 집행유예 2년을 선고했다. 대법원도 기자의 행위가 사회통념상 용인될 수 있는 정당행위가 아니라고 보아 상고를 기각하고 원심을 확정했다.*
*반면, 구치소에서 몰래카메라를 이용해 촬영한 언론인들에 대해서는 무죄가 선고됐다. SBS '그것이 알고 싶*

다' 제작진은 '보이스 피싱' 사건을 취재하기 위해 서울구치소에 수감된 피의자를 접견하면서 피의자의 지인인 것처럼 신분을 속이고 명함지갑 모양의 몰래카메라를 이용하여 대화내용을 녹화 및 녹음한 뒤 이를 방송에 내보냈다. 서울남부지방법원은 국가기관에 취재를 위해 들어가는 행위는 주거침입죄에 해당하지 않으며, 구치소 내의 촬영 및 녹음이 교도관의 현실적인 직무집행을 방해하지는 않았으므로 위계에 의한 공무집행방해죄도 성립하지 않는다고 보았다. 따라서 몰래카메라를 사용한 취재가 항상 정당화될 수는 없지만, 중대한 공익을 위해 다른 대체할 수 있는 취재수단이 없었다면 예외적으로 몰래카메라의 사용이 허용될 수도 있다.

— **박아란** 한국언론진흥재단 선임연구위원

때로는 인파가 몰린 거리에서 인물을 특정하지 않은 채 찍는 경우도 있다. 휴일 스케치나 일반적인 이야기를 다룰 때 거리의 인파, 불특정 다수를 촬영해 내보낼 때가 있다. 그 많은 사람들에게 일일이 초상권 허락을 받을 수도 없는 노릇이다. 그런데 이것도 문제가 될 수 있다. 과거에 이런 사례가 있다. 모 방송사에 어느 날 전화가 걸려왔다. 허락도 받지 않고 자신의 얼굴을 뉴스에 내보내면 어떻게 하느냐는 불만이었다. 그 사람은 초상권 침해라며 당장 고소하겠다고 으름장을 놓았다. 알고 보니 거세게 항의한 이는 배우자가 아닌 다른 여성과 함께 팔짱을 끼고 걸어가는 모습이 뉴스에 나가 불륜을 들키게 되었던 것이다. 사정을 들어보니 그럴 만도 했다.

비슷한 사례가 있다. 추위 스케치 리포트에 공원에서 산책하는 사람들을 담았는데 항의 전화가 왔다. 뉴스에 나간 영상에 자신이 나왔는데 원치 않는다며 인터넷에서 내려달라는 요구였다. 알고 보니 아프다고 회사에 결근했다가 오후에 몸이 좋아져 잠시 바람 쐬러 나갔던 건데 TV에 멀쩡한 모습으로 나와 오해를 살 것 같다는 것이었다. 소송으로까지 가진 않았지만 초상권을 내세운 항의와 요청에 따라 인터넷에서 해당 영상을 내릴 수밖에 없었다.

# Q

## 92. 몰래 촬영에 관한 에피소드가 있나요?

## A 초년병 시절 겪었던 에피소드 세 가지를 소개한다.

## # 전화방 몰카

먼저 25년 전에 있었던 일이다. '전화방'이란 것이 서울 시내에 생긴 지 얼마 안돼 실태를 취재하고자 '몰래 카메라'를 들고 종로의 한 전화방에 들어갔다. 전화방은 방마다 설치된 전화기에 여성이 전화를 걸어오는 곳으로, 은밀하고 퇴폐적인 대화가 오가기도 하는 신종 업소였다. 몰카라고 하는 것이 요즘은 초소형으로, 만년필이나 단추, 자동차 열쇠, 심지어 안경형태로도 나오지만 당시에는 정말 '초대형'이었다. 팔뚝만한 캠코더를 허리춤에 차고 렌즈에 연결된 선은 겨드랑이 쪽으로 넣어 재킷 소매로 빼내야 했다. 렌즈는 손에 쥔 채 찍어야 했는데, 렌즈가 달걀만한 크기여서 들키지 않는 게 오히려 이상할 정도였다. 두근두근 가슴이 뛰는데 용감하게 그 커다란 렌즈를 쥐고 전화방 주인에게 이것저것 물어보며 녹취를 땄는데, 1분쯤 지나자 그 주인장이 말했다

"근데 그거 뭐예요? 아니 찍으려면 정식으로 와서 찍지 뭐 하는 거예요?"

필자는 식은 땀을 흘려야 했다. 몰래 카메라가 발각되자 곧바로 밖에서 대기 중이던 카메라 기자를 불렀고 당당하게 ENG 촬영이 시작됐다.

## # 섹스숍 몰카

두 번째는 '섹스숍' (현재의 성인용품 전문점, 과거에는 섹스숍이라고 불렀다). 비슷한 시기, 신종 업소인 '섹스숍' 역시 몰래 카메라로 촬영했다. 필자가 가게 주인의 눈길을 끄는 사이 카

메라 기자가 역시 숨기기 어려운 초대형 몰래 카메라로 가게 안의 전시품을 촬영했고 이어서 필자가 주인에게 이것 저것 묻는 것을 슬쩍 찍었다. 이번에는 전혀 들키지 않았다. 몰카는 성공이었고 우리는 리포트를 만들 수 있었다.

## # 기생관광 몰카

세 번째는 외국인 대상 성매매 현장 취재였다. 서울 시내 모 호텔에 일본인을 상대로 하는 성매매가 성행한다는 이야기를 듣고 일본인으로 위장해 현장을 취재하기로 했다. 역시 커다란 캠코더를 몸 속에 감추고 약간 작은 렌즈를 역시 겨드랑이 쪽으로 빼서 손에 움켜쥔 채 현장으로 향했다. 몰카가 실패할 경우에 대비해 ENG 카메라의 와이어리스 마이크도 몸에 장착했다. 필자와 일본어를 잘 하는 카메라기자 선배가 호텔 로비의 커피숍으로 들어갔다. 호텔 벨맨에게 일본인 두 명이 갈 것이니 '아가씨' 두 명을 준비해달라고 전화를 해둔 상태였다. 커피숍 테이블에 앉자마자 필자와 그 카메라기자 선배는 일본말로 대화하기 시작했다. 벨맨이 다가와 나카무라상이냐고 물었고 필자는 그렇다고 답했다. 잠시 기다려 달라고 하더니 곧바로 여성 두 명이 테이블로 왔다. 우리는 이런 저런 이야기를 하며 '가격 흥정'을 시작했다. 녹취에 담아 써야 하기 때문에 생생한 대화가 필요했다. 렌즈가 보일까 마음이 조마조마했다. 여성들은 일본어를 거의 할 줄 모르는 수준이었기 때문에 우리가 한국인이라는 걸 전혀 눈치채지 못했다. 뿐만 아니라 필자 손에 쥐어져 있던 카메라 렌즈도 알아채지 못했다. 결국 가격 협상이 실패한 것으로 하고 호텔 커피숍을 빠져 나왔다. 그런데 벨맨이 따라붙는다. 여성들이 마음에 안 들면 다른 여성들로 바꿔주겠단다. 그 벨맨의 일본어는 중급 정도였기에 자칫 들킬지 모른다는 공포가 엄습했다. 우리는 손사래를 치고 빠져 나왔다. 며칠 후 방송은 무사히 잘 나갔다. 물론 등장 인물의 얼굴은 모두 블러 처리했고 목소리 또한 변조 처리해서 초상권과 음성권 침해 소지를 없앴음을 밝혀둔다.

**Q** **93. 비판 기사를 쓰지 말아달라는 회사 이해관계자의 요청은 어떻게 해야 하나요? 구의회 의장 야합논란을 취재 하던 중 사내 인사로부터 의회 생중계 계약 건이 있으니 감안해달라는 요청이 있어 난감했거든요.**

**A** 회사 이익을 심각하게 침해하는 경우가 아니라면 저널리즘 원칙에 충실하라.

저널리즘 차원에서 원칙을 지킬 것인가? 방송사 구성원으로서 회사의 이익을 우선할 것인가? 언론인으로서 딜레마에 빠질 수 있다. 원칙을 지켜야 한다면 예정대로 취재해서 있는 사실 그대로 보도를 해야 할 테고 회사 이익을 우선한다면 취재를 중단해야 할 것이다. 구체적으로 실익을 따져보자. 원칙대로 취재해서 방송에 내보낸 경우 구 의회가 생중계 대가로 해주는 협찬을 더 이상 하지 않을 것인가? 취재를 중단할 경우 구 의회가 앞으로 안 해줘도 될 협찬을 해줄 것인가?

언론의 기능 중에 권력 견제 감시 비판 기능은 매우 중요한 기능으로 꼽힌다. 그런 역할을 포기할 만큼의 가치가 있는 것인가? 해당 취재 보도가 회사 이익을 심각하게 훼손하는가? 혹시 우리가 권력기관에 길들임을 당하는 건 아닐까? 우리가 더 이상 언론이기를 포기하고 수익 창출을 위한 단순 소식 전달자 역할을 자처해야 하는 것일까? 취재 보도를 하지 않음으로써 얻어지는 이익이 무엇인가? 취재 보도함으로써 돌아올 불이익을 상쇄할 자신이 있는가?

이런 질문을 스스로 던져보자. 물론 인간은 늘 현실과 타협하며 살아갈 수밖에 없다. 경우에 따라서는 원칙을 포기해야 하는 경우도 없지는 않다. 그러나 그런 것들은 아주 가끔씩이었으면 좋겠다.

필자의 예를 들어보자. 두 가지 기억이 있다. 건설교통부 출입 시절 중소건설사 대표들과의 간담회에서 감리회사들 때문에 골치 아프다는 얘기를 들었다. 하는 일도 없이 돈만 챙겨간다는 것이었다. 감리사들이 감리는 제대로 하지 않고 하루 종일 화투만 치면서 받아갈 건 다 받아간다는 볼멘소리였다. 이를 제보로 받아들인 필자는 건설현장 한 곳을 소개받아 현장 취재에 나섰다. 실제 감리사무실에서는 화투 판이 벌어지고 있었다. 현장을 그림에 담아 있는 그대로 보도했다. 그랬더니 난리가 났다. 회사로 항의전화가 빗발쳤다. 내 휴대전화로도 욕설을 해대는 전화가 이어졌다. 감리협회 회원들이 들고 일어난 것이었다. 마치 모든 감리사가 다 화투나 치면서 감리비를 받아가는 것처럼 비쳐졌다며 거칠게 항의한 것이었다. 감리사협회장과 간부 일행이 회사를 찾아오기도 했다. 당시 경제부장이 협상에 나섰다. 우리 보도가 잘못되진 않았지만 감리사 전체가 그렇게 비쳐진 데 대해서는 유감이라는 입장을 전했다. 그리고는 무엇을 원하는지를 물었다. 감리협회 측에서는 감리가 잘 이뤄지고 있는 건설현장을 취재해서 보도해달라는 것이었다. 타협은 이뤄졌다. 이번엔 공사가 원칙대로 되지 않아 부실공사로 치달을 뻔 했던 곳이었다. 감리 덕에 공사가 제대로 되고 있는 현장을 취재해 보도한 것이었다. 그렇게 갈등은 일단락됐다.

또 한 가지 기억은 청와대 출입시절이다. 앞에서도 이미 밝힌 스토리 중 하나다. 현 대통령이 돌연 재신임 투표를 총선과 동시에 실시하는 방안을 검토하고 있다는 게 취재망에 포착됐다. 모 비서관이 아침 전화통화에서 밝힌 내용이었다. 아침 취재 내용을 정치부 데스크(국회반장)에게 보고하고 즉시 단신을 썼고 이어 전화연결로 확대했다.

이 기사는 파장이 매우 컸다. 당시 야당이 재신임 투표는 위헌이라고 주장하고 있었고 특히 이를 총선과 동시에 실시해 선거에 영향을 미치려는 의도라고 봤기 때문이었다. 그래서 청와대는 이는 비서관 개인 의견일 뿐 공식 입장이 아니라며 서둘러 선을 긋고 나섰다.

나중에 들은 이야기지만 노 대통령이 대변인에게 전화를 걸어 크게 화를 내며 당장 해당 비서관 해임 발표하라고 했다고 한다. 전화연결을 통한 보도는 오전 중에 3차례 이어졌다. 그러던 중 전화가 한 통 걸려왔다. 정치부장이었다.

"경민아, 수고한다. 정무수석이 내 고등학교 선배인데, 전화 와서 기사 빼달라는데 빼주면 안될까? 공식 입장 아니라고 부인하는데 말이야"

부장이 사정을 하는데 안 들어줄 수는 없었다. 그것도 지시형 어조가 아니라 부탁형 어조였다. 언론사에서 부장이 그렇게 부탁하는 경우는 매우 드물다. 그 부탁형 어조에 필자는 그만 "그러죠 뭐"라고 답하고 말았다. 오후부터 해당 기사는 방송에 나가지 않았다. 기사는 그렇게 묻혔다.

다음 날 몇몇 신문들이 기사를 받았지만 워낙 휘발성이 큰 사안이었던 지라 청와대가 공식 부인하는 바람에 그 기사는 특종으로 기록되지 못했다. 나의 취재로는 그 비서관이 천기누설을 한 것이었다.

아무튼 필자가 하고자 하는 이야기는 언론사도 사람 사는 세상이므로 타협은 있을 수 있다는 것이다. 만일 당시 정치부장이 "그거 아니라는데 왜 오보를 내냐. 당장 기사 내려!"라고 지시했다면 결과는 달라졌을 것이다. 오히려 반발하고 내 취재와 기사는 문제가 없다고 부장에게 항의했을 것이다. 그러나 나도 사람인지라 부장의 부탁을 거절할 수 없었다. 그것이 다 인간 사는 세상인 것이다. 기자도 때로는 타협하고 사는 세상이다.

# [ Chapter 10. ]
# 실전 데스크 사례

# 단신 기사 데스크 10가지 사례

단신 기사는 기사의 기본이다. 다음 기사를 보자.

**사례 1**

---

***강릉시, 친환경 자동차 구입 지원 사업 추진***

① *강릉시가 노후 경유차 조기 폐차와 친환경 자동차 구입 시*
② *다양한 지원 사업을 추진합니다.*

③ *이를 위해 사업비 168억 원을 투입해 노후 경유차 조기 폐차 약 2천 대와*
   *LPG 화물차 신차 구입 백대, 전기자동차 보급 9백 대가 사업 대상입니다.*

④ *노후 경유차 조기 폐차 사업은 오는 3월 10일까지 홈페이지를 통해 접수하고*
   *신청 대상은 배출가스 5등급 경유 자동차입니다.*

*전기자동차 보급사업은 판매사를 통한 온라인 전산시스템*
*저공해차 통합 누리집에서 예산 소진 시까지 신청이 가능합니다.*

---

한 번 읽어보니 너무 복잡해서 알아듣기 어렵다. 보도자료를 거의 그대로 베꼈구나 하는 생각이 든다. 첫 문장부터 찬찬히 살펴보자.

① ~와, ~과라는 조사는 병렬이 되어야 한다. 폐차와 구입시는 병렬되지 않는다. 폐차 시와 구입 시가 병렬된다. 그런데 이는 문어체다. 방송 기사는 말하듯이 써줘야 한다.

☞ **강릉시가 노후 경유차를 조기 폐차할 때와 친환경 자동차를 구입할 때라고 써야 듣는 사람이 알아듣기 편하다.**

② 구입의 주체는 시민 소비자이고 지원의 주체는 강릉시다. 따라서 위 문장은 엄밀히 따져 성립되지 않는다. '강릉시는 시민들이 노후 경유차를 조기 폐차할 때와 친환경 자동차를 구입할 때 다양한 지원을 해주는 사업을 추진합니다'가 바른 문장이다. 그런데 이는 강릉시를 주어로 한 것이다. 좀더 친절하게 쓰려면 소비자의 관점에서 써줘야 한다.

☞ **강릉 시민들은 오래된 경유차를 조기에 폐차하거나 친환경 자동차를 구입할 때 비용을 일부 지원받을 수 있습니다.**

두 번째 문장을 보자.

③ '~투입해 ~대상입니다.' 어구가 맞지 않는다. 사업비 168억 원을 투입한다는 내용과 무엇 무엇이 대상이라는 두 문장이 합쳐져 있다. 단신이라도 문장은 복문보다는 단문이 좋다. 시청자가 편하게 들을 수 있기 때문이다. 쓰는 사람 입장에서 쓰지 말아야 한다. 듣는 사람 관점에서 쓰는 습관을 들여야 한다.

그래서 아래처럼 3문장으로 쪼갰다.

☞ **지원 대상은 폐차의 경우 배출가스 5등급 경유 자동차 2천 대입니다.**
**또 새로 사는 LPG 화물차 백 대, 전기자동차 9백 대입니다.**
**강릉시는 이를 위한 예산 168억 원을 마련했습니다.**

④ ~사업은 ~접수하고는 말이 되지 않는다. 그리고 매우 친절하기는 하지만 단신에 너무 많은 정보를 담았다. 제한된 시간 내에 정보를 전달하기 위해서는 과감하게 압축하고 쳐낼 건 쳐내야 한다. 때로는 두 정보를 하나의 주어와 술어로 한 문장에 담아내는 것이 효과적이다.

그래서 아래처럼 고쳤다.

☞ 보조금 신청은 노후 경유차 폐차의 경우 다음 달 10일까지 강릉시 홈페이지에서, 전기차 구매의 경우 판매사를 통해 할 수 있습니다.

사실은 얼마나 보조금을 받을 수 있는지 중요한 내용이 빠져 있다. 그걸 취재해서 보충해줘야 한다.

데스크 전후의 기사를 비교해 보자.

| Before | After |
|---|---|
| 강릉시, 친환경 자동차 구입 지원 사업 추진 | |
| 강릉시가 노후 경유차 조기 폐차와 친환경 자동차 구입 시 다양한 지원 사업을 추진합니다.<br><br>이를 위해 사업비 168억 원을 투입해<br>노후 경유차 조기 폐차 약 2천 대와<br>LPG 화물차 신차 구입 백 대,<br>전기자동차 보급 9백 대가 사업 대상입니다.<br><br>노후 경유차 조기 폐차 사업은 오는 3월 10일까지<br>홈페이지를 통해 접수하고<br>신청 대상은 배출가스 5등급 경유 자동차입니다.<br><br>전기자동차 보급사업은 판매사를 통한<br>온라인 전산시스템 저공해차 통합 누리집에서<br>예산 소진 시까지 신청이 가능합니다. | 강릉시민들은 오래된 경유차를 조기에 폐차하거나<br>친환경 자동차를 구입할 때<br>비용을 일부 지원받을 수 있습니다.<br><br>지원 대상은 폐차의 경우<br>배출가스 5등급 경유 자동차 2천 대입니다.<br><br>또 새로 사는 LPG 화물차 백 대,<br>전기자동차 9백 대입니다.<br><br>강릉시는 이를 위한 예산 168억 원을 마련했습니다.<br><br>보조금 신청은 노후 경유차 폐차의 경우<br>다음 달 10일까지 강릉시 홈페이지에서,<br>전기차 구매의 경우 판매사를 통해 할 수 있습니다. |

## 영도구, 갑질·폭행 특이민원 응대 모의훈련 실시

영도구가 특이민원 응대 모의훈련을 실시했습니다.

→ 특이 민원의 성격을 더 명확히 해줄 필요가 있다.

정당한 사유 없이 고의적, 악의적으로 직원에게 폭언을 하고, 폭행을 가하는 갑질 민원에 대응하기 위한 목적입니다.

→ 주어가 빠져 있다.

훈련은 실제 민원인과의 대치 상황을 가정해 대응반, 신고반, 대피반, 안전반 4개로 편성된 비상대응반 운영과 비상벨을 활용한 경찰신고를 점검했습니다.

→ 훈련은 ... 점검했습니다? 주술이 맞지 않는다.

영도구는 향후에도 비상벨, CCTV 설치 등으로 안전한 근무환경을 마련하고 민원행정 서비스 역량을 강화하겠다고 밝혔습니다.

이 기사를 다음과 같이 고쳤다.

☞ 영도구가 악성 민원에 대응하기 위한 모의 훈련을 했습니다.
이번 훈련은 정당한 사유 없이 고의, 악의적으로 직원에게 폭언하고, 폭행하는 이른바 갑질 민원에 효과적으로 대응하기 위한 목적으로 실시됐습니다.
훈련은 불량 민원인과의 대치 상황을 가정해

대응반, 신고반, 대피반, 안전반 4개로 편성된 비상대응반을 운영하고
비상벨을 활용한 경찰 신고로 구성됐습니다.

영도구는 앞으로도 비상벨, CCTV 설치 등으로 안전한 근무환경을 마련하고
민원행정 서비스 역량을 강화하겠다고 밝혔습니다.

## 중구 "1회용 플라스틱컵 종량제봉투로 교환하세요"

중구가 1회용 플라스틱 컵을 종량제 봉투로 교환하는 사업을 실시합니다.

→ 교환의 주체를 생각해보자.

'사업을 실시한다'는 상투적 표현을 지양하자

중구민 누구나 길거리에 버려진 1회용 플라스틱컵 20개를 수거해 세척한 뒤
동 주민센터에 가져가면 종량제 봉투 10L 1매로 교환 받을 수 있습니다.

→ 10리터 1매? 실제 말할 때도 이렇게 하나?

교환 사업은 오는 9월부터 시행되며, 매주 금요일에 참여할 수 있습니다.

중구는 코로나19 장기화에 따라 1회용품 사용이 한시적으로 허용되면서 환경파괴는 물론
무분별하게 버려진 쓰레기들로 도시 미관이 저해되고 있다며, 이번 사업을 통해 환경문제에
대한 주민들의 인식을 일깨우고, 깨끗한 거리환경 조성을 기대한다고 밝혔습니다.

→ 문장이 너무 길다. 줄여라.

다음은 고친 기사다.

☞ 중구가 1회용 플라스틱 컵을 종량제 봉투와 바꿔주는 사업을 합니다.
길거리에 버려진 1회용 플라스틱컵 20개를 수거해 세척한 뒤 동주민센터에 가져가면
종량제 봉투 10L짜리 한 장을 받을 수 있습니다.
이 사업은 다음 달부터 시행됩니다.

중구민이라면 누구나 매주 금요일에 참여할 수 있습니다.

중구는 코로나19 장기화에 따라 1회용품 사용이 한시적으로 허용되면서
환경 파괴와 도시 미관 저해 현상이 나타나고 있다고 지적했습니다.

그러면서 이번 사업을 통해 깨끗한 거리환경 조성을 기대한다고 밝혔습니다.

## 국토부, 5개 신도시 이름 공모

국토교통부가 다음 달 17일까지 계양테크노밸리를 포함한 정부 3기 신도시 5곳에 대한 이름을 공모합니다.

→ 리드 문장을 6하원칙으로 쓸 필요가 없다. 핵심 메시지만 던져주고 나머지 요소들은 이후 문장에서 풀어주면 된다. 다음 달 17일까지라는 게 굳이 리드 문장에 들어갈 만큼 중요한 정보가 아니다. 그 마감시한이 중요한 정보일 경우에는 넣어줘야겠지만 이 기사의 경우는 아니다.

국민 누구나 도시 이름과 명칭의 의미를 담아 100자 이내로 작성해 개설된 홈페이지에 신청할 수 있습니다. 전문가와 지자체, 사업 시행자 등이 접수된 명칭들 가운데 32편을 선정해 상금 7천만 원과 국토교통부 장관상을 수여할 예정입니다.

→ 많은 정보가 담겨 있어 복잡하다. 두 문장으로 쪼개는 게 듣는 사람 입장에서 편하다.

다음과 같이 고쳤다.

☞ **국토교통부가 신도시 이름을 공모합니다.**
**계양테크노밸리를 포함한 정부 3기 신도시 5곳이 대상입니다.**
**국민 누구나 신도시 이름과 명칭의 의미를 담아**
**100자 이내로 작성해 홈페이지에서 응모할 수 있습니다.**
**전문가와 지자체 등으로 구성된 심사위원회가 응모작 가운데 32편을 선정합니다.**
**선정된 사람들에게는 총 7천만 원의 상금과 국토교통부 장관상이 주어질 예정입니다.**
**응모는 다음 달 17일 마감됩니다.**

## 강원경찰, 부동산 투기 의혹 영월군청 압수 수색

| Before | After |
|---|---|
| 경찰이 공직자 부동산 투기 의혹과 관련해 영월군청 등을 ① 압수수색한 것으로 확인됐습니다. | 경찰이 공직자 부동산 투기 의혹과 관련해 영월군청 등을 압수수색했습니다. |
| 강원경찰청 부동산 투기 사범 특별수사대는 지난 23일 ② 영월군청 2개 부서 등을 방문해 증거 확보를 위한 압수 수색을 진행했습니다. | 강원경찰청 부동산 투기 사범 특별수사대는 지난 23일 영월군청 2개 부서를 압수수색했습니다. |
| 이는 ③ 개발 관련 부서에서 근무했던 공무원이 도로 개설에 대한 사전 정보를 활용해 관련 부지를 매입하고 시세차익을 거둔 것에 대한 내사를 진행하던 중 범죄 협의점이 발견됐기 때문으로 알려졌습니다. | 이는 개발 관련 부서에서 근무했던 공무원이 도로 개설에 대한 사전 정보를 활용해 관련 부지를 매입하고 시세차익을 거뒀다는 의혹을 내사하던 중 범죄 혐의점이 발견됐기 때문으로 알려졌습니다. |
| 특별 수사대는 공직자 부동산 투기 사례 6건과 관련해 공무원 8명 등 11명을 대상으로 ④ 조사를 벌이고 있습니다. | 특별 수사대는 공직자 부동산 투기 사례 6건과 관련해 공무원 8명 등 11명을 대상으로 조사하고 있습니다. |

① 그냥 "압수 수색했습니다" 라고 하면 될 것을 굳이 확인됐다고 할 필요가 있나?

~것으로 확인됐다는 건 했나 안 했나를 놓고 설왕설래했을 경우 혹은 그럴 개연성이 있거나 그렇다는 소문이 돌아서 진위여부가 궁금했는데 진짜 했던 것이 확인됐을 경우에 한해서 쓰는 표현이다.

② 2개 부서를 방문해 압수수색 진행했다 보다는 그냥 2개 부서를 압수 수색했다고 하는 게 명료하다. 압수수색을 진행했다? 진행했다는 표현 남용할 필요 없다.

③ 개발~것에 대한 → 이렇게 쓰면 투기를 단정하는 것이 되어버린다. 나중에 결과가 뒤집힐 수도 있다. 실제 그런 사례가 적지 않다. 철저한 리스크 관리가 필요하다.

~거뒀다는 의혹을 내사하던 중 이라고 써야 한다.

협의점은 혐의점의 오타.

④ '조사를 벌이다'는 표현 썩 좋은 표현이 아니다. 그냥 '조사하고 있습니다'가 낫다.

## 예산군 태풍 피해 입은 벼 전량 매입

예산군이 태풍 ① 피해를 입은 벼를 다음 달 30일까지 전량 매입합니다.

군은 오는 25일까지 태풍 피해 농가를 대상으로 매입 희망 물량 신청을 받은 후 11월 중 ② 매입을 진행합니다.

최종 매입 가격은 수확기인 10월부터 12월까지 산지 쌀값을 벼 값으로 환산한 가격으로 1등품 가격을 산정한 후 등급별 가격 수준으로 최종 결정됩니다.

매입 품종은 삼광과 새일미 등으로, 흑미와 녹미 등 가공용 벼는 제외됩니다.

지난달 연이은 태풍으로 예산에서는 전체 벼 재배면적의 8%에 해당하는 980여 ha가 ③ 도복 피해를 입었습니다.


① 필자는 '피해를 입다'는 엄밀히 틀린 표현이라고 배웠다. 피해 자체가 해를 입다는 뜻이기 때문이다. 그래서 피해를 겪다, 피해를 당하다 정도로 쓰라고 배웠지만 이 역시 해를 입는 걸 겪다, 당하다는 말이 되기 때문에 어법에 맞지 않는다는 생각이 든다. 일반적으로 사람들이 실제 말할 때 "피해를 입다"고 하니까 이 정도는 써도 되지 않을까 하는 게 필자 생각이다.

② "매입을 진행합니다"에 한자어인 매입과 진행한다는 문어체가 들어있다. 그냥 "사들입니다"라고 쓰자.

③ '도복'은 어려운 말이다. 농업전문용어라서 보통 사람들은 쓰지 않는 말이다. 이런 말은 풀어 써주는 게 좋다. '쓰러짐 피해'로 바꿔 쓰면 이해가 금방 갈 것이다.

## 음주사고 후 도주한 택시기사 검거

| Before | After |
|---|---|
| 오늘(2일) 새벽 2시쯤 광안대교에서 사고를 낸 택시가 달아난다는 신고가 112에 접수됐습니다.<br>→ 리드 문장은 기사의 핵심을 써줘야 한다. 리드 문장은 짧게 쓰는 게 좋다. | 음주 사고를 내고 달아나던 택시운전사가 경찰에 붙잡혔습니다. |
| 신고를 받은 경찰은 예상 도주 경로에 순찰차를 배치한 뒤 택시를 뒤쫓았고, 택시기사 A씨는 남천동 해변시장에 택시를 버린 뒤 도주하다 경찰에 붙잡혔습니다.<br>→ 여러 문장이 하나에 들어가 있는 복문이라 알아듣기 어렵다. 문장을 나눠 써라. | 경찰은 오늘 새벽 2시쯤 광안대교에서 사고를 낸 택시가 달아난다는 112 신고를 받은 후 해당 택시를 쫓았습니다.<br><br>택시기사 A씨는 남천동 해변시장에 택시를 버린 뒤 도주하다 경찰에 붙잡혔습니다. |
| 경찰은 A씨의 혈중알콜농도가 면허취소 수준으로 측정돼 도로교통법위반 혐의로 형사 입건했습니다.<br>→ '알콜'은 '알코올'로 써야 한다. | 경찰은 A씨의 혈중알코올농도가 면허취소 수준으로 측정돼 도로교통법위반 혐의로 형사 입건했습니다. |

## 고등어 100상자 도로에 '와르르'

| Before | After |
|---|---|
| *20일 오전 9시 30분쯤* 사상구 학장동의 한 도로에 <mark>고등어 상자가 떨어졌습니다.</mark> → 고등어 상자가 떨어진 것만으로 뉴스가 되는 게 아니라 그로 인해 발생한 피해가 뉴스가 되는 것이다. | 20일 오전 9시 반쯤 사상구 학장동의 한 도로에 고등어 상자가 수십 개가 떨어져 <mark>교통 혼잡이 빚어졌습니다.</mark> |
| 신고를 받고 출동한 경찰은 고등어 상자로 인해 차량 통행에 지장을 받자 두 시간에 걸쳐 상자를 치웠습니다. → 첫 문장을 고등어 상자 수십 개가 떨어져 교통혼잡이 빚어졌다고 고쳤기 때문에 두 번째 문장에서 반복할 필요가 없다. | 신고를 받고 출동한 경찰은 두 시간에 걸쳐 도로에 떨어진 상자를 치웠습니다. |
| 경찰은 고등어 상자를 실은 차량이 유턴하던 중 상자가 잘못 쌓여 도로에 쏟아진 것으로 추정했습니다. → '상자가 잘못 쌓여'보다는 '제대로 묶이지 않은 채 실렸다'고 쓰는 게 사실에 가깝다. | 경찰은 제대로 묶이지 않은 채 실렸던 상자들이 유턴 중 도로에 쏟아진 것으로 보고 있습니다. |

## 해뜨락요양병원 확진자 3명 추가

| | |
|---|---|
| 해뜨락요양병원 확진자 3명 추가<br>→ 병원 환자나 종사자 외에 2차, 3차 감염자도 있을 수 있으므로 해뜨락요양병원발이라고 쓰는 게 맞다. | **해뜨락요양병원발 확진자 3명 추가** |
| 22일 오전 10시 기준 해뜨락요양병원 관련 코로나19 확진자가 3명 더 늘었습니다.<br><br>부산시는 코로나19에 감염되지 않은 입원 환자와 직원을 대상으로 재검사를 실시한 결과 3명이 양성 판정을 받았다고 밝혔습니다.<br>→ 감염됐는데 몰랐던 것이지 감염되지 않았던 것은 아니다.<br><br>현재까지 해뜨락요양병원과 관련한 확진 환자는 입원환자 68명, 직원 15명, 보건소 직원 1명 등 모두 84명입니다. | 22일 오전 10시 기준 해뜨락요양병원 관련 코로나19 확진자가 3명 더 늘었습니다.<br><br>부산시는 코로나19 확진 판정을 받지 않았던 입원 환자와 직원들을 재검사한 결과 3명이 양성 판정을 받았다고 밝혔습니다.<br><br><br>현재까지 해뜨락요양병원과 관련한 확진자는 입원 환자 68명, 직원 15명, 보건소 직원 1명 등 모두 84명으로 집계됐습니다. |

# 인천시, 13만 4천㎡ 규모 도시숲 조성

| | |
|---|---|
| 인천시<br>*13만 4천㎡ 규모 도시숲 조성*<br>→ 가늠하기 어려운 면적 표기보다는 숲의 개수를 제목으로 잡는 게 낫다. | 인천시<br>도시 숲 34개 조성 |
| 인천시가 133억 원을 투자해<br>*13만 4천 제곱미터 규모의 도시숲을*<br>*조성합니다.*<br>→ 단신 리드 문장은 핵심을 간결하게 써야 한다.<br>뉴스 수요자 (시청자) 입장에서 써야 한다. 첫 문장부터 복잡한 숫자를 넣지 않는 게 좋다. 나중에 넣어도 된다.<br>13만4천 제곱미터가 어느 정도인지 감이 안 온다. 그래서 축구장 크기, 여의도 면적과 비교해서 써주는 게 와닿는다. | 인천 시내에 도시 숲 34개가 생깁니다.<br>인천시는 부평구 부광여고와 계양구 효성동 등 34곳에 총 13만4천 제곱미터, 축구장18개 크기 면적의 공원을 조성할 계획이라고 밝혔습니다. |
| 도시숲은 지역 34곳에 조성될<br>계획인데요.<br><br>부평구 부광여고와<br>계양구 효성동 등이<br>도시숲 조성 부지에 포함됐습니다.<br><br>또 부평구 굴포천과 십정녹지 등에는<br>미세먼지 차단숲이 조성될 예정입니다.<br><br>→ 도시 숲이 언제 완공되는지에 대한 정보가 없다. | 특히 부평구 굴포천과 십정녹지 등에는 미세먼지 차단숲이 만들어집니다.<br><br>인천시는 이를 위해 133억 원을 투입할 예정입니다.<br><br>이들 도시 숲은 내년 말 완성될 전망입니다. |

# 2 영어투 일본어투, 한자투를 고친 사례

| | |
|---|---|
| 홍성에서 코로나19 확진자가 발생했습니다. 김석환 홍성군수가 오늘 오전 <br> 긴급 기자회견을 가졌는데, <br> 관련 내용 잠시 후 전해드립니다. | 홍성에서 코로나19 확진자가 발생했습니다. 김석환 홍성군수가 오늘 오전 <br> 긴급 기자회견을 열었는데, <br> 관련 내용 잠시 후 전해드립니다. |

→ 회견을 갖다= have a press briefing과 같이 영어식 표현이다. 회견을 갖다 대신 '회견을 열다', '회견을 하다'라고 쓰면 된다.

| | |
|---|---|
| 의성군이 영국 축구전문지도자 3명을 초빙해 의성고와 삼성중 40여 명의 학생을 대상으로 방과 후 영어 축구캠프를 시범 운영합니다. | 의성군이 영국 축구지도자 3명을 초빙해 의성고와 삼성중학교 학생 40여 명을 대상으로 방과 후 영어 축구캠프를 시범 운영합니다. |

→ '40여 명의 학생'은 영어식 표현이다. 학생 40여 명이라고 해야 한다. 그냥 축구지도자라고 하면 될 것을 굳이 축구전문 지도자라고 할 필요 있나?

| | |
|---|---|
| 이번 달부터 도시가스 요금이 가구당 평균 4천 원 정도 저렴해 집니다. | 이번 달부터 도시가스 요금이 가구당 평균 4천 원 정도 내려갑니다. |

→ 저렴해진다는 한자말 대신 내려간다는 우리말이 낫다.

| | |
|---|---|
| *대부분의 직원이*<br>→'의'를 쓰지 않고 어순을 바꿔 쓰는 게 좋다. | 직원 대부분이 |
| *30평 남짓의 땅에 지은 집은*<br>→ '의'가 없어도 말이 될 때는 의를 빼는 게 좋음. '의'는 일본어에서 많이 쓰이는 조사다. | 30평 남짓 땅에 지은 집은 |

# 3 시간 관련 표현을 고친 사례

| 아침 10시, 바깥 온도는 벌써 27도. | 오전 10시, 바깥 온도는 벌써 27도. |
|---|---|

→ 8시까지는 아침이 자연스럽지만 10시는 오전이 자연스럽다. 시간을 가리킬 때 오전, 오후, 새벽, 아침, 낮, 정오, 한낮, 저녁, 밤, 자정, 심야 등의 표현을 쓸 수 있는데 그 경계선이 모호한 경우가 있다. 그래도 아래와 같이 대략적인 기준을 정해놓고 쓰면 좋겠다.

자정은 밤 12시를 가리킨다. 이는 새벽 0시와 동일하다. 그러므로 현 시점에서 가까운 것을 골라 사용하면 된다. 예를 들어 "오늘 밤 자정부터 음주운전 단속이 실시됩니다" "오늘 새벽 0시쯤 전통시장에서 불이 나 10여 명이 다쳤습니다"와 같이 쓰면 되겠다. 아침은 해가 뜨고 나서 대략 출근시간 대까지를 가리킬 때 쓰고 저녁은 해질 무렵부터 밤 9시 이전까지를 가리킬 때 쓰는 것이 보통이다. 오전은 0시부터 12시까지, 오후는 12시부터 자정까지를 가리키는 말이지만 아침, 저녁, 새벽, 밤이라는 표현이 어울리지 않을 때 쓰는 게 좋다.

예) 새벽 0시 반, 새벽 3시, 새벽 5시 새벽 6시(겨울) 아침 6시;(여름) 아침 7시, 아침 8시, 오전 8시, 오전 9시, 오전 11시 반, 정오, 오후 1시, 오후 3시반, 오후 6시, 저녁 7시 저녁 8시, 밤 9시 반, 밤 11시, 자정 등.

# 4 복문을 단문으로 고친 사례

**음주단속 도주 고교생 3중 추돌…3명 부상**

렌터카를 빌려 몰고 가던 10대가 경찰의 음주운전 검문 현장을 피해 도주하다
3중 추돌사고를 냈습니다.

→ 렌터카는 원래 빌려 타는 것이다. '빌려'는 필요 없다.

고등학교 3학년인 A 군은 오늘 새벽 0시 10분쯤 차를 몰고 가다
영도 태종대공원 입구에서 경찰의 음주운전 검문을 피해
해양대학교 방향으로 도주하던 중
커브길에서 주차된 승용차를 들이받은 뒤
중앙선을 넘어 마주 오던 시내버스와 충돌했습니다.

→ 주어의 동사가 무려 5개다. 읽는 사람 숨이 찰 정도다.

소통공감형으로 문장을 쪼개면 모두 5문장이 된다.

사고를 낸 사람은 고등학교 3학년인 A 군인데요. /
A군은 오늘 새벽 0시 10분쯤 차를 몰고 가다
영도 태종대공원 입구에서 음주운전 단속하던 경찰을 발견합니다. /
그러자 곧장 해양대학교 방향으로 달아났는데요. /
굽은 길에서 주차된 승용차를 들이받았습니다. /
그리고는 중앙선을 넘어 마주 오던 시내버스와 충돌했습니다.

| | |
|---|---|
| ① 코로나19 장기화로 철강업계에 비상이 걸리면서 광양제철소가 일부 설비를 중단한 지 2주가 넘었는데요.<br><br>② 일부 직원들은 며칠 동안 나갈 일터가 없어졌고, 일부 직원들은 연차 사용이 강제적이라며 반발하고 있습니다. | 코로나19 장기화로 철강업계에 **비상이 걸렸죠**. 광양제철소도 일부 설비 가동을 중단한 지 2주가 **넘었**는데요.<br><br>공장이 멈추면서 직원들은 줄어든 월급에 생활고를 호소하고 있습니다.<br><br>또 일부는 연차 사용을 강요 받고 있다며 반발하고 있습니다. |

① 번 문장은 두 개의 문장이 합쳐져 있다. 두 개로 나누는 게 한결 낫다.

② 번 문장 역시 복문이다. 단문으로 쪼개는 게 좋다. 특히 나갈 일터가 없어졌다는 게 결국 월급이 줄어든다는 얘기니까 더 와 닿게 써주어야 한다.

# 5 상투적 표현을 손 본 사례

| | |
|---|---|
| 점검 기간은 오는 31일까지로, 부산 5개 교육지원 청이 50개반 150명을 편성해 구군, 경찰과 합동으로 **조사를 벌일 방침입니다.** | **조사할 방침입니다.** |
| 경기도는 지난달 27일부터 사흘간 지역화폐 가맹점이 아닌 *23곳에 대해* **현장 조사를 벌여** *6곳을 적발했습니다* | **23곳을 현장 조사해 6곳을 적발했습니다** |
| 부산시교육청이 학원, 교습소 등을 대상으로 방역 수칙 준수 여부 집중 **점검을 벌입니다.** | **방역 수칙 준수 여부를 집중 점검합니다.** |

→ '조사를 벌인다'고 하지 말자. 그냥 '조사한다'고 쓰자.

'점검을 벌이다'? 그냥 점검하자. 벌이지 말고.

| | |
|---|---|
| 기장군은 사회적 거리 두기 3단계에 준한 방역 조치로써 전자출입명부를 통한 공공청사 **방문기록 관리를 실시한다고** 밝혔습니다. | 기장군은 사회적 거리 두기 3단계에 준한 방역 조치로 전자출입명부를 통해 공공청사 **방문기록을 관리한다고** 밝혔습니다. |

→ '관리를 실시한다'고 하지 말고 그냥 '관리한다'고 쓰자.

| | |
|---|---|
| 갑작스러운 대벌레 떼 발생으로 은평구는 지난 주 말 봉산 일대에 긴급 방제 **작업을 진행했습니다.** | ~긴급 방제작업을 했습니다. |

→ '작업을 진행하다'라고 하지 말고 그냥 '작업하다'라고 하자.

| | |
|---|---|
| 트라이애슬론 유망주 고 최숙현 선수가 지도자 등으로부터 가혹행위에 시달리다 극단적인 선택을 했다는 의혹과 관련해 경주시체육회가 진상 조사에 나섭니다. | ~진상 조사를 시작합니다. |

→ 굳이 '진상 조사에 나선다'고 쓸 필요 없다.

| | |
|---|---|
| 거제시, 거제섬꽃축제 축소해 개최 | |
| 거제시가 코로나19 확산을 막기 위해 거제섬꽃축제를 축소해 진행합니다.<br><br>올해 축제는 가을꽃 전시 형태로만 진행하며 지난해 진행됐던 체험행사와 공연 등은 취소하기로 결정했습니다.<br><br>행사는 오는 31일을 시작으로 다음 달 8일까지 거제시농업개발원에서 진행되며 입장료는 무료입니다. | 거제시가 코로나19 확산을 예방하기 위해 거제섬꽃축제를 축소합니다.<br><br>거제시는 체험행사와 공연은 취소하고 가을꽃 전시만 하기로 결정했습니다.<br><br>행사는 오는 31일부터 다음 달 8일까지 거제시농업개발원에서 무료로 열립니다. |

→ 진행이란 말을 너무 남발하는 경향이 있다.

# 6 주술이 모호한 문장을 고친 사례

| | |
|---|---|
| 대구에서 일본뇌염을 옮기는 '작은 빨간집 모기'가 올 들어 처음 발견됐습니다. | 일본뇌염을 옮기는 '작은 빨간집 모기'가 대구에서 올해 들어 처음 발견됐습니다. |

→ 위 왼쪽 문장은 자칫 작은 빨간집 모기가 대구에서만 일본뇌염을 옮기는 것으로 해석될 수 있다. 〈대구에서 일본뇌염을 옮기는〉이 〈작은 빨간집 모기〉를 수식하기 때문이다. 불필요한 오해를 없애기 위해 주어를 먼저 써줘야 한다.

**일본뇌염을 옮기는 '작은 빨간집 모기'가 대구에서 올해 들어 처음 발견됐습니다.**

→ 전국에서 처음 발견된 건데 대구에서 발견된 건지, 전국은 모르겠고 어쨌든 대구에서는 올 들어 처음 발견된 건지에 따라 〈대구에서〉의 위치도 바뀔 수 있을 것이다.

만일 전자라면 아래와 같이 써야 한다.

**일본뇌염을 옮기는 '작은 빨간집 모기'가 올해 들어 처음 대구에서 발견됐습니다.**

| | |
|---|---|
| 한국무역협회 광주전남지역본부가 발표한 2020년 광주·전남 수출입 동향 및 2021년 수출 전망 자료를 보면 전남지역은 지난해 12월부터 증가해 반등에 성공했습니다. | 한국무역협회 광주전남지역본부가 발표한 자료를 보면 전남지역 수출은 지난해 12월부터 증가해 반등에 성공했습니다. |

→ 전남지역은 뭐가 반등에 성공했다는 건지 주어가 없다.

2020년 광주·전남 수출입 동향 및 2021년 수출 전망 자료는 과감하게 '자료'로 압축하는 게 좋다.

'및'은 방송에서 쓰지 않는 게 좋다.

| 상반기에 수출은 크게 감소지만 하반기부터는 감소폭이 줄었고 12월에는 수출이 4.7% 늘어나 첫 증가세를 기록했습니다. | 수출은 상반기에 크게 감소했지만 하반기부터는 감소폭이 줄었고 12월에는 4.7% 늘어나 첫 증가세를 기록했습니다. |

→ 같은 주어를 두 번 써줄 필요 없이 한 번 쓰는 게 깔끔하다.

| 밀양시와 삼양식품은 지난해 12월 투자협약을 체결하고 삼양식품은 2천 74억 원을 투자해 신공장을 짓기로 약속했습니다. | 삼양식품은 2천74억 원을 투자해 밀양시에 공장을 건설하기로 지난해 12월 밀양시와 투자협약을 체결했습니다. |

→ 주어와 술어가 복수여서 어색하다. 주어를 하나로 해서 간결하게 쓰자.

| 거창군이 코로나19로 인한 고용 위기를 극복하고 취약계층의 생계 안정을 위해 지역 일자리 사업을 추진합니다. | 거창군이 코로나19로 인한 고용 위기를 극복하고 취약계층의 생계를 안정시키기 위해 지역 일자리 사업을 추진합니다.<br><br>또는<br><br>거창군이 코로나19로 인한 고용 위기 극복과 취약계층의 생계 안정을 위해 지역 일자리 사업을 추진합니다. |
| 일자리 사업 참여 대상은 코로나19로 실직·폐업 등을 경험한 군민 등으로 10개 분야에 27명을 채용합니다. | 코로나 19로 실직하거나 폐업한 군민이 대상입니다.<br>총 10개 분야에 27명을 채용합니다. |

→ 이 문장을 보면 거창군의 일자리 사업 추진 목적이 두 가지다. 하나는 코로나 19로 인한 고용 위기 극복, 다른 하나는 취약계층의 생계 안정. 두 개의 목적을 같은 형식으로 써야 한다.

→ 하나를 코로나 19로 인한 고용 위기를 '극복하고'라는 동사로 썼으면 두 번째도 취약계층의 생계를 '안정시키기 위해'라는 동사로 써야 한다.

아니면 '코로나 19로 인한 고용 위기 극복과 취약계층의 생계 안정을 위해'처럼 둘 다 명사로 쓰는 게 맞다.

→ '등'을 남발하는 것은 좋은 문장이 아니다.

| | |
|---|---|
| 재개장은 코로나 상황을 고려해 실외 놀이 시설과 실내 우주항공관만 운영하며 이용 요금은 기존 요금에서 50% 할인됩니다. | 재개장은 코로나 상황을 고려해 실외 놀이 시설과 실내 우주항공관에 한해 이뤄집니다. 대신 이용 요금은 50% 할인됩니다. |

→ '재개장은'이 주어+주격조사라면 술어는 무엇인가? '운영하며'일 텐데, '재개장은 운영하며'는 바른 문장이 아니다. '재개장은...이뤄집니다'로 하면 어색하지 않다. 복문은 단문으로 쪼개는 게 좋다.

| | |
|---|---|
| 춘천시는 지난달 입법예고된 지방자치법 개정안에 특례시 지정 인구 기준이 50만 명 이상 된 것에 대해 전국에서 50만 명 이상 도시와 기존 대도시만을 대상으로 검토돼 차별된다고 밝혔습니다. | 춘천시는 지난달 입법예고된 지방자치법 개정안이 특례시 지정 인구 기준을 50만 명 이상으로 정한 것은 소규모 도시에 대한 차별이라고 주장했습니다. |

→ 어법에 맞지 않는 문장이다. 기사는 어법에 맞게 써야 한다.

# 7 조사가 정확하지 않은 문장을 고친 사례

| | |
|---|---|
| 의성 미래 교육 지구사업의 일환으로 열리는 영어 축구캠프는 학생들이 유럽 축구 전문 지도자에게 축구와 영어를 동시에 배울 수 있습니다.<br><br>→ 캠프는 학생들이 배울 수 있다?<br>조사를 정확히 써줘야 한다. | 의성 미래 교육 지구사업의 일환으로 열리는 영어 축구캠프에서는 학생들이 유럽 축구 지도자에게 축구와 영어를 동시에 배울 수 있습니다. |

# 8 부적절한 어휘를 수정한 사례

### 임산부와 임신부

임산부들은 홑몸이 아니다 보니 행동 하나하나에 조심할 수밖에 없는데요.

이런 임산부들을 위해 내년부터 부천의 임산부들은…

→ 임산부(妊産婦)는 임부와 산부를 아울러 이르는 말이다. 임신 중인 여성은 임신부라고 쓰는 게 맞다.

# 9 틀린 숫자를 바로잡은 사례

숫자의 단위를 틀리면 큰 사고로 이어진다. 진도에서 올해 초봄부터 잡아들인 꽃게의 양이 '174만 톤'이라고 쓴 기사를 보고 깜짝 놀란 적이 있다. 전국도 아니고 진도에서만 174만 톤을 잡았다고? 아니나 다를까 진도군 서망항 사업소 계장 인터뷰에서는 올해 170톤 정도 위탁판매가 이뤄졌다는 내용이 담겼다. 당장 해당 데스크에게 전화를 걸어 잘못된 문장을 읽어줬지만 해당 데스크는 그래도 오류를 알아차리지 못했다. 무려 만 배나 부풀린 숫자지만 눈으로 대충 훑어보면 오류를 발견하지 못하고 지나칠 수도 있는 것이다. 기사를 쓴 기자도 가끔 무언가에 홀려 잘못 쓰는 일이 있다. 필자 또한 과거에 "김정일 북한 국방위원장이 전격 방북했습니다" 라고 전화 연결 원고를 써놓고 실제 방송 직전에 오류를 발견해 '방중'으로 고친 적이 있다.

## 10 중립적이지 못한 문장을 고친 사례

| | |
|---|---|
| *(앞부분 생략)* | |
| [녹취]<br>"이빨 깨물어!!<br>일로 와! 뒤로 돌아!! 이빨 깨물어!<br>찰싹!"<br><br>지난해 3월 뉴질랜드 전지훈련 당시<br>체중조절을 제대로 하지 못한 게 원인이었습니다. | [녹취]<br>"이빨 깨물어!!<br>일로 와! 뒤로 돌아!! 이빨 깨물어!<br>찰싹!"<br><br>고인의 유족은 이 녹취가 지난해 3월 뉴질랜드 전지훈련 당시 팀닥터가 고인에게 가혹행위를 했을 당시의 것이라고 밝혔습니다.<br><br>체중조절을 제대로 못한 걸 이유로<br>폭행을 했다는 겁니다. |
| → ~게 원인이었다는 위 문장은 마치 폭행을 용인하는 듯한 인상을 줄 수 있는 문장이어서 위험하다. | → 다툼의 여지가 있는 사안, 이해관계가 얽힌 사안은 객관적으로 써야 한다. 주장은 단정적으로 쓰지 말고 주장으로 써줘야 한다. |

# 리포트 데스크 사례

사례 1

## 스쿨존 잦은 사고 불구, 올해 안전시설 설치는 30%만?

| | |
|---|---|
| 스쿨존 잦은 사고 불구, 올해 안전시설 설치는 30%만?<br>→ *제목이 길다.* | 잦은 사고 스쿨존… 30%만 안전시설 설치 |
| 앵커〉<br>지난 3월 민식이법이 시행됐지만 스쿨존 내 사고가 끊이지 않고 있습니다.<br><br>→ *스쿨존의 공식 명칭은 어린이보호구역이다.*<br><br>부산시는 부산 내 스쿨존 800여 곳에 대한 긴급점검을 벌이고 있고 스쿨존 불법 주정차에 대한 시민신고제도 8월부터 본격 시행됩니다.<br>→ *벌이다는 말할 때 거의 쓰지 않는 표현이다.*<br>*안전시설 설치된 곳이 30%라는 핵심 내용이 빠졌다.*<br><br>소잃고 외양간 고치는 일이 반복되고 있는데, 교통안전시설 설치만이라도 조기에 완료돼야 한다는 목소리가 나오고 있습니다.<br>→ *소잃고 외양간 고치는 일이라는 속담으로 쉽게 이해가도록 잘 썼다.*<br>홍길동 기잡니다. | 앵커〉<br>지난 3월 민식이법이 시행됐지만 어린이보호구역 내 사고는 끊이지 않고 있습니다.<br><br>부산시는 부산 내 스쿨존 800여 곳을 긴급 점검하고 있는데요, 안전시설 설치율은 30%에 그치는 것으로 나타났습니다.<br><br>소잃고 외양간 고치는 일이 반복되지 않도록 해야 한다는 목소리가 큽니다.<br><br>홍길동 기잡니다. |

[리포트]

동구의 한 초등학교 앞입니다.
→ 그림 스케치로 시작해 좋았다.

좁은 1차로에 인도의(→ '의'가 없어도 의미가 통하면 빼는 게 좋다. '의'는 일본어에서 많이 사용된다. 우리말에서는 불필요하게 쓰는 경우가 적지 않다.)
폭은 1미터가 채 되지 않습니다.

이 마저도 불법 주정차가 점령했습니다.
(→ 주정차는 행위인데 행위가 점령했다는 건 어법에 맞지 않는다)

보행로 중간중간 설치된 시설물로(→ 이 조사는 적절한 조사가 아니다) 학생들은 차도로 내몰립니다.

→ 여기에 역설적 표현을 넣어주면 좋겠다.

박민규 / 학부모
어른들도 차를 피해서 차도로 가야 되거든요. 근데 저희 애 같이 1, 2학년 어린 아이들은 쉽지 않고 위험한 일이거든요.

다른 스쿨존도 사정은 마찬가지입니다.
→ 스쿨존이라는 단어가 너무 많이 나온다. 동어 반복은 좋지 않다.

보름 전 스쿨존 내 어린이 교통사고가 발생한 금정구 한 초등학교 앞을 스쿨존 단속차량을 타고 둘러봤습니다.
→ 문장을 더 쪼개는 게 좋겠다.

[리포트]

동구의 한 초등학교 앞입니다.

좁은 1차로에
인도 폭은 1미터가 채 되지 않습니다.

이 마저도 차량들이 불법 점령했습니다.
주정차 차량으로 가득한 겁니다.
더구나 보행로 중간중간 설치된 시설물 때문에 학생들은 차도로 내몰립니다.

어린이 보호구역인지
어린이 위험구역인지 알 수가 없습니다.

박민규 / 학부모
어른들도 차를 피해서 차도로 가야 되거든요. 근데 저희 애 같이 1, 2학년 어린 아이들은 쉽지 않고 위험한 일이거든요.

다른 곳도 사정은 마찬가지입니다.

금정구의 한 초등학교 앞.
보름 전 어린이가 교통사고를 당한 곳입니다.
단속차량을 타고 둘러봤습니다.

학교 바로 앞에는 *cctv*가 설치돼 불법 주정차가 없지만 조금만 벗어나자 스쿨존에 불법 주정차 한 차들이 눈에 띕니다.
→ *이것도 단문으로 나눠서 써라.*


sync〉 차 이동하세요. 스쿨존입니다.

다음달부터( → *띄어쓰기 오류다*) 4대 불법 주정차 구역에만 제한적으로
적용했던 시민신고제가 스쿨존까지( → *이초사가 맞나?* ) 확대됩니다.

스쿨존 불법주정차는( → *띄어쓰기 오류!* ) 현재 불법 주정차 과태료의 2배인
8만원이( → *띄어쓰기 오류!* ) 부과되는데, 효과가 있을지 주목됩니다.
→ *문장을 줄이는 게 좋다!*
올해 들어 지난 5월 말까지 78건의 스쿨존 내 어린이 교통사고가 발생해 2명의 어린이가
숨졌습니다. → *부산에서만? 전국에서?*

민식이법 시행 이후에도 스쿨존 내 사고는 여전한데 안전시설물( → *안전시설물에 CCTV 말고 뭐가 또 있나?* )은 태부족입니다.

부산 스쿨존 내 과속 *cctv* 설치율은 8%에 불과한 상황.

지난달 해운대( → *여기에는 '의'가 필요하다*) 한 초등학교 앞 사고로 6살 아이가 목숨을 잃은 후 부산시는 이달 말까지 모든 스쿨존에 대한 안전시설물 점검을 진행합니다. ( → *점검하다 vs 점검을 진행하다 뭐가 나을까?* )

CCTV가 설치된 학교 바로 앞에는 불법 주정차가 없습니다.
그런데 100여 미터만 벗어나자
불법 주정차한 모습이 눈에 띕니다.

sync〉 주차 단속 중입니다. 차량 이동하세요.

다음 달부터 4대 불법 주정차 구역에만 제한적으로 적용했던 시민신고제가 어린이보호구역으로까지 확대됩니다.
스쿨존 불법 주정차에 매겨지는 과태료는 8만 원.
일반 도로의 두 뱁니다.
효과는 미지숩니다.
올해 들어 지난 5월 말까지 전국에서 발생한 어린이 보호구역 내 어린이 교통사고는 모두 78건.

어린이 2명이 목숨을 잃었습니다.

그런데도 사고를 줄이기 위한 시설은 태부족입니다.

부산 스쿨존 내 과속 cctv 설치율은 8%에 불과한 상황.

지난달 해운대의 한 초등학교 앞에서 일어난 사고로 6살 아이가 목숨을 잃은 후 부산시는 이달 말까지 모든 스쿨존의 안전시설물을 점검합니다.

3년 동안 단계적으로 CCTV 등 교통안전시설을
설치하기로 한건데, (→ 띄어쓰기 오류)
올해는 계획된 전체 안전시설물 30% 가량만
설치됩니다.

int. 김진홍 / 부산시의회 예산결산특별위원회
의원.
부산시와 시교육청이 선제적으로 적극적으로
대응해서 조기에 (예산이) 집행될 수 있도록
교육재정안정화기금을 사용해서라도···.

2015년부터 2019년까지 1년간 교통사고 2건
이상 발생한 전국 843건의 스쿨존 사고 원인을
분석한 결과 안전시설 미비와 불법 주정차, 과속이
주요 원인이었습니다.
→ cg에 기간 표시하고 기사에서는 줄이는 게
좋겠다.

어린이들의 안전 확보를 위한 어른들의 인식
전환과 적극적인 예산 확보가 필요합니다. → 굳이
안 해도 되는 말이다!
헬로티비 뉴스 홍길동입니다.

3년 동안 단계적으로 CCTV 등 교통안전시설을
설치하기로 한 건데,
올해는 30% 가량만 설치됩니다.

int. 김진홍 / 부산시의회 의원
부산시와 시교육청이 선제적으로 적극적으로
대응해서 조기에 (예산이) 집행될 수 있도록
교육재정안정화기금을 사용해서라도···.

전국 8백여 건의 스쿨존 사고 원인을 분석한 결과
안전시설 미비와 불법 주정차, 과속이 주요 원인이
었습니다.

어린이 보호구역이 더 이상 차량보호구역, 운전자
보호구역이 되지 않도록 어른들이 나서야 할 땝니
다.
헬로티비 뉴스 홍길동입니다.

**사례 2**

## "더 이상 연기는 없다" 겨울왕국 된 화천산천어축제

| "더 이상 연기는 없다" 겨울왕국 된 화천산천어축제 | 화천천을 얼려라! …산천어축제 준비 한창 |
|---|---|
| [남]○○○ 아나운서, 이번 설 연휴에 특별한 계획 있으신가요?<br>[여]집에 가서 가족들 만나는 계획 말고는 특별한 계획은 아직 없습니다.<br>[남]세계 겨울 3대 축제인 화천산천어축제가 두 번의 연기 끝에 오는 27일 개막한다고 하는데요. 가족들과 가보시는 것도 좋을 것 같습니다.<br>[여]축제는 다음 달 중순까지 계속된다고 합니다.<br>→ 소통공감형 멘트로 잘 쓰긴 했는데 마지막 문장이 앞 남자 멘트에서 잘 이어지지 않는다. 남자로부터 권유받았는데, 이미 알고 있다는 걸 전제로 이야기하니까 자연스럽지 않다.<br><br>겨울 왕국으로 변해가고 있는 현장에 홍길동 기자가 다녀왔습니다. | [남]○○○ 아나운서, 이번 설 연휴에 특별한 계획 있으신가요?<br>[여]일단 집에 가서 가족들 만나는 계획 말고는 특별한 계획은 아직 없습니다.<br>[남]세계 겨울 3대 축제인 화천산천어축제가 두 차례 연기 끝에 오는 27일 개막한다고 하는데요. 가족들과 가보시는 것도 좋을 것 같습니다.<br>[여] 드디어 개막하는군요. 꼭 가봐야겠습니다.<br>[남] 얼음이 잘 얼도록 하는 특수작전까지 펼쳐졌다고 하는데요.<br><br>홍길동 기자가 다녀왔습니다. |
| 화천천이 겨울 왕국으로 변했습니다.<br>→ 도입부에 그림 구성 4~5초 넣는 게 좋겠다.<br><br>기록적인 겨울비로 축제장이 물바다로 변한지<br>(→ 띄어쓰기 오류) 2주 만에 얼음이 다시 꽁꽁 언 겁니다. | [인트로]<br><br>[그림 구성 4~5초 + BGM]<br><br>화천천이 겨울 왕국으로 변했습니다.<br><br>기록적인 겨울비로 축제장이 물바다가 된 지 2주 만에 얼음이 다시 꽁꽁 언 겁니다. |

사전 예약한 → 예약은 원래 사전에 하는
것이지, 사후 예약은 없다. 외국인들을 위한 얼음
낚시터에는 처음 겪는 겨울을 즐기기 위한 (→
위한이 두 번 들어갔다) 발길이 끊이지 않습니다.

[인터뷰]
"대만에는 겨울이 없는데 화천에 와서 얼음판
위에서 낚시를 하니까 매우 환상적이고 신납니다."

포근한 날씨와 기록적인 겨울비로 → 앞에 같은
표현이 나오므로 다른 표현으로 바꿔주는 게
좋겠다.
두 번의 연기 끝에오는 27일 개막하는
화천산천어축제가 손님맞이 준비를 마쳤습니다.

[S/U ○○○ 기자]
얼음판 위에는 보시다시피 2백 명이 넘는
사람들이 얼음낚시를 즐기고 있습니다. 이렇게
높게 점프를 해봐도아무 문제가 없을 만큼 얼음이
꽁꽁 얼었습니다. 현재 얼음 두께는 17㎝ 정도를
유지하고 있습니다.
→ 80kg이 넘는 제가 이렇게 체중을 실어 세게
밟아도 멀쩡할 만큼/ 으로 스탠드업했더라면
좋았겠다.

얼음 상황은 (→ 상황과 상태는 다른 의미다.
여기서는 뒤에 15cm나 나오므로 두께가
낫겠다) 매서운 한파가 기승을 부렸던 지난
축제만큼은 (→ 지난해 또는 예년 축제가
맞다) 못하지만자체 안전 기준인 15㎝를 웃돌고
있어 축제 개최에는 문제가 없습니다.

---

일찌감치 예약한 외국인들을 위한 얼음 낚시터에는
난생 처음 겨울을 즐기려는 발길이 끊이지 않습니
다.

[인터뷰]
"대만에는 겨울이 없는데 화천에 와서 얼음판 위에
서 낚시를 하니까 매우 환상적이고 신납니다."

겨울답지 않은 날씨 때문에 두 번이나 연기한 끝에
오는 27일 개막하는 화천산천어축제가 손님 맞을
준비를 마쳤습니다.

[S/U ○○○ 기자]
얼음판 위에는 보시다시피 2백 명이 넘는 사람들이
얼음낚시를 즐기고 있습니다. 이렇게 높게 점프를
해봐도아무 문제가 없을 만큼 얼음이 꽁꽁 얼었습니
다. 현재 얼음 두께는 17㎝ 정도를 유지하고 있습
니다.

얼음 두께는 매서운 한파가 기승을 부렸던 지난해
만큼은 못하지만자체 안전 기준인 15㎝를 웃돌고
있어 안전에 문제가 없다는 게 주최 측 설명입니다.

그래도 만일의 사태에 대비해
얼음 구멍 간격을 예년에 비해 2m씩 늘렸습니다.

이렇게 얼음이 다시 언 건, 최근 들어 갑자기 추워진 날씨 탓도 있지만 화천군만의 얼음 얼리기 노하우가 있었기에 가능했습니다.

강이 얼 수 있는 최적의 수심과 유속을 맞췄고, 인공눈을 만들어 물속으로 투하해 수온도 최대한 낮췄습니다.
잠수부들은 매일 부유물 방지막을 정비하는 등 물속 상황을 확인했습니다.

[인터뷰 최문순 화천군수]
"화천은 전국에서 얼음 얼리기 노하우가 가장 많고 예로부터 물의 도시 화천만의 얼음 얼리기 노하우가 있습니다. 유속과 수심을 맞추고 수온을 낮추기 위해 눈을 투입하고…"

→ 인터뷰 내용이 그 위 문장과 거의 유사함. 이런 구성은 좋은 전개가 아니다. 인터뷰 앞 문장을 날리고 인터뷰에 없는 잠수부 얘기는 인터뷰 뒤에 짧게 한 문장 붙이는 게 좋겠다. 인터뷰 중에서도 겹치는 내용은 자르는 게 좋다.

이번 축제는 메인 행사인 산천어 얼음 낚시뿐 아니라 국내 최장 봅슬레이와 산타우체국을 비롯한 다양한 체험행사와 함께 다음 달 16일까지 화천천 일대에서 계속됩니다.

헬로TV뉴스 홍길동입니다.

---

이렇게 얼음이 다시 언 건, 최근 갑자기 기온이 내려간 것도 요인이지만 화천군만의 얼음 얼리기 노하우도 한몫 했습니다.

[인터뷰 최문순 화천군수]
"예로부터 물의 도시 화천만의 얼음 얼리기 노하우가 있습니다. 유속과 수심을 맞추고 수온을 낮추기 위해 눈을 투입하고…"

잠수부들은 매일 부유물 방지막을 정비하는 등 물속 상황을 확인했습니다.

이물질이 낀 얼음은 잘라 걷어내고 같은 크기의 깨끗한 새 얼음을 마치 용접하듯 끼웠습니다.

이번 축제는 메인 행사인 산천어 얼음 낚시뿐 아니라 국내 최장 봅슬레이와 산타우체국을 비롯한 다양한 체험행사와 함께 다음 달 16일까지 화천천 일대에서 계속됩니다.

헬로TV뉴스 홍길동입니다.

## 희망퇴직 신청받자 단식투쟁 돌입

기사는 공정하게 써야 한다. 한쪽을 편들 듯이 감정을 실어서 쓰는 것은 삼가야 한다. 객관적으로 제3자의 입장에서 사실을 전하고 판단은 시청자에게 맡겨야 한다.

---

| | |
|---|---|
| *[앵커 멘트]* | [앵커 멘트] |
| *STX조선해양 노동자들이* 순환 무급 휴직자 현장 복귀를 요구하며 (→ 복잡하니 순환을 빼는 게 좋겠다.) *40일 가까이 파업을 이어가고 있습니다.* | STX조선해양 노동자들이 40일 가까이 파업을 이어가고 있습니다. |
| *이런 가운데 회사 측이 희망퇴직까지 진행하면서* 벼랑 끝에 몰린 노동자들이 *단식 투쟁에 돌입했습니다.* (→ 벼랑 끝에 몰린 노동자라고 하면 회사 측이 나쁜 행위로 노동자들을 벼랑 끝으로 몰고 있다는 걸 규정하는 걸로 들리므로 부적절하다.) | 무급 휴직자들을 현장에 복귀시킬 것을 요구하고 있는 건데요. 그런데 회사 측이 희망퇴직을 신청 받기 시작하자 노조 간부들이 단식투쟁에 돌입했습니다. |
| *홍길동 기잡니다.* | 홍길동 기잡니다. |
| *[리포트]* | [리포트] |
| 〈현장음〉 *"생존권을 보장하라! 생존권을 보장하라!"* (→ 노조원의 구호 현장음으로 시작한 것이 매우 좋다) | 〈현장음〉 "생존권을 보장하라! 생존권을 보장하라!" |

지난달 1일 파업을 선언하고 거리로 나선
STX조선해양 노동자들.

이들은 사측이 무급휴직 연장을 철회하거나 160만
원 수준의 최저생계비를 지원하는 순환 유급
휴직을 요구하고 있습니다.
→ 문장이 길다. 복문이므로 두 개로 쪼개는 게
좋겠다.

하지만 STX조선해양 사측과 주채권은행인
산업은행으로부터 돌아온 답은 희망퇴직 등
구조조정이었습니다.

더 이상 물러설 곳이 없는(→ 기자가 기사에서
한쪽 편을 드는 인상을 주는 표현은 부적절하다!)
노동자들은 무기한 단식 등 강도 높은 투쟁을
예고했습니다.

〈INT〉이장섭/ 금속노조 STX조선해양지회장
….

사측은 노조의 요구를 받아들일 수 없다는 말만
되풀이하고 있습니다.
(→ ~말만 되풀이하고 있다 역시 사측을
일방적으로 비난하는 것으로 들린다. 잘못이 명백한
게 아니라면 판단은 시청자에 맡기고 기자는
제3자로서 중립적인 표현으로 써야 한다. 회사가
당장 망할지 모르는 상황에서 어쩔 수 없이
희망퇴직을 실시할 수도 있기 때문이다.)

지난달 1일 파업을 선언하고 거리로 나선
 STX조선해양 노동자들.

강제 무급휴직 조치 연장을 철회할 것을 요구하고
있습니다.

아니면 160만 원 수준의 최저생계비를 지원하는 순
환 유급 휴직으로 바꿔달라는 겁니다.

하지만 STX조선해양 사측과 주채권은행인산업은
행으로부터 돌아온 답은 희망퇴직 등 구조조정이었
습니다.

노조 측은 더 이상 물러설 곳이 없다며 위원장을 비
롯한 간부 3명의 무기한 단식 등 강도 높은 투쟁을
예고했습니다.

〈INT〉이장섭/ 금속노조 STX조선해양지회장
….

하지만 사측은 노조의 요구를 받아들일 수 없다
는 입장입니다.

산업은행이 경영 정상화를 위해 고정비 1,100억
원 중 당장 700억 원을 줄일 것을 강조한 데다
(→ 강조가 아니라 요구한 것이다.) 코로나19로
수주에도 어려움을 겪고 있기 때문입니다. (→
기자가 단정짓지 말고 회사의 주장으로 써야
한다.)

사측은 영업을 통한 성상화를 위해서라도 무급
휴직 대상자를 제외한 파업 노동자들의 복귀를
요청했습니다.
(→ 사측의 입장임을 분명히 해야 한다.)

〈전화 INT〉 공두평/STX조선해양 총무팀장
….

하지만 노조와 사측의 의견이 평행선을 달리면서
갈등만 커지고 있습니다.
(→ 앞에서 노사의 입장을 담아줬으므로 하지만
보다는 이처럼 양쪽 주장이 맞선다는 표현이
적합하다.)

(S/U)[65]
STX조선해양 노조는 회사와 산업은행이 요구
사항을 받아들일 때까지 단식 농성을 이어갈
계획입니다.

헬로티비뉴스 홍길동입니다.

산업은행이 경영 정상화를 위해 고정비 1,100억 원
중 당장 700억 원을 줄일 것을 요구한데다 코로나
19 여파로 수주에도 어려움을 겪고 있기 때문이라
는 겁니다.

사측은 영업을 통한 정상회를 위해서라도 무급 휴직
대상자를 제외한 파업 노동자들의 복귀를 요청한다
고 밝혔습니다.

〈전화 INT〉 공두평/STX조선해양 총무팀장
….

이처럼 노사간 의견이 팽팽히 맞서면서 갈등만 커
지고 있습니다.

(S/U)
STX조선해양 노조는 회사와 산업은행이 요구 사항
을 받아들일 때까지 단식 농성을 이어갈 계획입니
다.

헬로티비뉴스 홍길동입니다.

65)  스탠드업을 S/U로 표시한 것이다.

# [ Chapter 11. ]
# 디지털 뉴스 콘텐츠

# 신문 TV의 시대는 가고 디지털 콘텐츠의 시대가 왔다

종이신문은 사라져가고 있다. 집에서 신문을 구독하는 가정이 얼마나 되는가? 한국언론진행재단 조사 결과 2019년에는 신문 구독률이 6.4%로 사상 최저치를 기록했다. 1998년 64.5%였던 것이 21년 만에 10분의 1 토막 난 것이다. 필자 또한 신문 끊은 지가 4년이 넘었다. 정부 부처나 행정기관, 기업 이외 신문 구독을 하는 집이 몇이나 될까? 굳이 종이신문을 돈 주고 구독하지 않아도 인터넷에 넘쳐나는 게 뉴스이고 정보이기 때문일 것이다.

TV뉴스는 어떨까? KBS와 MBC가 사실상 안방 TV를 독점하던 시절 양사의 메인 뉴스 시청률은 엎치락뒤치락, 30%대를 오르내리던 시절이 있었다. 뉴스시청률은 그 앞에 방영되는 드라마 시청률에 좌우되었다. 지금은 어떤가? 뉴스전문채널 (YTN 1995년개국, 연합뉴스TV 2011년 개국)이 별도로 있고 종편(TV조선, jtbc, MBN, 채널A 2011년 개국)까지 생겨 시청자가 분산된다. 과거와 같은 시청률은 불가능한 숫자가 되었다. 철옹성 같던 KBS 9시 뉴스조차 10%를 넘기 힘들다. KBS와의 경쟁에 밀려 오래 전 8시로 내려간 MBC뉴스데스크는 한때 2%대까지 추락하더니 3~4%대를 오가고 있다. SBS도 마찬가지 수준이다.

종편은 TV조선의 대약진이 눈에 띈다. 미스트롯, 미스터트롯 인기의 영향으로 9% 대로 치솟아 KBS와 어깨를 나란히 할 정도가 되었다. 반면 손석희 효과에 힘입어 한때 뉴스 강자로 군림했던 jtbc뉴스룸은 손석희 하차 이후 곤두박질, 2%대로 주저앉았다. MBN과 채널A 메인 뉴스 역시 2~3%대에 머물고 있다(위에서 언급한 각 방송사의 뉴스 시청률은 2021년 5월 자료를 바탕으로 한 것이다). 뉴스 시청률의 추락 원인은 채널이 늘어난 게 전부는 아니다. 아예 TV를 보는 사람이 급격히 줄어들었다. 내 손안의 TV이자 컴퓨터인 스마트폰 보급 때문이다. TV는 이제 거실 장식품이 되어버렸다고 해도 과언이 아니다.

방송통신위원회의 조사 결과 (2020년도 방송매체 이용행태조사) 스마트폰 보유율이 10대 ~50대의 경우 98%나 되는 것으로 나타났다. 60대도 91.7%로 1년 전 보다 5% 포인트 이상 높아졌다.(2019년 85.4%) 70대의 스마트폰 보유율 증가폭은 더 크다. 50.8%로 전년 대비 10% 포인트 이상 올랐다. (2019년 39.7%)

이처럼 스마트폰 보유율이 늘어나면서 중장년층도 점차 모바일 콘텐츠에 익숙해지고 있다.

필자의 어머니는 TV보다는 유튜브를 더 많이 시청한다. 시청에 그치지 않고 영상 콘텐츠를 직접 만들기까지 한다. 스마트폰으로 영상을 촬영하고 키네마스터라는 편집 애플리케이션을 활용해 콘텐츠를 뚝딱 만들어 낸다. 당신이 농사 짓는 모습, 여행을 다니면서 눈 앞에 펼쳐지는 자연의 모습, 거리 풍경을 담아 영상을 만드는 것이다. 이런 영상 콘텐츠를 지인들에게 카카오톡으로 공유한다.

74세 박막례 할머니는 국제적으로도 널리 알려진 실버 유튜버다. 나이는 숫자에 불과하다는 사실을 몸소 보여주며 손녀와 함께 재미 있는 콘텐츠를 만들어 올리는 그의 채널 구독자는 130만 명을 넘는다. '대충 만드는 비빔국수 레시피'는 천만 조회를 눈 앞에 두고 있다. '국물 찐한 잔치국수 레시피'는 560만 회, '단짠단짠 긴장 비빔국수 레시피'는 515만 회, '쫀득쫀득 얼큰한 김치수제비 후다닥 해먹기'는 489만 회라는 어마어마한 조회수를 자랑한다. 설리를 만나서 찍은 영상은 630만 조회 수를 기록했다. 화장품 리뷰, 음식 언박싱, 골프 배우기 등 다루는 아이템이 매우 다양하다. (조회 수는 2021년 5월 말 기준임)

정보를 검색할 때 이용하는 플랫폼 1위는 아직은 네이버다. 나스미디어가 2020년 12월 말 2천 명을 대상으로 조사한 결과 (2021 인터넷 이용자 조사) 정보 검색 서비스 순위는 네이버 (88.1%), 유튜브(57.4%), 구글(48.6%) 순으로 나타났다. 포털 사이트 네이버가 압도적이지만 유튜브는 꾸준히 약진 중이다. 특히 유튜브는 더 이상 10대를 비롯한 젊은 층의 전유물이 아니다. 40대는 53.5%, 50대는 48.6%, 60대는 45.3%가 유튜브를 사용해 정보 검색을 하는 것으로 조사됐다. 온라인 동영상 시청 채널은 유튜브가 압도적인 사용자 비율(91.8%)로 1위 자리를 지켰다.

미디어 이용행태가 달라지면서 미디어의 지형도도 크게 달라지고 있다. 신문사가 더 이상 신문만으로 생존이 어렵다는 걸 깨달은 지 오래 됐다. 그래서 방송을 한다. 그렇다고 지상파나 케이블방송처럼 대규모 자본을 투입할 수는 없다. 그래서 유튜브 채널을 운영한다. 한겨레신문이 대표적이다.

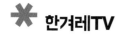 **한겨레TV**

한겨레신문은 2009년부터 영상뉴스를 시작했다. 몇 년 전부터는 유튜브 채널 '한겨레TV'를 운영하고 있다. 이철희 전 의원이 청와대 정무수석으로 임명되기 직전까지 제작했던 '이철희의 공덕포차'는 실제 포장마차에서 패널들과 정치 현안에 대해 논평하는 콘텐츠다.

〈윤석열이 왕이 될 상? 눈물겨운 언론의 '윤(尹)비어천가' [이철희의 공덕포차 ep23]〉
〈"보수, 윤석열을 칼잡이로 쓰고 판을 먹겠다는…"[이철희의 공덕포차 ep22 엑기스]〉
〈윤석열 사퇴! 요동치는 정계 [이철희의 공덕포차 ep22]〉

제목만 봐도 뜨거운 정치 이슈를 다룬다.
〈이재명의 득과실, 윤석열의 불행〉은 8만2천 조회수를 얻었다. 조회수가 수만 회에 이르는 콘텐츠들이 있는데, 수십 만까지 치솟지는 않는다.
한겨레신문 논설위원들이 시사 논평을 하는 저널어택X논썰도 있다. "논설위원들의 선명한 관점이 담긴 뉴스. 진보적이고 독창적인 뉴스 읽기의 진수"라는 자체 홍보 문구처럼 진보성향의 정치적 관점을 갖고 정치 이슈를 다룬다.

〈문재인 경제4년 위기 속 '선방'인가 '낙제'인가〉
〈김오수 총장 후보자 '정치 중립' 지킬까〉
〈주지스님들은 왜 '이재용 사면' 탄원서 냈을까〉
〈'강남 3구' 오세훈에 압도적 몰표 왜?〉
〈4.7 보궐선거 결과, 내년 대선 예고편일까〉

위와 같은 제목의 콘텐츠다.

'it슈줌' 코너는 이슈를 줌인해서 눈 앞까지 가져다 준다는 설명을 곁들였다. 정치 이슈가 많지만 이에 국한하지 않고 실생활에 필요한 정보까지, 쉽고 유쾌하게 전달하는 코너다. 몇 가지 제목만 살펴보면 다음과 같다.

[it슈줌] 포장 음식 쓰레기…어쩐지 마음이 불편한 분들 꼭 보세요!
[it슈줌] 상권 1번지로 불렸던…'2021 명동' 스케치
[it슈줌] 공감과 응원의 메시지, 공항철도 감성방송 주인공을 만나다
[it슈줌] '백신 접종' 한국–자메이카 100명당 4.6회…K–방역의 현주소
[it슈줌] 코인 전문가가 전하는 '떡상과 떡락 사이'에서 살아남는 법
[it슈줌] 박희태·이문열·전병헌, '내로남불' 저작권자는?

기자가 이슈를 설명하거나, 현장 취재한 걸 보여주거나, 화제의 인물을 인터뷰한 내용 따위다. 조회 수는 만을 넘는 게 거의 없고 수천 회에 그친다. 몇 년 전까지 했던 김어준의 파파이스는 조회수 백만 넘는 것도 있었다. 확실한 색깔을 가진 콘텐츠는 역시 충성도 높은 시청자들이 붙는다.

 **신의 한수**

정치콘텐츠 채널은 사실 우파 평론가들이 선점했다. '신의한수'가 대표적이다. 종편에서 평론가로, 시사프로그램 진행자로 활약하던 신혜식 독립신문 대표가 운영하는 채널이다. 구독자만 141만 명을 자랑한다. 실시간 스트리밍 시청자가 수만 명에 이를 정도다. (5월 31일 오후 5시반 실시간 시청자 1.6만 명) 우파 집회, 이른바 '태극기 부대' 집회는 10시간 가까이 생중계를 한다.

〈8.15 광화문 난리났다 문재인 타도 청와대 진격〉이란 썸네일의 현장 생중계 콘텐츠는 무려 8시간 23분짜리다. 조회수가 221만을 넘었다. 확실한 정치적 색깔을 가지고 방송하기 때문에 소위 확증편향적 시청자가 몰린다. 열광적이며 충성도 높은 팬 시청자들이 내는 구독료와 기부금으로 운영된다.

조회수 상위 5개 콘텐츠를 보면 아래와 같다.

〈이재용 열받았다! 삼성, 본사는 미국으로 공장은 베트남으로〉 (2년전, 336만회)
〈8.15 광화문 난리났다 문재인 타도 청와대 진격〉 (9개월 전, 221만회)
〈허위사실 유포 유튜브의 배후 세력은? 김태우, 문재인 딸 불륜 폭로?〉 (2년 전, 203만회)
〈풍수로 보는 김정은 6월 사망설〉 (2년 전 184만회)
〈박원순 cctv 또 터졌다〉 (10개월 전, 178만회)

조회수 백만 이상 콘텐츠가 40개 가까이 된다.

이런 정치 콘텐츠가 각광을 받는 것은 그만큼 우리 사회가 극단적으로 분열되어 있음을 말해준다. 콘텐츠 제작을 정치적 입맛에 맞게 자극적으로 제작함으로써 같은 정치 성향의 시청자들을 끌어들인다. 유튜브의 알고리즘이 계속해서 유사한 콘텐츠를 추천하고 그걸 본 시청자들은 그런 콘텐츠만 시청하게 되는 구조 속에서 시청 패턴을 갖게 된다. 확증편향이 여기서 탄생한다.

# ✳ 취재대행소 왱

국민일보가 운영하는 유튜브 채널이다. 독자들로부터 취재 요청을 받아 취재를 대행하는 뉴스 서비스다. 흥미 위주로 아주 사소한 사안까지도 취재하는 특징이 있다. 자사 매체뿐 아니라 다른 언론매체 기사에 달린 댓글도 활용한다.

48년간 라면만 먹고도 큰 탈 없이 건강한 할아버지, 관련 기사에 "어떻게 라면만 먹고도 건강할 수 있는 건지 의사선생님 설명 좀 해 달라"는 댓글이 있어 취재해봤다는 게 아래 제목의 영상이다.

〈안성탕면만 드신 할아버지는 건강하실까? 삼시세끼 라면만 48년 드신 할아버지 건강〉

이 영상의 길이는 2분 42초. 조회수는 무려 635만 회나 된다.(2021년 5월 기준) 라면 끓이는 영상에 화제의 할아버지 모습이 담긴 사진과 할아버지의 부인과 전화로 한 인터뷰 녹취, 경희대 가정의학과 교수와 한 카카오톡 인터뷰 내용이 전부다. 이 영상이 635만 조회 수를 기록할 정도로 인기를 끈 요인은 무엇일까?

첫째, 화제성이다. 40년 간 라면만 먹고도 건강한 91살 할아버지 이야기가 먹힌 것이다.
둘째, 전문가의 그럴듯한 해설이 있다.
셋째, 짧은 영상에 필요한 정보를 다 담았다.
넷째, 제목이다. 사람들의 관심을 끌기에 충분한 제목이다.

여기서 얻을 수 있는 포인트 하나, 그림은 별로 중요하지 않다는 것이다. 그저 라면 끓이는 영상과 사진 몇 장이 다인데 스토리 구성과 자막이 보는 이들의 눈길을 붙들어 둔 것이다. TV

뉴스라면 이렇게 편집한 리포트가 방송될 수 있을까? 절대 못한다. TV뉴스는 정통 포맷을 고집하기 때문이다.

경찰관이 피의자로 오인해 한 남성을 붙잡은 사건을 다룬 아래 영상은 221만 조회수를 기록했다. (2021년 5월 기준)

〈아이 아빠 범죄자로 오인했던 경찰들은 어떻게 됐을까? 아이 눈앞에서 아빠를 오인체포한 경찰들〉

차 안에서 6살 아이와 함께 아내를 기다리던 남성, 갑자기 차 문이 열리더니 형사들이 들이닥쳤다. 형사들은 아빠를 차에서 끄집어 내 짓눌렀다. 마약 판매범을 쫓고 있던 형사들이 이 아이 아빠를 용의자로 오해했던 거란다. 이 사건 이후 그 형사들은 어떻게 처리됐는지 취재해 달라는 의뢰를 받고 하동경찰서에 물어본 결과를 담은 영상이다. 이 3분짜리 영상은 약간의 자료 화면과 영화 '극한직업' 예고편 중의 일부, 진주 케이블TV 서경방송 뉴스 그림을 받아 활용했고 하동경찰서 관계자와의 전화 인터뷰를 곁들였다.

이 영상이 관심을 끈 요인은 제목과 소재, 스토리 전개, 나아가 스토리의 파생 취재를 꼽을 수 있겠다. 경찰관 이야기를 다룬 거라 유명한 영화 장면과 방송사 뉴스 화면을 빌려다 쓰면서 별로 품 들이지 않고 제작한 콘텐츠지만 역시 스토리의 힘을 증명한 콘텐츠다.

가슴뭉클한 스토리도 사랑을 받는다. 소뇌변성증이라는 희귀난치병 환자 이야기를 다룬 영상이 있다.

제목은 〈제 병을 널리 알리고 싶습니다. 내가 극단적 선택을 하지 않는 이유〉

걸을 때 술 취한 것처럼 비틀거린다는 '비틀이'. 유튜브 채널 운영자인 비틀이는 29살 여성이다. 평범한 대학생이었던 비틀이는 4년 전인 25살 때 어지러움증 때문에 병원을 찾았다가 척수소뇌변성증을 앓고 있음을 알게 되었다. 점차 근육의 힘이 빠져가면서 제대로 걷기 어려워지고 시력도 떨어지며 손글씨도 제대로 못쓰게 되고 나중에는 숨도 제대로 못 쉬게 되는 병이다. 이 비틀이가 직접 인터뷰를 자청해 본인이 겪은 증세와 자신의 삶, 같은 질병을 앓는 이들의 고통스런 이야기를 담담하게 풀어낸다. 잘 알려지지 않은 이 희귀 난치병을 알리기 위해.

12분짜리 이 영상은 대부분이 그녀의 인터뷰로 담겼다. 나머지는 검은 바탕에 흰색 자막, 비틀거리는 영상 일부와 말자막이 거의 전부다. 이 영상이 업로드 한 달 만에 15만 회 조회된 것은 시사하는 바가 크다. TV뉴스에서 2분도 안되는 짧은 리포트로는 도저히 담아낼 수 없는 그녀의 진정성이 고스란히 담겨 있기 때문일 것이다.

취재대행소 왱에는 [이런 사소한 것도 취재함]이라는 카테고리도 있다.
대표적 콘텐츠를 소개하면 아래와 같다.

〈돌체라떼는 어쩌다가 관장라떼가 된 걸까? 변비에 직빵인 돌체라떼의 진실〉(조회수 29만회)
〈경찰은 왜 자동권총이 아니라 리볼버를 사용할까? 오래된 리볼버 권총을 대한민국 경찰이 고집하는 이유〉(조회수 11만 회)
〈다른 사람들은 코딱지를 얼마나 자주 팔까? 이 정도면 그냥 전 국민이 당당하게 파면 안되나〉(조회수 2.2만 회)

가볍고 사소한 것만 대행취재를 하는 것은 아니다. [이건 매우 중요한 문제] 카테고리도 있다. 여기에는 아래와 같이 묵직하지만 궁금한 사안들을 취재해서 제작한다.

〈전두환은 얼마나 나쁜 새끼일까? 40년 전 한국에서 실제 벌어졌던 소름 돋는 일〉(조회

수 22만 회)

〈폐지 줍는 어르신들은 돈도 안 되는 폐지를 왜 주우실까? "하루 종일 주워도 만 원 못 벌어"〉 (조회수 19만 회)

〈코로나19로 학교폭력은 줄었을까? 제보를 요청하자 쏟아진 메일〉 (조회수 13만 회)

〈동물원에선 동물 사체를 어떻게 처리할까? 이 아이가 죽으면 정부에 보고되는 이유〉 (조회수 7.8만 회)

취재대행소 왱의 구독자는 30만 명이다. (2021년 5월 기준) 네티즌들의, 독자들의, 이용자들의 요청을 받아 취재한다는 발상 자체가 훌륭하다. 수요자 중심의 취재와 콘텐츠 제작이 돋보이는 왱의 선전을 응원한다.

 스브스뉴스

"뉴스에는 위아래가 없다" SBS가 운영하는 스브스뉴스의 주장이다. 뉴스가 꼭 정치권 움직임이나 대형 사건 사고와 같은 것만 폼 잡고 다루는 게 아니라는 얘기다. '취재대행소 왱'도 그렇지만 아무리 사소해 보이는 것이라도 필요한 사람들에게는 뉴스가 된다는 것이다. 사실 스브스뉴스는 디지털 콘텐츠의 원조다. 가장 먼저 새로운 미디어 분야에 뛰어든 선두 주자이다. 그런 만큼 제작 기법과 다루는 아이템이 매우 독특하다. 그리고 끊임 없이 진화를 꾀한다.

화제가 될 만한 뉴스를 찾아내고 뉴스의 주인공을 만나 심층 인터뷰를 한다.

〈한국인이 아프리카 나이지리아에서 추장이 될 수 있었던 이유 (썸네일: 아프리카 추장이 된 한국인을 만나봤다)〉는 조회수 56만을 기록했다. 제목만 봐도 끌리는 이 4분짜리 영상은 식물학자 한상기 선생의 이야기를 다뤘다. 나이지리아의 주식인 카사바가 죽어가고 있다는 소식을 듣고 달려가 되살려 현지의 영웅이 되었고 추장까지 하게 되었다는 스토리다.

독특한 제작 방식을 살펴볼 수 있는 콘텐츠는 다음 영상을 꼽을 수 있다.

〈예방접종 했는지 당장 확인해야 하는 '이 질병' (썸네일: 하루 만에 사망 가능한 20대 감염자 1위 질병)〉

2분 40초짜리 이 영상은 업로드 한 달 만에 130만 조회 수를 기록했다. 걸리면 하루 만에 사망에 이를 수도 있는 질병 '침습성 수막구균 감염증' 이야기를 다룬 콘텐츠로, 4월 24일 '뇌수막염의 날'을 맞아, 세계적으로 매년 50만 명이 걸리는 수막구균 감염증에 대해 설명하고 있다.

이 병은 뇌수막염과 패혈증을 일으키는 심각한 병이라고 설명하는 과정에서 뇌를 둘러싼 얇은 막과 뇌 사이에 염증을 일으키는 것을 표현하기 위해 도구를 활용했다. 실제 뇌의 모습을 그린 그림을 투명한 비닐로 둘러싸고 노란 스펀지 같은 것을 넣어 염증을 표시한 것이다.

또 혈액을 감염시켜 전신에 염증을 일으키는 내용을 묘사할 때는 혈액 그림에 역시 노란 스펀지로 염증을 표시하고 인체의 혈관이 그려진 모형에 노란색 스펀지를 군데 군데 놓아 염증을 표시했다. 이어 24시간 내에 사망에 이를 수 있다는 걸 부각시키기 위해 흰 가운 입은 사람이 수박 만한 시계를 들고 있고 그 시계의 바늘이 째깍째깍 몇 시간씩 돌아가는 장면으로 연출했다.

아울러 수막구균 감염증은 전염 위험이 높아 발생 또는 유행 시 격리가 필요하다는 내용은 목각 인형을 3개를 눕혀놓고 2개를 차례로 빼내는 장면을 촬영해 연출했다. 또한 수막구균은 보균자 혹은 환자의 호흡기 분비물로 전염된다는 내용은 왼쪽 인형 입 부분에서 오른쪽 인형 입 부분으로 노란 스펀지를 사람의 손으로 옮기는 것으로 표현했다.

뿐만 아니라 외국 학교에서는 수막구균 백신을 접종해야만 기숙사에 들어갈 수 있다는 멘트에는 미국 모 대학 전경 그림에 인형을 오버랩시켜 놓고 그 인형에 주사기를 꽂는 장면을 찍어 그림을 만들었다.

일반 TV뉴스 제작 기법과는 완전히 딴판이다. 그야말로 직관적으로 시청자가 이해하기 쉽게 시각적 효과를 높이는 데 주력하는 제작 기법이 총동원된다. 아이디어 싸움이다. 누가 더 기발한 도구와 방법을 생각해 내는가가 관건이다. 젊은 감각에 맞게 그림을 만들어 내는 연출력이 나날이 발전하고 있다.

다음 콘텐츠에서도 똑똑한 촬영 기법이 등장한다.

〈인천공항이 물에 잠기고 부자 동네 집값도 떨어지는 이유 / (썸네일:) "2030년에 인천공항이 잠긴다"〉

'네이처돌이'라는 환경 문제를 다루는 카테고리의 콘텐츠다. 인터뷰 촬영 방식이 일반 TV뉴스와 다르다. 카메라를 1대만 쓰지 않고 2~3대를 사용해 다양한 앵글과 사이즈로 지루하지 않은 샷을 만든다. 예를 들어 인터뷰이가 화면에 꽉 차는 클로즈업샷 외에 풀샷은 기본이고 아래쪽에서 쳐다보듯 찍는 로앵글샷 등 여러 가지 각도와 사이즈로 찍어 편집할 때 다양한 샷을 구현하는 것이다.

이렇게 하면 편집하면서 중간에 덜 필요한 말을 삭제하는 것이 수월하다는 장점도 있다. 또 "점점 뜨거워지는 물 속에서 자기도 모르게 죽어가는 끓는 물 속의 개구리가 아닐까요?"라는 내레이션이 흘러나올 때는 실제 냄비 속 물이 끓는 장면을 보여주고 개구리가 그 안에서 헤엄치는 모습을 합성해 보여줘 충격적 임팩트를 주는 기법을 썼다. TV뉴스에서는 볼 수 없는 제작 기법이다.

스브스뉴스는 기사의 가치가 높은 아이템도 충실히 다룬다.

〈한국 가수 음원 수익 다 챙겨간 중국 음반사? 이제는 중국 노래가 되어버린 추억의 BGM들?〉 업로드 5일 만에 36만 조회

국내 굴지의 인기 가수들이 부른 노래의 저작권이 황당하게 중국 음반사가 가로챘다는 내용이다. 원곡자가 등록하기 전에 중국 음반사가 번안곡을 먼저 등록해 피해를 입고 있다는 이야기다. 충분히 TV뉴스에서 다룰만한 뉴스다. 이를 디지털 콘텐츠답게 잘 풀어서 제작해 네티즌들의 공감을 얻어냈다.

스브스뉴스에서는 실험이 자주 실시된다.

〈"환경부 장관님 보고 계세요?" 인기 페트병 33종 모아 실험해봄/[네이처돌이 EP.3] (조회수 26만 회)

환경부 지침에 따라 아파트에서 투명 페트병을 분리배출 할 때 라벨을 제거하는 것이 의무화됐는데, 라벨이 잘 뜯어지는지 실험하는 장면을 담았다. 페트병 수십 개를 책상 위에 올려놓고 일일이 라벨을 떼는 작업을 보여주는 것이다. 뿐만 아니라 세척과정에서 라벨이 자연스럽게 떨어지는지 실험하는 장면도 담았다.

여러 종류의 페트병(라벨이 붙은)을 가위로 잘게 자른 뒤 양잿물이 담긴 비커에 넣고 휘저으니 플라스틱은 가라앉고 라벨만 물 위에 둥둥 뜨는 장면을 보여준 것이다. 이런 실험은 취재진, 제작진이 직접 검증한다는 의미가 있다. TV뉴스에서도 가끔 이런 실험은 활용되는데 디지털 콘텐츠는 길이에 제한을 크게 받지 않기 때문에 훨씬 자유롭게 제작할 수 있다.

그렇지만 스브스뉴스는 뉴스의 범주에 넣기 어려운 것까지 포함해 제작한다. 〈아이맥 2021 리뷰: 비싼데 왜 싸지"?〉와 같이 컴퓨터 제품 리뷰 아이템까지 제작하는데 이건 누가 봐도 뉴스는 아니다. 디지털 콘텐츠의 선두 주자 스브스뉴스의 구독자는 66만 명. 끝없는 진화 노력에 박수를 보낸다.

## ✳ 엠빅뉴스

엠빅뉴스는 MBC가 제작하는 디지털 콘텐츠 집합소다. 구독자는 70만 명. 조회 수 백 만이 넘는 콘테츠가 3백 개를 넘는다. 보도국에서 제작하는 것이라 대부분 뉴스의 성격을 가진 콘텐츠들이다. 물론 TV뉴스의 정형화된 형식과는 다르다. 대부분 내레이션이 없고 영상과 자막, BGM으로 구성된다. 이따금씩 관련 현장 녹취 혹은 인터뷰를 삽입한다. 대부분 그림이 충격적이거나, 관심 가는 걸 쓴다.

최근 영상을 보자.

〈맨손으로 차 유리 박살! 대한민국 경찰 클라쓰〉

이 3분 50초짜리 영상은 음주운전 단속을 피해 과속으로 도주극을 벌이는 운전자를 경찰차가 쫓아가 체포하는 영상이다. 경기도 고양시에서부터 양주시까지 40km 구간을 30분간 쫓는 영상이다. 도주자는 중앙선을 넘나들며 곡예운전을 한다. 시속 130km로 달리며 목숨 건 이 도주극이 고스란히 경찰차 블랙박스에 담겼다. 도주자의 마지막은 결국 체포. 사고 끝에 멈춘 도주 차량 운전석 유리창을 경찰관이 맨손으로 깨고 용의자를 체포하고 만다.

운전자의 혈중알코올농도는 0.01%, 훈방조치 수준이었지만 지레 겁먹고 목숨 건 도주극을 벌인 바람에 난폭운전에 의한 도로교통법 위반, 특수공무집행방해치상, 공용물건 손상죄 등으로 입건되고 말았다.

긴장감 넘치는 이 도주극의 조회수는 171만, 댓글도 8천 개나 달렸다.

이런 블랙박스 사고 또는 추격전 영상은 단골 콘텐츠다. 엠빅뉴스는 아예 [맨인블박]이라는 카테고리를 두고 블랙박스 영상을 활용한 콘텐츠를 많이 제작한다.

〈[맨인블박] 빤스런의 결말 ▶ 늘어난 죄의 무게〉라는 제목의 8분짜리 콘텐츠는 조회 수 70만회를 기록했다.

이 역시 사고 내고 도주하는 차량을 경찰이 추적하는 영상이다. 중학생 무면허 운전자가 훔친 차를 몰고 가다 사고를 내고 달아나는 영상, 술 마신 운전자가 음주운전 단속을 피해 차를 버리고 도망치는 영상, 쫓고 쫓기는 장면이 보는 이들의 눈길을 끈다.

스포츠 콘텐츠도 인기를 끈다. 특히 풋살장에서의 난투극처럼 싸움은 구경꾼을 부른다.

〈'살인킥에 3명 은퇴, 실화냐?' 풋살리그 최악의 난투극..결말은?〉

이 콘텐츠에서는 풋살 경기 KF리그에서 지고 있던 제천FS 팀 선수가 상대 선수에게 고의로 킥을 날려 다치게 하는 장면과 이후 양 팀 선수간에 난투극이 벌어지는 장면이 이어진다. 그리고는 제천FS팀이 과거에 저질렀던 더티한 행위도 보여준다. 결국 선수 3명은 영구 제명됐다는 내용이다. 5분짜리 이 콘텐츠는 업로드 12일 만에 조회수 300만을 기록했다.

이상기후와 관련해 토네이도가 중국과 일본을 강타한 모습을 보여준 영상도 업로드 일주일 만에 조회수 80만을 넘었다.

〈[엠빅네이처] 토네이도 공포 아시아로 확산! 중국, 일본이 당했다. 한국은?〉 5분 30초

토네이도가 주택가를 휩쓰는 모습, 용오름이 피어 오르며 인근 공장을 습격하는 모습, 이

토네이도와 용오름이 훑고 지나간 이후 폐허로 변한 일대의 모습. 이런 생생한 화면이 눈길을 사로잡는다. 여기에 전문가의 인터뷰를 삽입해 토네이도의 원인이 무엇이며 우리나라도 예외가 아니라는 정보를 제공한다.

과거에 있었던 충격적인 살인 사건을 재연을 통해 재구성하는 콘텐츠도 있다. 카테고리명은 '이거 실화야?'

시신 없는 살인사건은 성립 가능한가를 두고 논란이 일었던 화성 육절기 살인사건을 약간의 재연과 당시 뉴스 화면 등을 활용해 '그것이 알고 싶다'를 생각나게 하는 스토리 텔링 기법으로 제작했다.

〈[이거 실화야?] 시신으로 떠오른 대학생 연인... 그날 바다 위에선 아무도 상상 못한 70대 어부의 모습이 있었다...〉

이 영상은 2007년 전남 보성 앞바다에 시신 4구가 떠올랐던 사건을 재조명했다. 젊은 여성에 몹쓸 짓을 하려다가 4명이나 바다에 밀어 넣어 숨지게 한 어부. 사형 선고를 받고 복역 중인 살인범 이야기는 3주 만에 87만 조회수를 기록했다.

**듣똑라**

듣똑라(듣다 보면 똑똑해지는 라이프)는 중앙일보 기자 4명과 PD 2명, 마케터 2명이 만든다. 처음에는 오디오파일만 제작해 팟캐스트 중심으로 유통했다. 그래서 이름도 '듣다 보면 똑똑해지는 라디오'였다. 이후 유튜브 채널을 구축, 비디오 콘텐츠로 전환하면서 라디오 대신 라이프로 바꿨다. 제작진 8명은 모두 젊은 여성이다. (김효은ㆍ이지상ㆍ이현ㆍ홍상지 기자, 김수진ㆍ정인혜 PD, 김혜미ㆍ김수지 마케터)

구독자 타깃도 2030 밀레니얼 세대다. 특히 남성보다는 여성을 중심 구독자로 설정했다. 구독자는 34만 명이다.

2030 밀레니얼 세대, 특히 여성들의 재테크를 위한 아이템이 주목을 끈다. 유튜브 채널 카테고리 중의 Woney를 보자. Woney는 woman + money다. 여성들의 재테크를 돕기 위한 콘텐츠다.

〈주식 시작하기 전 꼭 알아야 할 것들〉이라는 11분짜리 콘텐츠가 대표적이다. 증권계좌를 개설하는 방법부터, 주식 매매 방법, 주의해야 할 점 등을 기자가 아주 상세하고 친절하게 알려준다. 무려 142만 명이 이 콘텐츠를 봤다. 4만 명이 좋아요를 눌렀다. 듣똑라 최고 히트작이다. 전문가의 설명이 아니다. 그저 조금 먼저 시작한 젊은 여기자가 혼자 설명해 준다.

〈돈 많은 여성이 많아졌으면 좋겠어요 | 청약통장 활용하는 실전꿀팁!〉도 마찬가지다. 아파트 분양을 받으려면 먼저 청약통장을 가입해야 한다는 설명부터 시작하는 실전 재테크 꿀팁이다. 조회 수는 무려 127만 명. 4만천 명의 좋아요를 얻었다.

〈비트코인 사? 말아? I 지금 꼭 알아야 할 비트코인 입문서〉, 요즘 젊은이들의 최대 관심사로 일컬어지는 비트코인에 대해 알려주는 이 콘텐츠도 주목을 받았다. 조회수는 30만.

이런 재테크 정보 콘텐츠가 인기를 누리는 건 주식과 부동산 폭등, 비트코인 폭등과 함께 계층 사다리가 없어지며 희망을 잃은 젊은 세대들의 니즈를 반영한 것으로 풀이된다. 그만큼 밀레니얼 세대는 자신이 필요한 정보를 쉽게 설명해주는 콘텐츠에 열광한다고 할 수 있겠다.

듣똑라는 이 밖에도

- 2030년, 미래를 잘 살아가기 위해 2030세대가 꼭 알아야 할 이야기 2030의 2030,
- 보다 보면 똑똑해지는 라이프 보똑라,
- 요즘 뜨는 것들을 역사와 맥락을 더해 깊게 파보는 익스플레인 콘텐츠 문화센터
- 똑똑한 '앞' 모습은 내려두고, 본체의 '뒷' 모습만 출입 가능한 '뒷똑라'

등의 카테고리 속에 다양한 콘텐츠를 업로드하고 있다. 심지어 제작진의 집들이까지 콘텐츠로 제작해 일종의 팬서비스도 한다.

중앙일보라는 보수 신문사가 운영하는 유튜브 채널이지만 정치 이념은 찾아보기 어렵다. 젊은 기자들이 정치색을 빼고 젊은 감각으로 만드는 시사 정보 채널이다. 회사가 이래라 저래라 하지 않고 이들이 자율적으로 만들도록 내버려두는 것이 성공 요인이 아닐까 싶다. 과거 YTN의 돌발영상이 그랬던 것처럼.

# ✳ 뉴닉

"우리가 시간이 없지, 세상이 안 궁금하냐!" 뉴닉이 내세우는 주장이다. 이 주장처럼 뉴닉은 중요하지만 복잡한 뉴스를 쉽게 정리해서 알려주는 구독 뉴스레터 서비스다. 시간은 없고 세상은 궁금해 하는 사람들을 위한 서비스라면서 힙, 재미, 진정성을 추구한다고 밝히고 있다.

2018년 서비스를 시작한 뉴닉은 지금까지 360회 이상 뉴스레터를 발행했다. 이 뉴스레터는 30만여 명이 받아보고 있다. (2021년 5월 말 현재) 뉴스레터 발송은 매주 월요일과 수요일 금요일 아침이다. 다루는 내용은 실로 다양하다. 뉴스 따라잡기에 필요한 국내외 모든 뉴스를 망라한다.

- 〈4·7 보궐선거 부동산 공약의 (거의) 모든 것〉
- 〈김오수 검찰총장 후보 청문회〉
- 〈문재인 대통령 취임 4주년 연설〉

와 같이 국내 정치 이슈는 물론

- 〈고 이선호 씨 사망사건과 중대재해법〉
- 〈트로트의 (거의) 모든 것〉
- 〈인천 쓰레기 매립지 문제〉
- 〈임신중단처벌법, 폐지되다〉
- 〈경북 성주 사드, 갈등 상황〉
- 〈로톡 vs. 변협, 강남언니 vs. 의협〉

처럼 국내 사회 이슈,

- 〈일대일로의 (거의) 모든 것〉
- 〈알리바바 반독점 벌금 3조 원〉
- 〈이스라엘과 팔레스타인 계속 싸우는 이유〉

와 같은 국제 이슈에 이르기까지 광범위한 이슈를 해설해준다. 가장 큰 특징은 복잡한 이슈를 비교적 간단하고 쉽게 이해할 수 있도록 친절하게 설명해준다는 점이다. 예를 들어 트로트의 (거의) 모든 것에서는 아래와 같이 설명한다.

*1. 테스 형, 트로트가 뭐야?*

요즘 제일 많이 입에 오르내리는 나훈아의 히트곡부터 하나 듣고 가시죠(영상). 어머니를 향한 마음을 절절하게 녹인 〈홍시〉인데요. 이 노래처럼 반복되는 리듬과 떠는 창법이 돋보이는 게 특징인 트로트는, 우리나라의 음악 장르예요. 일제 강점기에 한국에 들어온 미국의 음악 장르 '폭스-트롯(Fox-trot)'이라는 단어에서 '트롯'만 떼와 이름을 지었다고. '쿵짝' 하는 두 박자가 특징이라 한때는 사람들이 '뽕짝'이라고 낮춰 부르기도 했어요. 한국, 일본, 미국, 그리고 다른 유럽 국가들의 음악의 복합적인 영향을 받아 만들어졌다고 알려져 있어요.

*언제 짜잔 등장했어?*

*1920년대예요. 처음엔 유행가로 출발했어요. 1929년에 나온 이정숙의 〈낙화유수〉가 무성영화에 삽입되며 최초의 대중가요로 자리매김한 것이 시작이었다고…(생략)*

이와 같은 방식이다.

뉴닉은 서울대 출신의 김소연 대표와 빈다은 이사가 공동 창업했다. 두 사람은 모두 20대로, 포브스 아시아 30세 이하 리더 30인에 뽑힌 이력을 갖고 있다. 2030세대가 좋아할 만한 문체와 어법으로 일목요연하게 정리해주는데 21세기형 신문이라는 게 그들의 주장이다. 실제로 구독자의 80%는 20대다. 직원은 단 10명. 얼마 전 6억 원을 투자 받아 새로운 도전을 기획하고 있다.

**YTN**

방송사의 유튜브 최고 강자는 YTN이다. 무려 239만 명의 구독자를 자랑한다. YTN 유튜브 채널은 뉴스 콘텐츠의 파워를 증명하고 있다. 사람들의 눈길을 사로잡는 사건 사고, 억울한 사연, 희한한 현상 등은 수백 만 조회 수를 기록한다. YTN은 특히 26년째 24시간 뉴스 채널의 독보적인 위치를 굳히고 있는 만큼 엄청난 제보를 받는 장점이 있다. 이 장점을 유튜브 콘텐츠 제작에도 충실히 활용하고 있다. 제보 영상을 날 것으로 보여주기도 하고 BGM과 자막, 인터뷰 등의 구성물로 가공해 선보이기도 하는데 영상의 파워를 실감하게 해준다.

충격적인 화면, 공분을 자아내는 사건, 급박한 순간 사람의 목숨을 살린 미담 이야기 등은 뉴스 소비자들이 선호하는 콘텐츠다. 무려 5억 원짜리 슈퍼카와 천만 원짜리 국산 경차가 도로를 달릴 때 주변 운전자들의 반응을 실험한 리포트 〈5억 대 슈퍼카와 만난 순간…도로 위 '모세의 기적'〉 리포트는 무려 864만 조회 수를 기록해 1위의 자리에 올랐다. (2021년 6월 3일 현재)

2015년 11월에 업로드한 이 영상은 국내 운전자들이 슈퍼카를 대하는 태도와 경차를 대하는 태도가 180도 다르다는 걸 실험을 통해 보여준다. 대표적인 것이 초록 불이 들어왔을 때 바로 출발하지 않을 경우 슈퍼카 뒤에 있는 차는 기다리는데 반해 경차 뒤의 차량들은 경적을 울리는 장면이다. 또 슈퍼가가 차선 변경을 할 때는 옆 차선 차량들이 잘 비켜 주는데 반해 경차의 경우엔 길을 내주지 않는 장면이 카메라에 포착됐다. 만3천 명이 좋아요를 눌렀고 5천5백 개의 댓글이 달렸다.

"ㅋㅋ 저 슈퍼카 운전한 기자 ㅋㅋ 저 순간만큼은 기분 째졌겠네 ㅋㅋ"
"이야 버스가 10초를 기다리네 ㅋㅋㅋ 저 정도면 다른 차였으면 그냥 계속 기다림 ㅋㅋ"

"현실성 없는 소리긴 한데 구급차 슈퍼카로 만들면 효과 지릴 듯 ㅋㅋㅋㅋ"

고속도로에서 화재가 난 버스, 운전자는 핸들에 끼어 옴짝달싹 못하는데 긴급 출동한 견인차 기사가 핸들에 고리를 걸어 당기고 한 젊은 여성 승객은 불도 두려워하지 않고 버스로 뛰어들어 운전자를 구출한다. 이후 3분 만에 버스는 전체에 불이 붙어 활활 타버리고 전소하고 만다. 버스 기사의 목숨을 구한 여성은 간호사. 〈"3분만 늦었어도 큰일 났어요" 버스기사 구한 시민들〉 이 영상은 조회수 8백만을 기록했다. (2021년 6월 3일 현재)

아찔했던 순간과 위험한 순간에도 자신을 돌보지 않고 뛰어들어 목숨을 구해낸 영웅 이야기에 뉴스소비자들이 열광한 것이다. 이 영상은 뉴스 리포트가 아닌 날 것의 제보 영상이었다.

누군가 식인물고기 피라니아를 저수지에 방사해 주민들이 불안에 떤다. 낚시로 잡고 그물로 잡고 그래도 불안한 주민들은 아예 저수지 물을 다 빼낸다. 그런데 어마어마한 소탕작전에도 결국 피라니아는 발견되지 않는다. 결국 헛일 한 셈. 〈저수지 물 다 뺀 후에야 끝난 '피라니아 소탕 작전'〉 이라는 제목의 이 뉴스 리포트는 740만 명이 시청했다.

팔뚝에 온통 문신인 건장한 남성이 다짜고짜 운전석에 앉은 피해자에게 폭력을 행사한다. 조수석에 앉아 있던 사람이 이 순간을 촬영하고 경찰에 신고한다. 20분에 걸친 폭력과 폭언에 피해자는 공포에 떤다. 한 여배우가 갑질했다는 내용을 소셜미디어에 올린 이후 당한 일이다. 해당 여배우는 지인에게 하소연했을 뿐 폭행을 교사한 일은 없다고 말한다. 피해자의 제보로 제작한 이 뉴스 콘텐츠는 보는 이들의 분노를 자아낸다.

〈[단독] "여배우 갑질 폭로하자 조폭 동원해 무차별 폭행"〉 영상은 236만 회 조회되었다.(2021년 6월 3일 현재)

다음은 한 고깃집에서 벌어진 일. 유아를 안고 온 한 모녀가 식사를 마치고 나중에 식당에 전화를 걸어 거칠게 항의하는 목소리가 나온다. 옆 테이블에 다른 손님을 왜 앉혔느냐고 항의하는데 반말은 물론 욕설까지 한다. 방역수칙 지키지 않았다며 보건소에 신고하겠다고 사실상 협박하는 내용이다. 가게 주인은 다른 손님도 다 같은 손님이고 방역수칙 지켰다고 설명하는데도 이들은 막무가내. 영상을 보는 내내 화가 치민다.

〈[제보영상] 옆에 손님 앉았다고 "고깃값 돌려줘" 막말 퍼부은 모녀의 갑질〉 이 제보 영상은 업로드 닷새 만에 조회수 72만을 넘었다.

이 밖에도

-〈[제보이거실화냐] '억 소리' 나는 차 샀더니 되돌아 오는 건 '쇠 파이프'?〉 조회수 727만
-〈[영상] 도난차 쫓는 경찰차 6대 '영화 같은 추격전'〉 조회수 473만
-〈[자막뉴스] "나도 죄수지만 너 같은 놈은 용서 못 해!"〉 조회수 436만

등 뉴스 콘텐츠와 제보영상, 제보를 토대로 취재해서 재구성한 콘텐츠, 자막만으로 보여주는 콘텐츠와 같이 다양한 포맷의 영상이 인기를 얻고 있다.

YTN은 24시간 뉴스라는 강점을 살려 24시간 유튜브 채널 라이브 방송을 하는데 실시간 시청자가 수천 명에서 수만 명에 이른다. (2021년 6월 3일 오후 3시 현재 6.3천명 시청 중)

YTN 유튜브 채널이 방송사 가운데 압도적 실시간 시청자와 콘텐츠 조회수를 자랑하는 요인은 먼저 선두주자라는 점을 꼽을 수 있다. 스브스뉴스처럼 가공한 디지털 콘텐츠에 주력한 것은 늦었을지 몰라도 날 것, 뉴스 콘텐츠, 제보영상을 업로드하기 시작한 건 YTN이 먼저다. 두 번째 요인은 제보. 제보에 강하다는 막강한 파워를 가지고 현재의 지위를 누리고 있

다. 수많은 제보자들이 보내주는 영상이 콘텐츠의 바다를 만들어준다. 또한 뉴스에 활용되는 제보, 유튜브 콘텐츠 제작에 활용되는 영상의 제보자에게는 소정의 사례를 하는 것이 역시 제보를 재생산하는 선순환 요인으로 작동한다.

YTN의 디지털 콘텐츠는 과거 '이 시각 주요뉴스' 음성을 전화녹음 서비스로 시작한 데서부터 진화했다고 해도 과언이 아닐 것이다.

# ✳ 디지털 콘텐츠의 미래

종이신문은 사형선고를 받았다. TV는 중환자 신세로 전락하고 있다. 스마트폰이 세상을 지배하는 시대다. 네이버 검색은 아재의 전유물이 되어가고 있다. 10대와 20대는 유튜브로 검색한다. 개콘도 폐지되고 웃찾사도 폐지됐다. 개그맨들이 유튜브로 뛰어든 지 오래다. 딱딱한 뉴스는 외면 받고 있다. 쉽고 재미있게 풀어주는 디지털 콘텐츠가 지배하는 세상이 되어가고 있다.

필자 또한 2년 전 개인 유튜브 채널을 개설해 실험해본 일이 있다. 6개월간 모은 구독자는 겨우 4백 명. 최다 조회수는 6천4백 회. 그게 전부다. 산행 V로그도 해보고, 인터뷰 콘텐츠도 만들어보고, 일본뉴스를 한국어로 읽어주기도 하고, 한국뉴스를 일본어로 읽어주기도 해봤다. 한국 시장보다는 일본 시장이 크다고 보고 일본어 콘텐츠도 만들어 봤다. 하지만 성공하지 못했다. 어떻게 하면 일본 시장에 침투할 수 있을까, 알고리즘에 올라타 추천 동영상이 될 수 있을까, 고민하고 여러 시도를 해봤지만 실패했다. 이게 디지털 콘텐츠 제작의 현실이다.

CJ헬로비전 (현 LG 헬로비전) 지역채널에서도 뉴스토리, 기자가 간다 등의 온라인 콘텐츠를 정기적으로 제작해 업로드해 봤지만 이렇다 할 성과를 거두지 못했다. 몇 가지 히트 콘텐츠는 있다. 부산사투리를 실증적으로 보여준 〈블루베리 스무디 어떻게 발음해?〉는 227만 조회수를 기록했다. 부산 버스의 아슬아슬한 곡예운전을 다룬 〈마! 이게 부산이다! 버스 드리프트〉???)는 167만 회, 한일 경제전쟁 초기 대마도 풍경을 담은 〈한국 없는 대마도는 유령도시?〉는 104만 회를 기록했다. 하지만 조회 수가 10만을 넘은 콘텐츠는 모두 10개뿐이다. 나머지는 수십 회 조회에 그친 것이 부지기수였다. 들이는 공에 비해 터지는 건 극소수였다. 그래서 결국 포기했다.

그러나 TV의 시대가 점차 종말을 고하고 있는 것을 알면서도 디지털 콘텐츠 제작을 포기해도 되는 걸까? 신문사도 생존을 위해 유튜브 시장에 뛰어들어 날마다 디지털 콘텐츠를 쏟아내는 이 시대에 방송쟁이들이 손 놓고 있어야 하는 걸까? 미디어 전쟁에서 살아 남기 위해서 우리는 끊임 없이 도전해야 하지 않을까? 이미 전쟁은 시작되었으므로.

※ [챕터 11] 디지털뉴스 콘텐츠에서 다룬 각종 시청률, 구독자 수, 조회 수는 2021년 5월 말~ 6월 초 기준임

# 부록

# 외래어와 다듬은 말

~게이트 〉 ~의혹사건

가십거리 〉 입방아거리

갈라쇼 〉 뒤풀이공연

게임체인저 〉 국면 전환자, 국면 전환 요소

골 세리머니 〉 득점 뒤풀이

구즈, 굿즈 (goods) 〉 팬 상품

에어 샤워 〉 바람 세척

스트리밍 〉 실시간 재생

내비게이션 〉 길안내기

네일 아티스트 〉 손톱미용사

노키즈존 〉 어린이 제한 공간

다크 투어리즘 〉 역사교훈여행

더치페이 〉 각자내기

랜드마크 〉마루지, 상징물, 상징 건물, 대표 건물

레시피 〉 조리법

마일리지 〉 이용실적

멀티탭 〉 모둠꽂이

새도 캐비닛 〉 그림자 내각

선팅 〉 빛가림

섬네일 〉 마중그림

셀프카메라 〉 자기촬영

셰어 하우스 〉 공유 주택

소셜 다이닝 〉 밥상모임

소셜네트워크서비스 (SNS) 〉 사회관계망 서비스

소셜커머스 〉 공동할인구매

소호 〉 무점포사업

스모킹건 〉 결정적 증거

아웃도어룩 〉 야외활동차림

아킬레스건 〉 치명적 약점

언론 플레이 〉 여론몰이

얼리 어답터 〉 앞선 사용자

엔딩 크레딧 〉 끝자막, 맺음자막

오디오북 〉 소리책

오프라인 〉 현실공간

워킹맘 〉 직장인엄마

워킹푸어 〉 근로빈곤층

워킹홀리데이 〉 관광취업

워터마크 〉 식별무늬

원포인트 레슨 〉 요점 교습

원플러스원 〉하나에 하나 더

웰빙 〉 참살이

인플루언서 〉 영향력자

잇아이템 〉 매력상품

제로베이스 〉 원점

젠트리피케이션 〉 둥지 내몰림

치킨게임 〉 끝장승부

카메오 〉 깜짝출연(자)

카시트 〉 (아이)안전의자

커플룩 〉 짝꿍차림

케이터링 〉 출장밥상

크라우드펀딩 〉 대중투자

키즈존 〉 어린이 공간

타운홀 미팅 〉 주민회의

타임캡슐 〉 기억상자

테스트베드 〉 시험장 시험대

투잡 〉 겹벌이

팝업창 〉 알림창

팩트체크 〉 사실 확인

팻푸드 〉 반려동물 사료

페이백 〉 보상 환급

포스트잇 〉 붙임쪽지

포커페이스 〉 무표정

폴리페서 〉 정치철새교수

푸드뱅크 〉 먹거리나눔터

풀옵션 〉 모두갖춤

프레젠테이션 〉 시청각설명회

프로파일러 〉 범죄분석가

플래그십 스토어 〉 체험판매장

플리마켓 〉 벼룩시장

하이파이브 〉 손뼉맞장구

할리우드 액션 〉 눈속임짓

핫 플레이스 〉 뜨는 곳, 인기명소

핫이슈 〉 주요쟁점

해피엔딩 〉 행복결말

핸드프린팅 〉 기념 손찍기

헝그리정신 〉 맨주먹정신

카파라치 〉 교통 신고꾼

콘서트 고어 〉 연주회 애호가

탬플 스테이 〉 사찰 체험

홈 어드벤티지 〉 개최지 이점

## 자주 틀리는 맞춤법

- 다음 달, 이번 주, 지난주, 지난달

  → '다음', '이번'은 반드시 띄어 쓰고 '지난'은 반드시 붙여 쓴다.

- 한달 → 한 달 / 한명 → 한 명 / 두개 → 두 개 / 세차례 → 세 차례

- 실시할건지 → 실시할 건지 / 승인한거죠 → 승인한 거죠

- 석달만에 → 석 달 만에 / 10년만의 졸업 → 10년 만의 졸업 / 두번만에 → 두 번 만에

- 의결시 → 의결 시 / 영화 관람시 → 영화 관람 시

- 강원 산불때 → 강원 산불 때 / 겨울방학때 → 겨울방학 때

- 1년 간 → 1년간 / 이틀 간 → 이틀간 / 한달 간 → 한 달간

  세 달간(X) → 석 달간(○) / 네 달간(X) → 넉 달간(○)

  ※ 공간적인 '사이'나 '거리'의 뜻으로 쓰일 때는 띄어 쓴다.

  예) 가족 간, 국가 간, 이웃 간, 서울 강릉 간

  그러나 복합어가 될 때는 붙여 쓴다.

  예) 형제간(형제지간) 남매간(남매지간), 부자간(부자지간), 사제간(사제지간)

- 만어명(X) 만 여명(X) → 만여 명(O)

  참고로 '여'는 한자로 '남을 여'(餘)자이다. 때문에 만여 명은 만 명을 넘을 때 쓴다. 9999명은 만여 명에 해당 하지 않는다. 만 명에 육박한다고 쓴다.

- 할수밖에 없다. → 할 수밖에 없다. / 헛돌수 밖에 없는 상황 → 헛돌 수밖에 없는 상황

  '수밖에'는 붙여 쓰는 걸로 무조건 외워야 한다.

- 한두개 밖에 → 한두 개밖에

- 물건너갔다 → 물 건너 갔다

- 올들어 → 올해 들어

- 할만큼 → 할 만큼.

- 알바없다 (X) → 알 바 없다 (○)
- 본셈치다 (X) → 본 셈 치다 (○)
- 착각한듯 (X) → 착각한 듯 (○)
- 작동할텐데 (X) → 작동할 텐데 (○)
- 부산역내에서 (X) → 부산역 내에서 (○)
- 1월중에 → 1월 중에
- 수업중 → 수업 중
- 최고의 선수로써 → 최고의 선수로서
- 출근은 오늘로서 마지막 → 출근은 오늘로써 마지막
- "안 해" "못해"

  ※ '안 합니다'는 반드시 띄어쓴다.

  못은 할 능력이 없는 경우엔 붙여 쓴다.

  예) 노래를 못하다. 공부를 못하다. 못난 놈

  ※ 긴 부정문을 짧게 고쳐 쓸 때에는 띄어 쓴다.

  예) 시간이 없어서 문제를 다 못 풀었어요.

- 만원 어치 → 만 원어치 / 5백원어치 → 5백 원어치
- 집집 마다 → 집집마다 / 마을 마다 → 마을마다
- 긴 말이 필요 없다 → 긴말이 필요없다
- 밤 사이 → 밤사이
- 친구 끼리 → 친구끼리
- 제 3자 → 제3자
- 제 1조 → 제1조
- 걸맞는 → 걸맞은
- 첫 날 → 첫날
- 첫 선 → 첫선

- 헛 걸음 → 헛걸음

- 1조원 대 사기 → 1조 원대 사기

- 이길 지 질 지 알수 없다 → 이길지 질지 알 수 없다

- 밥 먹은지 12시간 → 밥 먹은 지 12시간

  ~를 한 이후 얼마의 시간이 지났다는 표현을 할 때는 띄어 쓴다.

  갈지 말지, 할지 말지 선택의 상황에서는 붙여 쓴다.

- 자전거 보다 빠른 자동차 → 자전거보다 빠른 자동차

- 수업중에 → 수업 중에 .

- 금이라던지 은이라던지 → 금이라든지 은이라든지

- 하던지 말던지 → 하든지 말든지

- 가던 안 가던 → 가든 안 가든

- 동생이 먹든 밥 → 동생이 먹던 밥 (과거형)

  나열할 때는 '든'을 쓰고, 과거형을 뜻할 때는 '던'을 쓴다.

- 오래 동안 → 오랫동안

- 숨진채 발견 → 숨진 채 발견

- 가계빚 증가폭 → 가계 빚 증가 폭

- 때이른 여름더위 → 때 이른 여름 더위

- 단언컨데 → 단언컨대

- 설레임 → 설렘

- 금새 → 금세

- 임마 → 인마

- 뒤치닥거리 → 뒤치다꺼리

- 애띠다 → 앳되다

- 궁시렁거리다 → 구시렁거리다

- 널부러지다 → 널브러지다

- 헬쓱하다 → 핼쑥하다
- 느즈막하다 → 느지막하다
- 댓가 → 대가
- 안성마춤 → 안성맞춤
- 넙직한 → 널찍한
- 설겆이 → 설거지
- 개구장이 → 개구쟁이
- 구렛나루 → 구레나룻
- 낭떨어지 → 낭떠러지
- 서슴치 → 서슴지
- 미쳐 → 미처
- 간지르다 → 간질이다
- 닥달하다 → 닦달하다
- 눈쌀 → 눈살
- 일찌기 → 일찍이
- 곰곰히 → 곰곰이
- 일일히 → 일일이
- 바램 → 바람
- 잠궜다 → 잠갔다
- 어따 대고 → 얻다 대고
- 왠만하면 → 웬만하면

## 자주 틀리는 외래어 표기법

- 애들립 → 애드리브
- 액세서리 → 액세서리
- 액센트 → 악센트
- 안티크 → 앤티크
- 어플리케이션 → 애플리케이션
- 뱃지 → 배지
- 발란스 → 밸런스
- 비스켓 → 비스킷
- 브릿지 → 브리지
- 바디 → 보디
- 비지니스 → 비즈니스
- 캐비넷 → 캐비닛
- 카라멜 → 캐러멜
- 가디건 → 카디건
- 캐리커쳐 → 캐리커처
- 캐롤 → 캐럴
- 캡쳐 → 캡처
- 카운셀러 → 카운슬러
- 샤시 → 섀시
- 컬럼 → 칼럼
- 콜렉션 → 컬렉션
- 코메디 → 코미디

- 컨셉 → 콘셉트
- 컨텐츠 → 콘텐츠
- 카텐 → 커튼
- 데미지 → 대미지
- 도너츠 → 도넛
- 드래곤 → 드래건
- 엣지 → 에지
- 잉글리쉬 → 잉글리시
- 훼미리 → 패밀리
- 엘레베이터 → 엘리베이터
- 환타지 → 판타지
- 훼리 → 페리
- 피규어 → 피겨
- 플룻 → 플루트
- 후레쉬 → 플래시
- 호일 → 포일
- 프론티어 → 프런티어
- 후라이 → 프라이
- 케챱 → 케첩
- 리더쉽 → 리더십
- 라이센스 → 라이선스
- 락커 → 로커

- 럭키 → 러키
- 메론 → 멜론
- 머스타드 → 머스터드
- 미스테리 → 미스터리
- 나레이션 → 내레이션
- 네비게이션 → 내비게이션
- 넌센스 → 난센스
- 옵저버 → 옵서버
- 아울렛 → 아웃렛
- 팜플렛 → 팸플릿
- 팬더 → 판다
- 파라다이스 → 패러다이스
- 플래카드 → 플래카드
- 프로포즈 → 프러포즈
- 레포트 → 리포트
- 링겔 → 링거
- 로보트 → 로봇
- 락 → 록
- 로맨티스트 → 로맨티시스트
- 로타리 → 로터리
- 쏘세지 → 소시지
- 스케줄 → 스케줄
- 쉐이크 → 셰이크
- 쉐어 → 셰어
- 쉴드 → 실드
- 샵 → 숍
- 숏컷 → 쇼트커트
- 샷다 → 셔터
- 쇼파 → 소파
- 스폰지 → 스펀지
- 스프링쿨러 → 스프링클러
- 수퍼맨 → 슈퍼맨
- 스탭 → 스태프
- 스텐레스 → 스테인리스
- 스태미너 → 스태미나
- 스트로우 → 스트로
- 심볼 → 심벌
- 타겟 → 타깃
- 타올 → 타월
- 윈도우 → 윈도
- 옐로우 → 옐로
- 초콜렛 → 초콜릿
- 케익 → 케이크
- 보이코트 → 보이콧
- 차이코프스키 → 차이콥스키
- 헐리웃 → 할리우드
- 팀웍 → 팀워크
- 부페 → 뷔페
- 까페 → 카페
- 쉐프 → 셰프

- 까뮈 → 카뮈
- 브루조아 → 부르주아
- 칸느, 깐느 → 칸
- 꼬냑 → 코냑
- 꼴라쥬 → 콜라주
- 콩쿨 → 콩쿠르
- 꽁트 → 콩트
- 쿠테타 → 쿠데타
- 데자뷰 → 데자뷔
- 뎃생 → 데생
- 앵콜 → 앙코르
- 삐에로 → 피에로

현장 기자 17년, 데스크 10년의 세월이 흘렀다. 수습 기자 시절 심야에 경찰서를 찾아가 형사에게 쭈뼛쭈뼛 어색한 질문을 늘어놓던 것이 엊그제 같은데 벌써 4반세기 이상이 지났다. "맨땅의 헤딩"이란 말을 밥 먹듯 하고 들었다. 어디서부터 취재해야 할지, 누구에게 물어봐야 할지, 전혀 감이 잡히지 않는 경우도 적지 않았다. 나뿐이 아니었다. 대개 초년병 기자들은 이런 어려움을 겪는다. 선배들이 친절하게 가르쳐주지도 않는다. 그게 언론계 관행이었다. 혼자 이리 뛰고 저리 뛰며 스스로 터득하도록 정글로 내밀어 놓고 키운다. 그 때 그 시절 현장에서 부딪히며 취재했던 순간들이 주마등처럼 머리 속을 지나간다.

초년병 기자들을 위한 일종의 교과서이자 참고서가 되었으면 하는 바람에서 이 책을 썼다. 수습기자는 물론이거니와 수습 딱지를 떼었더라도 중견 기자에 이르지 않은 현역 기자들에게 필요한 꿀팁을 다양하게 담으려 노력했다. 내가 겪은 경험을 토대로 취재원을 내 사람으로 만드는 방법부터 기사 발굴하는 요령, 뉴스 제작 요령까지 방송기자가 알아야 할 필수 요소들을 많이 담으려 애썼다. 특히 최근 4년간 지역채널 보도국장으로 있으면서 실제 후배 기자들의 기사를 '데스크' 본 사례를 다양하게 넣었다. 또한 실제로 후배들이 궁금해하며 내게 던진 질문에 대한 답을 정리한 책이기도 하다. 이 책의 제목을 '데스크 노트'로 정한 것도 그 때문이다. 한 때 혹독한 '지적질'과 '난도질' 탓이었는지 후배들 사이에서 '데스크 노트'가 악명 높은 '데스 노트'로 불리기도 했다. 이 책은 그만큼 나와 후배 기자들이 주고 받은 기사 원고 데스킹 과정의 기록물이기도 하다. 동시에 나의 언론계 생활 27년이 압축되어 있다고도 할 수 있겠다.

언론계 주니어 기자들이 아니더라도 기자가 되고자 하는 청소년과 대학생, 혹은 기자들의 취재와 뉴스 제작이 어떻게 이뤄지는지에 대한 궁금증을 갖고 있는 분들에게도 일독을 권유하고 싶다. 이 책이 탄생할 수 있도록 도와준 LG헬로비전 모든 후배 기자들에게 고마움의 뜻을 전하고 싶다.

필자는 앞서 청소년의 직업탐구를 위한 도서로 '세상을 바꾸고 싶다면 기자'라는 책을 썼다. 그리고 언론고시를 준비하는 이들을 위해 '언론인 지망생이 알아야 할 101가지'를 후속으로 출간했다. 이 두 책이 1권과 2권이라면 이 책은 3권이자 완결판이라고 할 수 있겠다.

변화의 물결이 너무나도 빠른 속도로 도도하게 흐르는 시대이지만 저널리즘의 기본 가치는 변화하지 않기를 간절히 소망한다. 그런 가치를 세 권 모두에 담아내려 노력했다. 언제까지 언론인으로 살 수 있을지는 모르겠으나 저널리즘의 가치는 앞으로도 나의 머리와 가슴에 품고 살고자 한다. 부디 우리 언론계가 초심을 잃지 않고 좋은 세상 만들기에 일조할 수 있기를 간절히 바란다.

이 책은 나와 동고동락해온 후배 기자들과 함께 쓴 것과 마찬가지이다. 후배들에게 이 자리를 빌어 다시 한 번 감사의 말을 전하고 싶다. 또한 책이 완성되기까지 내게 아낌 없는 조언을 쏟아주고 이 책이 세상의 빛을 볼 수 있도록 애써준 전민형 푸블리우스 대표에게 특별히 고마움의 뜻을 전한다.

### 도움주신 분들

고정민 구지은 권미경 권수경 권정숙 김남호 김단비 김선경 김선화 김수정 김신혜 김영민 김진재 김초롱 김한식 김현정 김　호 남상일 노지영 명주현 박건상 박근수 박은경 박인유 박종호 박하얀 서　경 서채리 성기석 성정환 손성혜 송국회 송효창 심다혜 심병균 심지훈 안수민 윤성철 이관성 이다혜 이명진 이세진 이윤종 이재필 이정하 이지훈 이진철 이하영 장민철 장보영 장진철 전병주 전주현 전현매 정명기 정선영 정유진 차선영 최규서 최성식 표영민 한재영 함범호 홍승연

# 데스크,
노트

● 보도국장이 주니어기자에게,
, 27년간의 취재·보도비법을 전수하다.

**초판 1쇄 인쇄** 2021년 9월 9일
**초판 1쇄 발행** 2021년 9월 9일

저 자 윤경민
발행자 전민형
발행처 도서출판 푸블리우스
인 쇄 주식회사 교보피앤비
등 록 2018년 4월 3일 (제25100-2021-000036호)
주 소 [01634] 서울시 노원구 덕릉로127길 25, 상가동 2층 204-92호
전 화 02)927-6392
팩 스 02)929-6392
이메일 ceo@publius.co.kr

ISBN 979-11-89237-08-0 (03070)

도서출판 푸블리우스는 헌법, 통일법, 시민교육, 경찰학, 사회과학 일반에 관한 발간제안을 환영합니다.
기획 취지와 개요, 연락처를 ceo@publius.co.kr로 보내주십시오.
도서출판 푸블리우스와 함께 한국의 법치주의 및 사회학의 수준을 높일 연구자들의 많은 투고를 기다립니다.